O JEJUM
DE DANIEL

{ SUSAN GREGORY }

O JEJUM
DE DANIEL

Atos

G823	Gregory, Susan O jejum de Daniel: alimente sua alma, fortaleça seu espírito e renove seu corpo / Susan Gregory; tradução de Noemi Valéria Altoé da Silva. – Belo Horizonte: Editora Atos, 2024. 288 p. Título original: The daniel fast: feed your soul, streng then your spirit, and remew your body. ISBN 978-85-7607-127-3 1. Jejum. I. Título.
CDD: 248.47	CDU: 241.72

Copyright © 2024 por Editora Atos
Todos os direitos reservados

Coordenação editorial
Roseli Batista Folli Simões

Capa
Rafael Brum / Manoel Menezes *(adequação para segunda edição)*

Projeto gráfico
Marcos Nascimento

Primeira edição – Maio de 2011
Segunda edição – Julho de 2024

Nenhuma parte deste livro pode ser reproduzida, arquivada ou transmitida por qualquer meio – eletrônico, mecânico, fotocópias, etc. – sem a devida permissão dos editores, podendo ser usada apenas para citações breves.

Publicado com a devida autorização e com todos os direitos reservados pela EDITORA ATOS LTDA.

Atos

www.osdiscipulos.com.br

DEDICATÓRIA

Dedico este livro à comunidade global "O Jejum de Daniel" que se encontra no *blog* e no *site* "The Daniel Fast". Enquanto meditava em seus comentários e pesquisava respostas para suas perguntas, fui conduzida a verdades profundas e poderosas acerca de nossa vida no Reino de Deus. Vocês me encorajaram com suas cartas e mensagens de apoio. Vocês se juntaram a mim com sua presença virtual e dando apoio financeiro durante o tempo em que ministrávamos a homens, mulheres e crianças no sul da África. E me tomaram pela mão, enquanto trabalhamos juntos para que outros saibam sobre os dons preciosos e poderosos disponíveis aos filhos de Deus por meio da oração e do jejum.

Sinto-me honrada por fazer parte dessa comunidade com você. Obrigada, queridos amigos. Embora não possa elencar o nome de cada um, por favor, saibam que sou sinceramente grata a todos por tornar este livro possível... Eu o dedico a vocês. Que a paz de Cristo continue a dominar cada área da sua vida.

SUMÁRIO

Antes de começar 13
Introdução 15

Primeira Parte
1. Quem é a autora do *blog* "The Daniel Fast"? 21
2. Desempoeirando uma antiga disciplina espiritual 25
3. Daniel – Determinado a viver para Deus em território inimigo. . 35
4. O Jejum de Daniel para o corpo, alma e espírito 45
5. Cinco passos para o Jejum de Daniel bem-sucedido 67

Segunda Parte
Lista de alimentos do Jejum de Daniel. 109

Receitas do Jejum de Daniel
Granola de Frutas Secas e Amêndoas 115
Aveia Disfarçada de Torta de Maçã 116
Cereal de Trigo Integral com Banana 117
Müsli de Quatro Grãos 117

Müsli Fácil e Rápido 118
Arroz Integral Delicioso com Maçã 119
Refogado Básico de Tofu. 120
Refogado de Tofu ao *Curry* 120
Refogado de Tofu, Tomate e Pimentão Verde. 121
Refogado de Tofu e Legumes para o Café da Manhã 122
Frittata de Batata com Cebolinha 123
Café da Manhã com Burritos do Drew 124
Batata Refogada 125

Vitaminas de Frutas e Vegetais 126
Vitamina de Fruta Individual 127
Vitamina de Morango com Aveia 128
Vitamina de Banana e Mirtilo. 128
Vitamina Tropical com Tofu 129
Vitamina *Mango Lassi* do Leste da Índia 130

Pratos Principais 130
Pimentão Recheado com Arroz Integral, Milho e Feijão Preto. . . . 131
Paella de Feijão e Legumes. 132
Charutos de Repolho 133
Legumes com Tofu ao *Curry* 135
Legumes *Moo Shu* 136
Molho *Hoisin* 137

Sopas e Guisados 138
Sopa de Legumes Prática de Panela Elétrica. 139
Sopa Dourada de Cenoura 140
Sopa de Feijão Vila Toscana. 141
Sopa Clássica de Feijão Marinha ao Estilo Jejum de Daniel 142
Sopa Básica de Feijão Preto 143
Sopa de Feijão Preto com Pimenta *Chipotle* (Chilena) 144
Pimenta *Chipotle* no Molho Adobo 146
Sopa de Abóbora ao *Curry*. 147

Sopa Rica de Legumes 147
Guisado Vegetariano Marroquino 148
Chili Vegetariano da Susan 150
Tirando o Chapéu para o Cozido de *Chili* com Tofu. 151
Chili à Moda Mexicana 152
Sopa de Lentilha. 153
Sopa de Repolho do Jejum de Daniel 154
Sopa de Ervilha Partida. 155

Hambúrgueres Vegetarianos 156
Hambúrgueres de Feijão Marinha. 156
Hambúrguer de Feijão Básico 157
Super-Hambúrguer Vegetariano 158
Hambúrguer Vegetariano Caseiro 159
Hambúrguer do Popeye. 160
Hambúrguer Mexicano Apimentado de Feijão 160

Acompanhamentos 161
Feijão Branco com Legumes 161
Vagem com Tomate ao Estilo Italiano 163
Aspargo Assado à Moda Romana. 164
Escabeche de Alho e Ervas. 164
Arroz Integral com Legumes Crocantes. 165
Batata-Doce Assada com Ervas 165
Picles de Legumes ao Estilo Mexicano. 166
Tomate, Cogumelo e Ervas com Arroz 167
Purê de Batata-Doce 168
Ervilha Estilosa 169

Arroz e Grãos Integrais 170
Arroz Amarelo Preferido da Kirsten 171
Arroz Doce com Abacaxi 172
Pilaf de Arroz Mexicano 172
Pilaf Azedinho de Arroz com Nozes. 173

Falso Arroz Frito 174
Arroz Integral Doce com Molho Picante 175
Caçarola de Feijão Preto e Cevada 176
Cevada com Legumes 177
Arroz Italiano Integral com Tomate, Pimentão e Aspargo 178
Molho Vermelho para Macarrão de Trigo Integral 179

Saladas 180
Salada de Feijão Branco com Tomate e Ervas 181
Salada de Macarrão Asiático 182
Aspargo Assado com Vinagrete de Tomate com Manjericão 183
Salada de Macarrão e Feijão 184
Salada de Repolho, Maçã e Gengibre 184
Salada de Arroz e Feijão ao *Curry* 185
Salada de Laranja, Azeitona e Erva-Doce 186
Salada de Milho Verde 187
Salada Fresca de Feijão 188
Salada Grega do Jejum de Daniel 189
Salada Verde com Molho de Nozes 190
Salada de Tomate, Pepino e Pimentão - Preferida da Susan 191
Salada Mediterrânea de Tofu 192
Salada de Batata-Doce 193
Salada Verde Completa 194
Salada Apimentada de Três Feijões 195
Salada de Feijão Preto e Manga 195
Salada de Espinafre e Feijão 196
Salada de Tomate com Nozes 197
Salada Verde sempre Pronta 198
Salada Espanhola de Abacate, Laranja, Azeitona e Amêndoas 199
Salada Delícia Vermelha, Preta e Amarela 200
Salada Persa 201
Salada Turca 202
Salada Asiática 203

Molhos para Salada 204
Molho Básico de Azeite, Vinagre e Ervas 204
Vinagrete com Mostarda 205
Molho Cremoso de Maionese de Soja 205
Molho de Mostarda e Alho 206
Molho Clássico de Azeite e Limão 206

Crackers (Biscoito Salgado) e Pão Chato 207
Pão Indiano ou *Chapati*. 207
Pão sem Fermento 208
Pão sem Fermento Estilo Matzo Simples 209
Salgadinhos Caseiros de Milho 210
Crackers Caseiros 210

Patês e Molhos 211
Hummus Básico 212
Hummus Estilo Restaurante 213
Patê de Feijão Branco 214
Patê de Feijão Preto 214
Molho de Manga e Feijão Preto 215
Guacamole Caseira 216
Molho de Tomate Picante 216
Molho de Milho e Feijão Preto 217
Patê de Azeitona Preta 218

Lanches 219
Grão-de-bico Assado 219
Feijão Vermelho Assado 219
Salgadinho de Couve-Galega Crocante 220

Condimentos e Extras 221
Maionese de Soja 222
Maionese de Tofu 222
Molho de Salada ou Patê de Maionese de Morango 223

Ketchup do Jejum de Daniel 223
Ketchup do Jejum de Daniel com Tomates Frescos. 224

Cardápios para o Jejum de Daniel. 225
Planejamento de Cardápio 229

Devocional de vinte e um dias para o jejum de Daniel
Dia 1 – Oferta dos primeiros frutos. 235
Dia 2 – Santificado pela verdade 237
Dia 3 – O que você deseja que Deus faça a você?. 239
Dia 4 – Cinco pedras lisas. 241
Dia 5 – Leve todo o pensamento cativo 243
Dia 6 – O Reino de Deus 245
Dia 7 – Por favor, Senhor, retire este medo 247
Dia 8 – Você é politicamente correto? 249
Dia 9 – Por que, Senhor, por quê? 251
Dia 10 – Pense em coisas boas. 253
Dia 11 – Água viva 255
Dia 12 – Pense nas coisas do alto. 257
Dia 13 – Sei os planos que tenho para vocês 260
Dia 14 – Soltando as amarras 262
Dia 15 – Arraigados e edificados em Cristo. 264
Dia 16 – Nem só de pão 266
Dia 17 – A questão não era o dinheiro!. 268
Dia 18 – Quem vocês dizem que eu sou?. 270
Dia 19 – Aprofundando-se na Palavra de Deus 272
Dia 20 – Se Jesus é o primogênito, o que isso diz a respeito de você? 274
Dia 21 – Você ainda se sente no fogo?. 276

Perguntas Feitas com mais Frequência 279
Agradecimentos 285
Sobre a Autora. 287

ANTES DE COMEÇAR

O Jejum de Daniel inclui um programa de alimentação muito saudável. Porém, permita que o Médico dos médicos trabalhe lado a lado com o seu médico terreno. Antes de fazer qualquer mudança significativa em sua dieta e rotina de exercícios, é uma boa ideia fazer um *check-up* para ter uma opinião profissional.

O jejum nunca deveria prejudicar o corpo. Se você tiver necessidades alimentares especiais – se estiver grávida ou amamentando, se tiver uma doença crônica como câncer ou diabetes, se for um jovem em fase de crescimento ou um atleta que, com regularidade, gasta mais energia do que o normal –, entre em contato com seu médico e adapte o Jejum de Daniel e o programa de alimentação, adequando-o às suas necessidades específicas de saúde.

INTRODUÇÃO

Bendito seja, filho querido do Deus Altíssimo! Você está prestes a ingressar numa aventura espiritual emocionante que vai mudar sua vida. O jejum é uma disciplina espiritual poderosa idealizada pelo nosso Criador para nos aproximar d'Ele; e o Jejum de Daniel é uma experiência para o seu ser integral: corpo, alma e espírito.

Enquanto escrevo estas palavras, fico mais convencida do que nunca que Deus escolheu o Jejum de Daniel para fortalecer e capacitar seus filhos neste período da história da Igreja. Numa época em que os sistemas do mundo estão se abalando, os índices de obesidade e doenças são os mais elevados, e o poder das trevas parece crescer a cada dia, tenho visto milagres acontecer quando pessoas convertem seu coração a Deus e se consagram durante um período à oração e ao jejum.

A Bíblia nos instrui a avaliar a qualidade das coisas pelo seu fruto. Claramente, o Jejum de Daniel dá muitos bons frutos, visto que muda a vida das pessoas trazendo bondade, fé e saúde. Recebo milhares de *e-mails* e mensagens por ano de pessoas cuja vida foi transformada para sempre durante o Jejum de Daniel. E é por isso que estou tão empolgada com a renovação desta disciplina bíblica que, acredito, seja capacitada pelo Espírito Santo e confirmada por Deus.

Encontramos nas Escrituras inúmeros homens e mulheres entrando em períodos de jejum: Jó, Jonas, Ester, Isaías, Davi, Jeremias, Daniel, Joel, João Batista, Jesus, Mateus, Marcos, Lucas, João e Paulo. O jejum permeia toda a Bíblia como uma prática normal e aceitável de nossa fé. Não se trata de uma regra criada pelas doutrinas ou tradição da Igreja. Em vez disso, como muitos homens e mulheres estão descobrindo hoje, o jejum é uma ferramenta criada pelo Pai para ajudar seus filhos a ter maior comunhão com Ele, desenvolvendo um relacionamento mais íntimo com Deus.

Mantenha isto em mente: jejum tem a ver com comida. Tem a ver com restrições de todos ou alguns alimentos com um propósito espiritual. Embora a origem do jejum não seja definida, sabemos que Deus ordenou momentos específicos em que seu povo não devia comer certos alimentos. Quando Deus instituiu a Páscoa – ou a Festa dos Pães Ázimos –, como é relatado em Êxodo 12, Ele foi muito específico a respeito dos alimentos que deveriam e não deveriam ser consumidos. Moisés, ao se encontrar com Deus no monte Sinai (veja Êxodo 34), não comeu nenhum alimento nem bebeu água por quarenta dias.

Então, o que é o Jejum de Daniel? No primeiro capítulo do livro de Daniel, lemos a respeito das tensões do jovem profeta diante das diferenças entre os costumes babilônicos e os judaicos, e elas tinham a ver com comida. Daniel recusou-se a macular o corpo que ele havia separado para o Deus de Abraão, Isaque e Jacó. A comida oferecida a ele – carne e vinho que haviam sido dedicados aos falsos deuses babilônicos – não serviria. Então, Daniel e seus amigos iniciaram um jejum parcial (restrição de alimentos com um propósito espiritual) para que pudessem permanecer leais para com o seu Deus.

No restante de toda a Bíblia encontramos histórias de homens e mulheres de Deus que jejuaram como parte de sua disciplina espiritual. E hoje, pregadores e mestres da Bíblia ainda professam a necessidade de jejuar, mas é raro alguém oferecer orientações passo a passo sobre como fazê-lo.

Creio que esse é o ministério que Deus me deu. Depois de falar com milhares de homens, mulheres e adolescentes sobre o Jejum de Daniel, descobri que o que as pessoas mais querem são instruções. Elas não querem saber apenas *sobre* o jejum; também querem saber *como jejuar*. O objetivo deste livro é guiar você em direção a um Jejum de Daniel bem-sucedido. Quero que você aprenda como jejuar para que possa perceber os enormes benefícios que essa disciplina bíblica garante. Nestas páginas você aprenderá:

1. Como o jejum pode ajudá-lo a se aproximar mais de Deus.
2. Que perguntas fazer antes de iniciar um jejum prolongado.
3. Como definir um propósito para o seu jejum.
4. A se preparar para um Jejum de Daniel que enriquecerá seu corpo, alma e espírito.
5. Sobre as restrições alimentares no Jejum de Daniel.
6. A preparar refeições nutritivas que estão em sintonia com o Jejum de Daniel (incluindo receitas de sobra para o café da manhã, almoço, jantar e lanches para um jejum de vinte e um dias).
7. O que significa andar no Espírito como Ele está no Espírito e como fazer esta escolha no seu dia a dia.
8. A começar a restaurar sua vida e reivindicar sua cidadania no Reino de Deus.
9. A terminar o Jejum de Daniel e a manter os novos hábitos adquiridos para promover uma diferença positiva em sua vida.
10. A incorporar a oração e o jejum em sua vida como ferramentas eficazes para o seu crescimento espiritual.

Espero que ao ler essas palavras você se sinta animado diante dessa grande expectativa. Você está prestes a embarcar em uma jornada espiritual que abrirá as portas da compreensão, crescimento e fé como você jamais conheceu. Nos próximos capítulos vou lhe mostrar como ter uma experiência de jejum bem-sucedida e eficaz que fortalecerá seu relacionamento pessoal com Cristo.

Quando terminar este livro, você estará completamente preparado para o seu Jejum de Daniel. E se tiver alguma pergunta que não for tratada ou respondida adequadamente aqui, vou lhe mostrar como encontrar o que precisa. Minha missão é fazer todo o possível para ajudar você e outros membros do corpo de Cristo a ter uma experiência bem-sucedida do Jejum de Daniel.

Então, prepare-se para aprender sobre o Jejum de Daniel e entender como ele pode ser útil à medida que você continua sua busca pelo Reino de Deus, desenvolve sua fé e cresce no amor e no conhecimento de nosso maravilhoso Pai.

Que Deus o abençoe em tudo que você fizer.

Susan Gregory
Autora do *blog* "The Daniel Fast" (O Jejum de Daniel)
Susan@Daniel-Fast.com

PRIMEIRA PARTE

Que o próprio Deus da paz os santifique inteiramente. Que todo o espírito, a alma e o corpo de vocês sejam preservados irrepreensíveis na vinda de nosso Senhor Jesus Cristo.

1 Tessalonicenses 5.23

Às vezes você está tão faminto que a única maneira de se alimentar é jejuando

Capítulo 1

QUEM É A AUTORA DO *BLOG* "THE DANIEL FAST"?

Antes de tudo, não sou pregadora, professora de Bíblia nem líder de um ministério de destaque. Sou uma mulher comum cuja vida foi radicalmente transformada ao entrar num profundo relacionamento pessoal diário com Jesus Cristo. Aprendi por experiência própria e com a experiência de outros que temos uma escolha sobre como viver nossa vida. Jesus nos instrui a buscar o Reino de Deus e sua justiça (o jeito de Ele fazer as coisas). Deus disse ao seu povo que Ele colocou diante de nós a vida e a morte, a bênção e a maldição, e nos orienta a escolher a vida para que, tanto nós como nossos descendentes possamos viver. A escolha é nossa. E é uma escolha com benefícios que vão muito além de passar a eternidade com Deus. Felizmente, podemos escolher ter uma vida dinâmica, poderosa e significativa bem aqui na Terra e realizar grandes feitos para Deus.

A cada manhã faço a escolha de viver uma vida movida pela fé. Tento fazer com que cada palavra que digo e cada ação que pratico se alinhem com a Palavra de Deus. Será que estou soando radical demais? Bem, talvez eu seja, se comparada com muitas pessoas. Estou radicalmente viva com Cristo e quanto mais foco meus pensamentos, atividades, recursos e futuro n'Ele, mais emocionante e, ao mesmo tempo, tranquila minha vida se torna.

Aceitei a Cristo quando jovem e passei as décadas seguintes participando de atividades típicas tais como família, trabalho, igreja e vida social.

Houve momentos altos com a família, a maternidade, amizades e conquistas. E houve também alguns momentos muito difíceis, incluindo um divórcio não desejado e uma doença crônica. Mas consegui passar por esses vales mantendo minha mente e meu corpo ainda intactos.

Entretanto, somente a partir de 2007 foi que realmente comecei a entender o que significa viver uma vida de fé. Eu estava passando por algumas experiências muito difíceis. Era o início da recessão. Minha empresa de investimento em imóveis faliu por causa do colapso da indústria de hipotecas e minhas finanças ficaram em frangalhos. Eu não tinha ideia do que iria fazer para sobreviver. Talvez você tenha passado por um deserto assim, tão escuro que não se avista nenhuma saída e a esperança parece tão longe. A pressão era grande, e eu me sentia completamente sozinha.

Mas eu não estava sozinha. Logo descobri a verdade bíblica que Jesus nunca nos deixa e nunca nos abandona. Aprendi que quando nos aproximamos de Deus, Ele se aproxima de nós. Tomei uma decisão importante de acreditar em tudo que a Bíblia diz. Decidi de antemão que, se a dúvida ou o medo começassem a surgir para me assustar, seria um sinal de que eu precisava perseguir ainda mais o amor e o conhecimento de Cristo. Oh, como Ele é fiel! Dispus minha mente a confiar em Deus e em sua Palavra. Eu levantava toda manhã e gastava horas estudando sobre fé e oração. Escrevia em meu diário. Lia livros escritos por professores e pregadores reconhecidos e respeitados por seu conhecimento bíblico; passava horas falando com meu Pai e proclamando as verdades e promessas que Ele fez a seus filhos.

Isso não aconteceu da noite para o dia. Foi como a mudança na rota de um imenso navio – grau a grau minhas dúvidas se transformaram em fé e meu medo se transformou em esperança. Eu realmente entendi o que significa ter a alegria do Senhor como minha força. E nesse processo, meu Pai me guiou do deserto para sua gloriosa luz. As áreas destroçadas de minha vida começaram a ser curadas, e à medida que eu intencionava edificar cada parte da minha existência na Palavra de Deus, entrei num período de estabilidade, paz e descanso como nunca experimentara antes.

Parte desse processo foi o Senhor me levando de volta a escrever e publicar textos cristãos. Um dia, estava sentada no sofá de minha sala de estar. Não estava meditando, orando nem fazendo qualquer outra coisa "espiritual". Estava lá, simplesmente sentada. Foi quando ouvi a voz mansa e suave de Deus em meu espírito: *Comece a escrever sobre o Jejum de Daniel.*

Parecia uma ideia interessante. Eu havia praticado o jejum durante muitos anos e estava de fato me preparando para começar um Jejum de Daniel de 21 dias no Ano Novo, que teria início dali a poucas semanas. Eu também tinha experiência como escritora, embora não tivesse escrito profissionalmente havia mais de dez anos. Pesquisei na Internet e descobri que não havia muita informação disponível sobre o Jejum de Daniel. Talvez houvesse outras pessoas que precisavam saber mais sobre ele e talvez eu pudesse ajudá-las a suprir essa necessidade.

"Iniciei este jejum há catorze dias e tudo está indo bem. Sinto-me bem espiritual, emocional e fisicamente. E mais: já perdi 4,5kg!"
– Corby

Descobri a partir de minha própria experiência que muitas pessoas começam o Ano Novo orando e jejuando. Uma vez que esse dia estava se aproximando tão depressa, tinha de reunir dados rapidamente. Decidi criar um *blog* intitulado "The Daniel Fast"[1]. Logo eu já tinha páginas e mais páginas de boa informação postadas sobre o Jejum de Daniel e não levou muito tempo até as pessoas começarem a deixar comentários e perguntas no *blog*. Respondi a cada um, e os comentários e perguntas aumentaram à medida que o Ano Novo se aproximava.

Depois de alguns dias, rapidamente enxerguei que a principal necessidade das pessoas que visitavam o *blog* era de receitas. Então, corri os olhos em meus livros e cadernos de receitas e comecei a ajustar algumas para que se encaixassem nas diretrizes do Jejum de Daniel e deixei-as disponíveis no *blog*. Foi aí que eu vi o plano de Deus claramente. Os visitantes ficaram pasmos por ter a informação de que precisavam para um Jejum de Daniel bem-sucedido, e eu fui impulsionada a uma linha de trabalho inteiramente nova. Pude enxergar que meu amado Pai havia me conduzido a escrever novamente com um propósito definido. Além do mais – e essa é a parte importante –, o que eu havia considerado como meramente um compromisso de escrever, Deus havia idealizado como um ministério leigo no qual eu poderia suprir as necessidades crescentes de seu povo.

Hoje o *blog* tem recebido mais de 1,5 milhão de visitas e tenho conseguido ministrar a milhares de homens, mulheres e jovens. Dou a mim mesma

---

[1] O *blog* do Jejum de Daniel(http://www.DanielFast.wordpress.com) e o *site* (http://www.Daniel-Fast.com).

o nome de "Blogueira do Jejum de Daniel", mas na verdade o título não importa. Tenho experimentado a graça de Deus na minha vida. Meu maior desejo ministerial é ajudar esses homens, mulheres e jovens a aprender a confiar em Deus e em sua Palavra mais do que qualquer outra coisa.

Nesse processo, Deus abriu meu coração a irmãos e irmãs no corpo de Cristo, à medida que eles buscavam respostas e orientações práticas sobre a disciplina do jejum. Minha maior alegria é servir a Deus enquanto sirvo ao seu povo. Muitas das cartas que eu recebo me fazem chorar, pois elas compartilham as vitórias conquistadas durante os Jejuns de Daniel. Pessoas que nunca haviam conseguido fazer regime conseguiram a vitória ao focarem em Cristo e desenvolverem o fruto do Espírito, que é o domínio próprio. Louvo a Deus por homens e mulheres que experimentaram a restauração em relacionamentos com o cônjuge, com os pais ou filhos. Muitos escrevem relatando respostas de oração e milagres. E eu gosto muito dos testemunhos que contam como as pessoas aprenderam, pela primeira vez, a ter um relacionamento íntimo e de profundo amor com Jesus.

Nosso Deus é tão bom, e Ele deseja muito que seus filhos confiem n'Ele e sigam seus caminhos para que tenham a vida maravilhosa que Ele planejou para nós. Meu alvo principal é ajudar as pessoas a serem bem-sucedidas no Jejum de Daniel para que possam crescer no amor e no conhecimento de nosso maravilhoso Pai e experimentar o amor de Cristo de maneiras novas e extraordinárias.

A Bíblia ensina em Tiago 4.8: "Aproximem-se de Deus, e ele se aproximará de vocês". O jejum nos coloca numa posição de separar um tempo específico para focar nossa atenção em Deus e nos aproximarmos d'Ele. Nessa proximidade há bênção e poder. Nessa proximidade experimentamos a presença de Deus e ouvimos d'Ele. Nessa proximidade crescemos, trabalhamos os músculos da nossa fé e examinamos nosso coração. O Jejum de Daniel oferece a você uma oportunidade dirigida pelo Espírito de alimentar a sua alma, fortalecer seu espírito e renovar seu corpo.

Sou imensamente grata ao Senhor por me dar este ministério e por meio desta bênção desejo sinceramente ser uma bênção também para os outros. Sinto-me honrada de que homens e mulheres sejam atendidos e supridos com as informações que compartilho acerca do Jejum de Daniel. E sou grata a você por me confiar o tempo e os recursos que investiu neste livro.

Por favor, sinta-se à vontade para entrar em contato comigo pelo *e-mail* Susan@Daniel-Fast.com se tiver alguma pergunta que não for respondida nestas páginas.

Capítulo 2

DESEMPOEIRANDO UMA ANTIGA DISCIPLINA ESPIRITUAL

Um movimento crescente está acontecendo no corpo de Cristo. Ao buscar saciar sua fome de Deus, algumas pessoas têm desempoeirado a antiga disciplina espiritual do jejum. Não se trata de uma "febre" ou moda passageira, mas sim da redescoberta de um poderoso meio de chegar a Deus num relacionamento íntimo e autêntico, receber respostas a orações e ganhar um toque renovador de nosso amado Pai.

Se olharmos para a Palavra de Deus, veremos que quase todo líder jejuou. A oração e o jejum eram comuns na vida espiritual do judeu, e as pessoas da Bíblia conheciam bem o poder dessa prática. Quando passavam por grandes necessidades ou estavam prestes a enfrentar um importante desafio, com frequência buscavam a sabedoria e intervenção de Deus por meio da oração e do jejum. Considere o seguinte:

- Moisés: Ele ficou ali com o Senhor quarenta dias e quarenta noites, sem comer pão e sem beber água. E escreveu nas tábuas as palavras da aliança: os Dez Mandamentos (Êxodo 34.28).

- Elias: "Então ele se levantou, comeu e bebeu. Fortalecido com aquela comida, viajou quarenta dias e quarenta noites, até chegar a Horebe, o monte de Deus" (1 Reis 19.8).

- Esdras: "Então Esdras retirou-se de diante do templo de Deus e foi para o quarto de Joanã, filho de Eliasibe. Enquanto esteve ali, não comeu nem bebeu nada, lamentando a infidelidade dos exilados" (Esdras 10.6).

- Daniel: "Não comi nada saboroso; carne e vinho nem provei; e não usei nenhuma essência aromática, até se passarem as três semanas" (Daniel 10.3).

- Ester: "Vá reunir todos os judeus que estão em Susã, e jejuem em meu favor. Não comam nem bebam durante três dias e três noites. Eu e minhas criadas jejuaremos como vocês. Depois disso irei ao rei, ainda que seja contra a lei. Se eu tiver que morrer, morrerei" (Ester 4.16).

- Ana: "E então permanecera viúva até a idade de oitenta e quatro anos. Nunca deixava o templo: adorava a Deus jejuando e orando dia e noite" (Lucas 2.37).

- Jesus: "Jesus, cheio do Espírito Santo, voltou do Jordão e foi levado pelo Espírito ao deserto, onde, durante quarenta dias, foi tentado pelo Diabo. Não comeu nada durante esses dias e, ao fim deles, teve fome" (Lc 4.1-2).

- Paulo: "Por três dias ele esteve cego, não comeu nem bebeu" (Atos 9.9); "Trabalhei arduamente; muitas vezes fiquei sem dormir, passei fome e sede, e muitas vezes fiquei em jejum; suportei frio e nudez" (2 Coríntios 11.27).

- Cornélio: "Cornélio respondeu: 'Há quatro dias eu estava em minha casa orando a esta hora, às três horas da tarde. De repente, colocou-se diante de mim um homem com roupas resplandecentes...'" (Atos 10.30).

- Líderes e anciãos da igreja: "Enquanto adoravam o Senhor e jejuavam, disse o Espírito Santo: 'Separem-me Barnabé e Saulo para a obra a que os tenho chamado'" (Atos 13.2). "Paulo e Barnabé designaram-lhes presbíteros em cada igreja; tendo orado e jejuado, eles os encomendaram ao Senhor, em quem haviam confiado" (Atos 14.23).

Visto que as pressões do mundo de hoje aumentam, os seguidores atuais de Jesus Cristo estão buscando um relacionamento mais profundo e significativo com o Senhor. Eles querem uma fé que vá além do culto de domingo. Querem que sua fé faça diferença em suas famílias, no seu trabalho, em seu ambiente cotidiano. Querem experimentar Deus a fim de viver uma vida centrada em Cristo, significativa e que seja um testemunho positivo para o mundo.

O que é jejuar e como o jejum pode me aproximar de Deus?

Um número crescente de cristãos de todas as denominações tem observado a disciplina ordenada por Deus que é o jejum. Quer por meio de jejuns coletivos, quer individuais, os cristãos estão novamente fazendo dessa antiga prática uma parte normal de suas rotinas espirituais.

Vamos começar explicando o que é jejuar e o que não é. Primeiro, jejuar tem sempre a ver com comida. A definição de jejum bíblico é "restrição de alimento com objetivo espiritual". A palavra hebraica para jejum é *tsôwm* (tsum), que significa "cobrir a boca". A palavra grega para jejum é *nesteuo*, que significa "abster-se de comida". Sempre que um jejum é mencionado na Bíblia, é acompanhado de alguma questão espiritual. Então, quando consideramos o jejum bíblico, sempre tem a ver com restrição de alimento com um propósito espiritual.

Portanto, deixar de assistir televisão ou jogar videogames por um período de tempo pode ser uma boa decisão, mas não é um jejum. Durante um jejum, muitas pessoas escolhem limitar a quantidade de tempo que dedicam a certos passatempos ou *hobbies* para que possam devotar mais tempo à oração, à meditação na Palavra de Deus ou à aprendizagem das formas de Deus agir. Essa é uma boa ideia, contanto que você entenda que abrir mão de certas atividades não substitui o verdadeiro jejum.

Além da restrição ou mudança de nossos hábitos alimentares, o jejum sempre tem a ver com nossa vida espiritual. Sem esse aspecto, é apenas uma dieta. Usar o programa alimentar do Jejum de Daniel para melhorar a saúde pode ser uma boa mudança em sua dieta. Porém, entenda que você não estará jejuando se o elemento espiritual não estiver plenamente envolvido. Imagine passar um dia no campo de golfe. Quando você volta para o salão do clube, alguém lhe pergunta como você se saiu.

"Oh, tive um dia fantástico de golfe", pode ser sua resposta.

Quando alguém perguntar sobre sua pontuação, você responde: "Bem, não acertei a bola hoje. Deixei meus tacos no carro. Mas como eu disse, tive um dia fantástico de golfe". A verdade é que você pode ter tido um dia bem-sucedido caminhando e desfrutando dos gramados verdinhos, mas não jogou golfe. O mesmo é verdade quanto ao jejum. Você pode seguir o programa de alimentação com diligência e experimentar grandes benefícios para sua saúde, mas se o elemento espiritual não estiver incluído, é como deixar os tacos de golfe no carro: você só está fazendo um regime, não jejuando.

Talvez o que vou dizer o surpreenda, mas jejuar não é algo que fazemos para Deus. Ele não vai achar que você é um crente melhor ou uma pessoa mais espiritual porque jejua. Seu valor para Deus depende exclusivamente de Cristo, que na cruz tornou você digno e aceitável para o Altíssimo. Então, se estiver jejuando para provar a Deus o quanto você é bom, está perdendo seu tempo.

Em vez disso, querido leitor, o jejum é para você. É uma ferramenta espiritual que Deus criou para ajudá-lo a fortalecer seu espírito, aprender a ter autocontrole da carne, aproximar-se de seu Pai e concentrar-se na oração. Quando você jejua, inicia um plano de ação temporário com um objetivo espiritual – assim como entrar numa redoma, onde tudo é diferente por um período de tempo. Embora você aprenda algumas novas disciplinas ao jejuar e continue a praticá-las mesmo depois de terminar o jejum, a experiência deve ser temporária porque é intensa e com um propósito definido. Houve tempos em que jejuei e senti como se estivesse tendo um curso intensivo em questões espirituais.

Quando estudamos a Bíblia, vemos que os indivíduos são feitos de três partes. O Jejum de Daniel trata de cada uma dessas partes. Em 1 Tessalonicenses 5.23 lemos: "Que o próprio Deus da paz os santifique inteiramente. Que todo o espírito, a alma e o corpo de vocês sejam preservados irrepreensíveis na vinda de nosso Senhor Jesus Cristo". Em Hebreus 4.12 aprendemos que "a palavra de Deus é viva e eficaz, e mais afiada que qualquer espada de dois gumes; ela penetra até o ponto de dividir alma e espírito, juntas e medulas, e julga os pensamentos e intenções do coração".

Alguns teólogos dizem que somos espírito, temos alma e vivemos em nosso corpo. Vamos considerar essa ideia e como ela se relaciona com o Jejum de Daniel no capítulo 4.

Três tipos de jejum

Três tipos de jejum são mencionados na Bíblia:

- O *jejum absoluto* é o que Moisés fez quando esteve no Monte Sinai por quarenta dias. A Bíblia relata o jejum em Êxodo 34.28: "Moisés ficou ali com o Senhor quarenta dias e quarenta noites, sem comer pão e sem beber água. E escreveu nas tábuas as palavras da aliança: os Dez Mandamentos". O jejum absoluto raramente é praticado por um período longo. Alguns se abstêm de toda comida e toda água por um período curto de jejum, talvez durante as horas em que há luz do dia, quebrando o jejum com o cair da noite. Mas períodos mais longos não são recomendados devido às complicações físicas, com consequências a longo prazo que podem resultar desse tipo de jejum.

- O *jejum normal* é quando somente água é consumida. Esse seria o tipo praticado por Elias (veja 1 Reis 19.8) e Jesus (veja Mateus 4). Embora não possamos afirmar com certeza que Elias e Jesus se abstiveram apenas de alimento durante quarenta dias, os relatos indicam que Elias ficou sem comer, mas não fazem menção de água, e Cristo teve fome, mas o texto não faz menção de sede.

- O *jejum parcial* é quando alguns alimentos são consumidos e outros são restritos, como foi o caso de Daniel e João Batista. Muitos de nós nos lembramos da história de João Batista, que sobreviveu alimentando-se apenas de gafanhotos e mel (Mateus 3.4). (Consigo entender porque o jejum de João Batista não atrai a atenção dos crentes de nossos dias. Não há uma preferência geral por gafanhotos!)

Parece que Daniel jejuava com frequência, sendo que três dessas experiências foram registradas em seu livro. Uma delas foi um jejum normal, conforme o relato de Daniel 9.3, quando o profeta se voltou para o Senhor "com orações e súplicas, em jejum, em pano de saco e coberto de cinza".

Em Daniel 1.12 lemos que ele e seus companheiros comeram apenas vegetais e beberam apenas água. Então, em Daniel 10.3 o profeta nos conta: "Não comi nada saboroso; carne e vinho nem provei; e não usei nenhuma essência aromática, até se passarem as três semanas". Esses dois últimos são jejuns parciais. O Jejum de Daniel é um jejum parcial que tem como modelo as experiências do profeta.

Convocações para jejum e jejuns coletivos

O *jejum convocado* é um período estabelecido para jejuar. Por exemplo, a Quaresma é um jejum convocado e a tradição de muitas igrejas cristãs ao redor do mundo. A Quaresma tem data para começar e para acabar. Muitos seguidores de Cristo escolhem o Jejum de Daniel como seu método de jejum durante a Quaresma.

De forma semelhante, a Páscoa (ou a Festa dos Pães Ázimos) é um jejum convocado em comemoração à fuga dos hebreus da escravidão no Egito. É um jejum parcial e sempre começa no 15º dia do mês de Nisã, que é o primeiro mês do calendário hebreu. A Páscoa foi idealizada e estabelecida por Deus em Êxodo 12 e ainda é reconhecida pelos judeus até hoje.

Uma tradição crescente entre os cristãos de nossos dias é começar o Ano Novo com oração e jejum, e muitas igrejas em todo o mundo convocam seus membros para um período de *jejum coletivo* nessa época. Segundo comentários de visitantes do *blog* "The Daniel Fast" e no nosso site, o mais comum é um período de vinte e um dias, começando com o primeiro domingo após a virada do ano. E considerando as dezenas de milhares de visitantes no *site* todo mês de janeiro, fica claro que muitas pessoas que participam desse jejum coletivo de Ano Novo usam o Jejum de Daniel como método por ser um jejum parcial e adequado ao seu estilo de vida.

Semelhantemente, ao longo do ano, igrejas e movimentos encorajam seus membros a aderir a jejuns coletivos por um período específico de tempo. Novamente, quando o período de jejum é mais longo do que três ou quatro dias, parece que muitas pessoas usam o Jejum de Daniel como método para jejuar.

> "Meu marido apreciou os alimentos frescos e os grãos integrais que eu servi enquanto jejuávamos. Estamos ansiosos para continuar comendo alimentos que são saudáveis para nossa família."
>
> – AMY

Jejuar com um propósito

Uma vez que a definição de jejum é restrição de alimento com um objetivo espiritual, antes de começar seu jejum você deverá ser específico quanto ao seu alvo.

Se você estiver aderindo a um jejum coletivo de sua igreja ou de algum ministério, então a liderança decide qual é o propósito. Por exemplo, durante anos Jentezen Franklin, pastor de igrejas em Gainesville, Geórgia, e em Irvine, Califórnia, tem promovido um movimento de jejum no mês de janeiro para honrar e buscar a Deus no Ano Novo. Lou Engle é o fundador do *The Call* [A Chamada], um ministério que organiza cristãos para oração e jejum coletivos a respeito de questões relacionadas aos Estados Unidos. Muitas vezes por ano eles convocam períodos de oração e jejum para questões específicas como racismo, imoralidade sexual e aborto. Se aderir a um jejum coletivo, você orará pelas questões específicas que os líderes definiram, mas também por assuntos pessoais de sua vida.

Um propósito comum para o jejum é aproximar-se de Deus. Trata-se de uma escolha intencional de "abaixar o volume do barulho do mundo" e concentrar-se em seu relacionamento com o Pai. Talvez você queira estabelecer como alvos uma ou duas áreas, tais como a oração ou ouvir a voz de Deus. Você também pode procurar material de estudo preparado por homens e mulheres de Deus que tenham aprendido e praticado esses temas da nossa fé.

Comecei meu primeiro jejum no início dos anos 1990, depois que um colega me contou suas experiências positivas com o jejum. Ele me deu um livro de Arthur Wallis intitulado *God's Chosen Fast* [*O jejum escolhido por Deus*]. Li a brochura e comecei um jejum de três dias, bebendo apenas água. Continuei a jejuar periodicamente sempre que tinha necessidades especiais em minha vida. Mas em 2005, o jejum ganhou um significado mais profundo para mim. Foi a primeira vez que comecei o Ano Novo fazendo um Jejum de Daniel de vinte e um dias.

Desde aquela época, à medida que experimentava o valor e o ganho do jejum, comecei a praticar essa disciplina diversas vezes ao ano. E sempre começo o Ano Novo com um Jejum de Daniel de vinte e um dias. Muito antes de iniciar o jejum, começo a buscar a direção de Deus para a minha vida e a ouvir suas instruções para mim a respeito dos meses que estão por vir. No ano passado fui despertada no meio da noite de 1º de janeiro pelo Senhor dizendo: "Este é o seu ano de transformação". Senti como se uma onda carregada de esperança estivesse entrando no meu corpo! Ele estava me chamando para concentrar minha atenção num ano de mudanças radicais debaixo de sua orientação.

Ao ingressar no período de oração e jejum, mantive aquela mensagem em minha mente. Durante aquele período, o Senhor me mostrou que eu simplesmente tinha almejado muitas mudanças em minha vida e que eu precisava dar o máximo de mim para atingir o alvo! Não eram mudanças que aconteceriam em poucas semanas. Deus queria me levar a um nível mais elevado e esse seria o meu *ano* de transformação. Mudanças concernentes à minha saúde, meu lar, minhas finanças e meu ministério. Ele até me mostrou que eu precisava focar apenas nessas quatro áreas a fim de dedicar a elas toda a atenção, estudo, tempo e recursos necessários para provocar uma mudança importante.

Ao definir o objetivo de seu jejum, sugiro que você siga os seguintes passos:

1. Peça ao Espírito Santo que lhe mostre o propósito d'Ele. Ele é fiel quando pedimos sua ajuda. Tenho descoberto que, com frequência, Ele atende aos meus pedidos dentro de um ou dois dias.
2. Identifique as três ou quatro principais questões de sua vida que causam estresse ou preocupação. Pergunte a você mesmo: *Se eu pudesse mudar três coisas na minha vida, quais seriam?*
3. Então, apresente essas necessidades a Deus buscando sua intervenção e direção durante seu jejum.

O que é o jejum de Daniel?

O Jejum de Daniel é um jejum parcial em que alguns alimentos são restritos. É baseado na Bíblia e padronizado nas experiências do profeta Daniel. Interessantemente, o Jejum de Daniel tem se tornado uma das mais populares formas de jejum, talvez porque não seja tão exigente ou intimidante quanto não comer nada durante muitos dias consecutivos. Em vez disso, o programa de alimentação do Jejum de Daniel é semelhante a uma dieta vegetariana (baseada totalmente em produtos de origem vegetal, e não animal), embora de certa maneira seja mais restritiva.

O Jejum de Daniel se baseia nos princípios do jejum judaico e nas experiências do profeta narradas nos capítulos 1 e 10 de seu livro. Em Daniel 1.12 lemos seu pedido ao encarregado: "Peço-lhe que faça uma experiência com os seus servos durante dez dias: Não nos dê nada além de vegetais para comer e água para beber". Vegetais incluem grãos, legumes e frutas. Daniel também pediu que eles bebessem somente água. Essa referência fundamenta o Jejum de Daniel como um programa de alimentação baseado em vegetais, tendo a água como única bebida. Uma vez que a dieta é totalmente baseada em vegetais, nenhum produto animal é consumido, inclusive peixe, marisco, leite e derivados ou ovos.

Em Daniel 10.3, vemos que, durante períodos de grande lamentação, Daniel também se abstinha de carne, comida "saborosa" e vinho. É com base nesse relato que eliminamos açúcares, doces e sobremesas do Jejum de Daniel, juntamente com bebidas alcoólicas – mesmo das receitas. Os açúcares excluídos durante o Jejum de Daniel incluem açúcar, mel, xarope de agave, estévia, cana-de-açúcar e melados.

Pelo fato de Daniel ser um homem de Deus, podemos presumir que ele também seguia princípios judaicos de jejum. Na preparação para a Páscoa, o povo judeu removia todo tipo de fermento de suas casas e não o incluíam em suas receitas. Então, durante o Jejum de Daniel, todo produto com fermento é eliminado, inclusive levedura, fermento em pó, fermento biológico e bicarbonato de sódio.

Finalmente, toda comida no Jejum de Daniel é natural, o que elimina produtos químicos produzidos pelo homem, corantes e aromatizantes artificiais, aditivos e conservantes e alimentos industrializados. Também não usamos estimulantes, inclusive cafeína.

Listas detalhadas de alimentos que podem ser consumidos e devem ser evitados no Jejum de Daniel são encontradas a partir da página 109.

Duração do jejum de Daniel

Não há um período específico para aderir ao Jejum de Daniel, nem um número predeterminado de dias. Muitas pessoas usam esse método de jejum parcial para jejuar durante sete dias; porém, para obter os benefícios físicos desse jejum, descobri que um período mais longo é melhor. Parece que muitas pessoas usam o Jejum de Daniel por um período de vinte e um dias, em parte porque foi o que o profeta fez, conforme a narrativa de Daniel 10.2, mas também porque muitos jejuns coletivos são convocados por um período semelhante. Tenho usado o Jejum de Daniel por no mínimo dez dias e no máximo cinquenta.

A duração de seu jejum pode ser determinada pelos líderes de um jejum coletivo ou pelo toque do Espírito Santo. Certa vez, eu estava jejuando por um período de três semanas. Terminei o jejum, mas no dia seguinte fui impelida a continuá-lo por mais duas semanas. Então, meu conselho é que você siga a direção do Espírito Santo se não tiver certeza quanto à duração de seu jejum.

Você está pronto?

Mesmo que você possa comer durante o Jejum de Daniel, ele não é menos eficaz do que um jejum completo. O poder do jejum tem menos a ver com comida do que com reservar-se para um período específico de tempo para se concentrar mais no Senhor, na oração e na adoração. Em outras palavras, o poder do jejum está em consagrar-se ao Senhor e disciplinar-se para concentrar-se N'ele. É assim que a experiência espiritual é intensificada.

Não me entenda mal. Há sacrifício e disciplina envolvidos no Jejum de Daniel. Embora comer refeições compostas de frutas, vegetais, grãos, sementes e castanhas possa não parecer difícil, você *terá* suas lutas! Os desejos começam quando você abre mão dos doces, da cafeína (provavelmente o mais difícil para a maioria das pessoas), bebidas (exceto água), pães com fermento, produtos químicos e alimentos resfriados ou congelados. Mas tudo isso faz parte da experiência do jejum, à medida que você vencer sua carne negando os alimentos que deseja desesperadamente.

> "As três últimas semanas têm sido uma jornada maravilhosa. Eu realmente sou grata pelas receitas e pelas palavras de encorajamento."
> — Angela

Seu período de oração e jejum deve ser diferente dos dias normais. Pense numa viagem ou nas férias. Também é um período distinto em sua vida. Você se prepara para as férias certificando-se de que tudo está em ordem. E quando está aproveitando-as, você tem alvos específicos: relaxar, ter novas experiências ou passar algum tempo com a família e os amigos. Nas férias, você faz atividades diferentes e usufrui desse tempo reservado especificamente para isso.

O jejum também é um momento diferente em sua vida que será distinto dos dias comuns, então é importante se preparar para ele. Assim como você entra em férias, entrará em seu jejum. Você fará atividades diferentes e terá alvos específicos.

Nos últimos anos, descobri que os benefícios do jejum só podem ser entendidos por meio da experiência. Gosto de dizer às pessoas que o Jejum de Daniel é válido para a pessoa integral: corpo, alma e espírito.

- Seu corpo se beneficiará com um programa de alimentação saudável.
- Sua alma (emoções, intelecto e sentimentos) se beneficiará com a disciplina espiritual do jejum.
- Seu espírito se fortalecerá e você crescerá na força e no conhecimento de Cristo e seus caminhos.

O poder do jejum não necessariamente faz sentido para a mente natural. Mas o jejum espiritual requer percepção espiritual – uma visão espiritual e confiança no Senhor e seus caminhos. Começar o Jejum de Daniel é o primeiro passo que fará você se aproximar do Pai, que deseja ter um relacionamento profundo e íntimo com cada um de seus filhos. Você está pronto para ingressar nele? Está preparado para unir-se a milhares de pessoas que estão buscando uma vida mais profunda, mais efetiva com Deus? Você está ansioso por um encontro com o Todo-Poderoso?

Se sua resposta for afirmativa, está na hora de aprender sobre o Jejum de Daniel.

Capítulo 3

DANIEL – DETERMINADO A VIVER PARA DEUS EM TERRITÓRIO INIMIGO

Nosso modelo para o Jejum de Daniel é um renomado homem de Deus que viveu há mais de 2700 anos. Embora ele seja considerado um antigo profeta, sua vida é um excelente exemplo para considerarmos, à medida que enfrentamos os desafios de nosso mundo atual. Invista algum tempo nos próximos dois ou três dias para ler todo o livro de Daniel. Não vai demorar muito para examinar os doze capítulos e, ao fazê-lo, você rapidamente perceberá o nítido contraste entre aqueles que colocam sua confiança no Deus de Abraão, Isaque e Jacó e aqueles que escolhem servir deuses e ídolos mundanos. Você também identificará os paralelos que existem entre o sistema babilônico dos dias de Daniel e o mundo em que você e eu vivemos hoje.

Daniel foi criado em Jerusalém e provavelmente descendia de uma família judia pertencente à nobreza ou a uma classe social elevada. Ele havia sido imerso nas tradições e costumes do povo hebreu, inclusive suas práticas religiosas. Nas Escrituras encontramos referências aos "costumes da lei". Essas eram as práticas religiosas que todas as pessoas de fé seguiam, inclusive Daniel.

O povo hebreu seguia meticulosamente esses costumes que, por sua vez, moldavam sua vida e desenvolviam sua fé e compromisso com Deus. É importante saber que esses valiosos costumes não cessaram quando Jesus nos entregou a nova aliança. Na verdade, Cristo e sua família também seguiram os costumes da lei. Quando Jesus tinha apenas oito dias, seus pais o levaram ao templo para o ritual costumeiro em que os meninos eram circuncidados e os pais anunciavam o nome que haviam escolhido para seu filho.

> *Completando-se os oito dias para a circuncisão do menino, foi-lhe posto o nome de Jesus, o qual lhe tinha sido dado pelo anjo antes de ele nascer.* – Lucas 2.21

Você já parou para pensar no que há de tão importante no oitavo dia? Vejo o cuidado de nosso Pai amoroso até neste costume. O bebê era apresentado e recebia o nome na casa do Senhor no oitavo dia porque a mãe era considerada "impura" por sete dias após o nascimento da criança. Ao esperar até o oitavo dia, ela podia estar presente nesta importante cerimônia.

"Estou muito feliz no quarto dia do jejum e sinto-me satisfeita, mesmo comendo tão pouco"

– Nicole

Os costumes e leis estavam profundamente arraigados na vida cotidiana do povo judeu nos tempos bíblicos. Isso incluía as orações diárias, citadas muitas vezes no livro de Daniel. Essas orações o ajudaram a se manter perto de Deus mesmo estando no cativeiro.

Três orações eram recitadas diariamente. *Shacharit*, do hebraico *shachar*, que significa "luz da manhã"; *Mincha* ou *Minha*, as orações vespertinas, que tinham esse nome por causa da oferta de farinha que acompanhava os sacrifícios no Templo de Jerusalém; e *Arbith*, também chamada de *Arvit* ou *Ma'ariv*, que significa "anoitecer".

De acordo com o Talmude, que é o livro da lei rabínico, a oração é um mandamento bíblico extraído de Deuteronômio 11.13: "... amando o Senhor, o seu Deus, e servindo-o de todo o coração e de toda a alma...". A frase "de todo o coração" é uma referência à oração. Segundo o Talmude, há duas razões para haver três orações básicas: para convocar os três sacrifícios diários no Templo em Jerusalém e porque cada patriarca instituiu uma das orações: Abraão, a matutina, Isaque, a vespertina e Jacó, a noturna. Essas orações eram lidas em voz alta e seguidas pelos fiéis:

- **Daniel** seguia o costume: "Quando Daniel soube que o decreto tinha sido publicado, foi para casa, para o seu quarto, no andar de cima,

onde as janelas davam para Jerusalém e ali fez o que costumava fazer: três vezes por dia se ajoelhava e orava, agradecendo ao seu Deus" (Daniel 6.10).
- **O Rei Davi** seguia esse costume: "À tarde, pela manhã e ao meio-dia choro angustiado, e ele ouve a minha voz" (Salmos 55.17).
- **Ana** seguia esse costume: "Estava ali a profetisa Ana, filha de Fanuel, da tribo de Aser. Era muito idosa; tinha vivido com seu marido sete anos depois de se casar e então permanecera viúva até a idade de oitenta e quatro anos. Nunca deixava o templo: adorava a Deus jejuando e orando dia e noite" (Lucas 2.36-37).
- E **Deus** se referiu a esse costume quando orientou Josué: "Não deixe de falar as palavras deste Livro da Lei e de meditar nelas de dia e de noite, para que você cumpra fielmente tudo o que nele está escrito. Só então os seus caminhos prosperarão e você será bem-sucedido" (Josué 1.8).

A oração diária não era uma opção para o povo escolhido de Deus; era um mandamento. As crianças eram criadas com esses costumes judeus, de maneira que segui-los simplesmente fazia parte de sua vida. A oração diária e a leitura das Escrituras mantinham a Palavra de Deus em sua mente e coração. Novamente, vemos Jesus seguindo os costumes que haviam sido passados através das gerações:

> *Ele foi a Nazaré, onde havia sido criado, e no dia de sábado entrou na sinagoga,* como era seu costume. *E levantou-se para ler.* – Lucas 4.16, ênfase acrescentada

No final do século sexto a.C., Nabucodonosor havia conquistado tantos reinos que ele precisava de mais homens hábeis para fazer cumprir seus editos em todo o seu império. Foi quando ele invadiu Jerusalém em busca de pessoas, as mais qualificadas e excelentes.

> *Depois o rei ordenou a Aspenaz, o chefe dos oficiais da sua corte, que trouxesse alguns dos israelitas da família real e da nobreza:* jovens sem defeito físico, de boa aparência, cultos, inteligentes, que dominassem os vários campos do conhecimento e fossem capacitados para servir no palácio do rei. *Ele deveria ensinar-lhes a língua e a literatura dos babilônios.* – Daniel 1.3-4, ênfase acrescentada

O que Nabucodonosor não sabia era que, embora estivesse levando os jovens nobres de Jerusalém, ele não conseguiria tirar a verdade da Palavra de Deus que fora enraizada no coração deles.

Há duas lições preciosas neste exemplo. A primeira é a sabedoria na instrução de Deus aos pais, conforme Provérbios 22.6: "Instrua a criança segundo os objetivos que você tem para ela, e mesmo com o passar dos anos não se desviará deles". E a segunda é o valor imensurável da oração diária. Três vezes por dia Daniel plantava sementes da Palavra de Deus em seu coração. Os mandamentos de Deus estavam sempre em sua mente. Ele não se baseava em sua própria maneira de pensar, nem era dominado pelas práticas de seus conquistadores. Ao contrário, a verdade de Deus lhe dava direção e confiança.

Minha oração por você, ao ingressar neste período de oração e jejum com o Jejum de Daniel, é que a oração diária se torne uma prática em sua vida, assim como o foi para Davi, Daniel, Josué, Ana e outros que tinham uma fé viva e profunda em Deus. Eles são nossos modelos para uma vida centrada em Deus, e podemos escolher seguir o exemplo deles.

O compromisso de Daniel com Deus era inabalável. Ele sabia quem ele era e não permitiria que seus conquistadores o corrompessem. Quando Daniel e seus companheiros foram levados ao palácio de Nabucodonosor, o rei deu instruções expressas de que esses escravos valiosos deveriam comer a melhor comida. O rei tinha grandes planos para eles e queria que estivessem fortes, saudáveis e bem-cuidados. Esses jovens nobres deveriam comer a mesma comida que era servida na mesa do rei.

Mas Daniel rejeitou aquela comida por duas razões: a carne e o vinho do rei eram oferecidos aos deuses babilônios e o povo judeu tinha leis rígidas a respeito de como a carne deveria ser preparada. Comer ou beber as comidas do rei significaria transpor um limite que Daniel não estava disposto a ultrapassar.

> *Daniel, contudo, decidiu não se tornar impuro com a comida e com o vinho do rei, e pediu ao chefe dos oficiais permissão para se abster deles.* – Daniel 1.8

Daniel propôs em seu coração seguir o caminho de Deus. Não se tratava de uma decisão impensada. Ao contrário, era o rumo que Daniel decidira trilhar desde quando era muito jovem. Ele era um homem de Deus e, portanto, se comportaria em concordância com o caminho do Senhor.

O que Daniel queria evitar? Ele não queria tornar seu corpo impuro. Isso significa que ele já tinha entregado seu corpo e sua alma ao seu Deus. Ele estava debaixo da lei e não queria fazer nada que não fosse coerente com os caminhos do Senhor.

Assim, Daniel conseguiu ganhar tempo enquanto negociava um plano com o chefe dos eunucos: "Peço-lhe que faça uma experiência com os seus servos durante dez dias: Não nos dê nada além de vegetais [grãos ou alimento que cresce a partir de sementes] para comer e água para beber. Depois compare a nossa aparência com a dos jovens que comem a comida do rei, e trate os seus servos de acordo com o que você concluir" (Daniel 1.12-13).

"É o sexto dia e estou firme. Na verdade, estou gostando da disciplina de tomar consciência do quanto meus desejos físicos conduzem o meu comportamento."

– Jackie

Esse pedido é um dos elementos do Jejum de Daniel. Vemos aqui que Daniel comeu apenas alimentos que crescem a partir de sementes e bebeu somente água. Algumas traduções dizem que ele comeu apenas vegetais e bebeu água. De acordo com Matthew Henry, um reconhecido erudito em assuntos bíblicos, "vegetais" era uma referência comum a alimentos que derivam de sementes e não são de origem animal[2]. Assim, a palavra "vegetais" inclui frutas e outros alimentos produzidos a partir de sementes ou da terra.

O relato continua e vemos como se deu o desfecho da história. Daniel e seus companheiros acabaram ficando mais saudáveis do que os outros que não seguiram os caminhos de Deus. E mais: quando Nabucodonosor passou algum tempo com aqueles jovens, descobriu que Daniel e seus amigos tinham mais sabedoria e entendimento do que todos em seu reino: "A esses quatro jovens Deus deu sabedoria e inteligência para conhecerem todos os aspectos da cultura e da ciência. E Daniel, além disso, sabia interpretar todo tipo de visões e sonhos" (Daniel 1.17). Os hebreus eram superiores, não por causa de

---

[2] *Matthew Henry's Complete Commentary on the Whole Bible*, Daniel 1.12: "Prove-nos por dez dias; durante esse período comeremos apenas legumes, nada além de verduras e frutas ou ervilhas partidas ou lentilhas e beberemos apenas água, e veja como conseguimos viver bem e agir adequadamente".

uma posição ou colocação com que foram premiados, mas por causa de quem eram – homens moldados pelos caminhos do Senhor.

Em todo o livro de Daniel, você encontrará relatos de como esses quatro homens enfrentaram lutas e desafios sem temor. Por quê? Eles tinham confiança em Deus e seu poder. Eles viviam uma vida disciplinada e alimentavam sua alma com a Palavra de Deus dia e noite.

Daniel e os outros cresceram em estatura e poder. Foram frequentemente reconhecidos por sua integridade, sabedoria e capacidades, e o destaque que ganharam provocou inveja nos outros servos do rei. Quando Daniel foi promovido para presidir sobre todos os líderes do rei, alguns procuraram prejudicá-lo.

Eles ficaram particularmente enraivecidos quando descobriram que o rei pretendia colocar Daniel no governo de todo o império, como se fosse um primeiro-ministro. "Ora, Daniel se destacou tanto entre os supervisores e os sátrapas por suas grandes qualidades, que o rei planejava colocá-lo à frente do governo de todo o império" (Daniel 6.3).

Embora os governadores e os sátrapas tivessem decidido derrubar Daniel de sua elevada posição, eles não conseguiam encontrar provas para acusá-lo de nada. Foi quando arquitetaram um plano para forçar o rei a assinar um edito irrevogável que proibia que durante 30 dias se fizessem orações a não ser aos deuses babilônios: "Todos os supervisores reais, os prefeitos, os sátrapas, os conselheiros e os governadores concordaram em que o rei deve emitir um decreto ordenando que todo aquele que orar a qualquer deus ou a qualquer homem nos próximos trinta dias, exceto a ti, ó rei, seja atirado na cova dos leões" (Daniel 6.7).

Lembra-se do costume que Daniel tinha de fazer suas orações diariamente? Lembra-se de sua resolução de viver sua vida para Deus e obedecer aos seus mandamentos? Ele não ia mudar agora nem debaixo de qualquer outra pressão:

> *Quando Daniel soube que o decreto tinha sido publicado, foi para casa, para o seu quarto, no andar de cima, onde as janelas davam para Jerusalém e ali fez o que costumava fazer: três vezes por dia ele se ajoelhava e orava, agradecendo ao seu Deus.* – Daniel 6.10

Daniel seguiu seu costume de fazer suas orações, que eram recitadas em voz alta. E como você pode ver nessa passagem, as orações de Daniel podiam ser ouvidas pela janela aberta. Orar as Escrituras em voz alta era parte do costume judaico nos tempos do Antigo Testamento e também do Novo Testamento:

> *Um anjo do Senhor disse a Filipe: "Vá para o sul, para a estrada deserta que desce de Jerusalém a Gaza". Ele se levantou e partiu. No caminho encontrou um eunuco etíope, um oficial importante, encarregado de todos os tesouros de Candace, rainha dos etíopes. Esse homem viera a Jerusalém para adorar a Deus e, de volta para casa, sentado em sua carruagem, lia o livro do profeta Isaías.* – Atos 8.26-28

A história continua explicando que Filipe ouviu que o homem estava lendo Isaías. Ele estava praticando o costume da lei de ler as Escrituras em voz alta. O eunuco etíope não estava lendo silenciosamente, ele estava proclamando a Palavra do Senhor. Se você nunca fez isso, quero encorajá-lo a ler as Escrituras em voz alta, diariamente, assim como os judeus do passado faziam. Você logo perceberá a fé movendo seu espírito, à medida que a poderosa Palavra de Deus é falada nos arredores e penetra no seu coração.

Para Daniel, ler em voz alta trouxe algumas consequências: ele foi preso. E ainda que o rei o prezasse muito, não podia ir contra sua própria lei. Então, Daniel estava condenado à cova dos leões. Mas novamente, ele tinha a Palavra de Deus profundamente arraigada em sua alma. Ele tinha fé em Deus de que suas promessas eram verdadeiras.

O rei adoeceu diante dessa crise. Depois que Daniel foi lançado na cova dos leões, o rei voltou para o seu palácio e ficou tão preocupado que não conseguia dormir. Muito cedo, na manhã seguinte, ele correu para a cova dos leões para ver se Daniel sobrevivera. A resposta de Daniel serve como um exemplo poderoso para você e eu.

> *Daniel respondeu: "Ó rei, vive para sempre! O meu Deus enviou o seu anjo, que fechou a boca dos leões. Eles não me fizeram mal algum, pois fui considerado inocente à vista de Deus. Também contra ti não cometi mal algum, ó rei". O rei muito se alegrou e ordenou que tirassem Daniel da cova. Quando o tiraram da cova, viram que não havia nele nenhum ferimento, pois ele tinha confiado no seu Deus.* – Daniel 6.21-23

Percebeu a última frase? – "pois ele [Daniel] tinha confiado no seu Deus". Esse é o tipo de fé que podemos ter! Uma fé tão forte que nada pode nos atingir! Mas a pergunta é: estamos dispostos a fazer o que Daniel fez a fim de ter o que Daniel teve? Estamos dispostos a amar a Deus de todo o nosso coração? Estamos dispostos a ler as Escrituras e orar três vezes por dia? Estamos dispostos a verdadeiramente dar a Deus o primeiro lugar em nossa vida? Às vezes não conseguimos entender por que nossas orações não são respondidas ou porque há tanto estresse e inquietude em nossa vida. Daniel nunca lutou com essas questões porque estava sempre cheio com a verdade de Deus.

> "Acabei de comer meu *Chili* vegetariano. Tive a sensação de estar fazendo alguma coisa errada porque estava delicioso!"
> – SHEILA

Creio ser importante destacar que Deus não impediu que Daniel fosse jogado na cova dos leões, assim como não impediu que os amigos de Daniel fossem lançados na fornalha de fogo ardente (veja Daniel 3). Mas Deus esteve com eles em meio às suas adversidades e os livrou. E nesse relato vemos que a razão de Daniel ter sido livrado é que "ele tinha confiado no seu Deus".

Caro leitor, isso serve como um desafio e um convite a cada um de nós. Daniel não começou a empanturrar seu coração com textos bíblicos quando percebeu que seria lançado na cova dos leões. E não se sentou lá na cova chorando e implorando a Deus que o salvasse. Não, ele tinha a fé de que precisava antes de seus inimigos terem imaginado conspirar contra ele. Daniel estava vestido com sua armadura – e a usava o tempo todo.

> *Finalmente, fortaleçam-se no Senhor e no seu forte poder. Vistam toda a armadura de Deus, para poderem ficar firmes contra as ciladas do Diabo, pois a nossa luta não é contra seres humanos, mas contra os poderes e autoridades, contra os dominadores deste mundo de trevas, contra as forças espirituais do mal nas regiões celestiais. Por isso, vistam toda a armadura de Deus, para que possam resistir no dia mau e permanecer inabaláveis, depois de terem feito tudo.* – Efésios 6.10-13

Deus está mais do que disposto a fazer sua parte quando estamos dispostos a fazer a nossa. Ele tem nos dado tudo de que precisamos para viver uma vida plena e com propósito. Nosso Senhor nunca fala de fracasso para nós; Ele é nossa vitória. Jesus diz: "Eu lhes disse essas coisas para que em mim vocês tenham paz. Neste mundo vocês terão aflições; contudo, tenham ânimo! Eu venci o mundo" (João 16.33).

Mas uma vida vitoriosa é vivida pela fé, e nossa fé é ativada pela Palavra de Deus. Esse é um princípio espiritual que não pode ser quebrado. Não é uma garantia legalista de que teremos uma vida vitoriosa porque estamos seguindo um plano de leitura da Bíblia em um ano. Só teremos essa vida vitoriosa quando a Palavra de Deus penetrar nosso coração e Deus puder revelar sua verdade a nós.

Daniel envelheceu na Babilônia e quanto mais sua fé em Deus era confrontada, mais experiências maravilhosas ele tinha e mais o poder de Deus atuava por meio dele. Não foi por ter recebido privilégios especiais de Deus que sua vida foi protegida de forma miraculosa e ele foi tão honrado, mas sim porque viveu uma vida de amor ao Senhor e assim recebeu o favor e a recompensa de nosso Deus.

Você e eu temos muito em comum com Daniel e os outros homens hebreus. Como crentes também estamos em território inimigo, enfrentando as pressões deste mundo. E assim como Daniel, podemos escolher viver nossa vida de acordo com os caminhos de Deus – não só quando for conveniente e não de maneira descuidada. Se queremos o que Daniel teve, devemos estar dispostos a fazer o que ele fez. Ele se dedicou a Deus. Ele dispôs em seu coração seguir os caminhos do Senhor e recusou-se a se contaminar com os costumes e práticas dos babilônios.

A fé de Daniel o preservou. Sua vida dedicada a Deus é o motivo por que você e eu estamos dando atenção a ele hoje! E sua vida de fé inabalável é porque ele serve de exemplo digno para nós ao ingressarmos num poderoso período de oração e jejum ao Senhor.

Capítulo 4

O JEJUM DE DANIEL PARA O CORPO, ALMA E ESPÍRITO

O Jejum de Daniel trata as três partes de que somos constituídos[3] – corpo, alma e espírito –, por isso essa disciplina nos ajuda a entender de maneira mais abrangente como Deus nos criou. Diversos anos atrás descobri alguns importantes detalhes a respeito de nossa constituição humana que me levaram a uma profunda mudança em minha vida e abriram meu entendimento da Palavra de Deus e dos princípios do Reino. Foi como se uma luz tivesse sido acendida para mim e eu pudesse ver mais claramente. E quanto mais entendo a constituição "três em um" de nosso ser, mais fácil tem sido viver uma vida de fé para o Senhor.

Tudo começou quando participei da classe de adultos da Escola Bíblica Dominical em minha igreja. Estávamos estudando o livro de Hebreus. Ron Stokes, nosso facilitador, é um oficial do exército já aposentado que tem vários diplomas de graduação e é um "contador sazonal", isto é, durante as épocas de declaração de impostos ele trabalha numa empresa da cidade preenchendo os

---

[3] Existem basicamente duas visões teológicas a respeito da constituição humana: a visão *dicotomista*, que acredita que a pessoa é composta de duas partes (corpo e alma), e a visão *tricotomista*, que entende que a pessoa é formada por três partes (corpo, alma e espírito). Há também a filosofia *monista*, segundo a qual não há distinção entre corpo e alma. Embora eu não seja teóloga, creio que a Bíblia ensina a tricotomia.

formulários das pessoas. Como você pode imaginar, Ron era muito detalhista e organizado. Ele é apaixonado pela Palavra de Deus e tinha o dom específico de conduzir nossa classe num estudo de Hebreus versículo por versículo. Eu gostava particularmente daqueles momentos quando nos demorávamos num versículo e destrinchávamos verdades poderosas da Palavra viva de Deus. Foi o que aconteceu quando chegamos a Hebreus 4.12:

> *Pois a palavra de Deus é viva e eficaz, e mais afiada que qualquer espada de dois gumes; ela penetra até o ponto de dividir alma e espírito, juntas e medulas, e julga os pensamentos e intenções do coração.*

Embora eu já conhecesse bem o versículo, nunca havia gastado tempo esmiuçando-o e olhando para o significado mais profundo de cada palavra. Aquela foi minha oportunidade. Poucos dias mais tarde, em minha busca por entendimento, tirei meu leal bloco de anotações amarelo e escrevi meu nome em cima. Depois, desenhei três figuras simples para representar as três partes de meu ser.

Talvez você já tenha ouvido a descrição: "Você é um espírito, tem uma alma e vive em um corpo". A Palavra de Deus menciona nossa constituição "três em um" em 1 Tessalonicenses 5.23:

> *Que o próprio Deus da paz os santifique inteiramente. Que todo o espírito, a alma e o corpo de vocês sejam preservados irrepreensíveis na vinda de nosso Senhor Jesus Cristo.*

Na Bíblia, com frequência a alma é descrita como "a carne" e percebi que, embora eu já fosse crente há várias décadas, muitas vezes minha carne ainda controlava meu espírito, em vez de o contrário acontecer! A Bíblia chama isso de "mente carnal". Considere o seguinte:

- Paulo escreveu em 1 Coríntios 3.1-3: "Irmãos, não lhes pude falar como a espirituais, mas como a carnais, como a crianças em Cristo. Dei-lhes leite, e não alimento sólido, pois vocês não estavam em condições de recebê-lo. De fato, vocês ainda não estão em condições, porque ainda são carnais. Porque, visto que há inveja e divisão entre vocês, não estão sendo carnais e agindo como mundanos?"

- Romanos 8.6 diz: "A mentalidade da carne é morte, mas a mentalidade do Espírito é vida e paz".
- Em 2 Coríntios 10.4, lemos: "As armas com as quais lutamos não são humanas, ao contrário, são poderosas em Deus para destruir fortalezas".
- E em Colossenses 3.1, lemos: "Portanto, já que vocês ressuscitaram com Cristo, procurem as coisas que são do alto, onde Cristo está assentado à direita de Deus".

Esse foi um daqueles períodos em que Deus revelou sua verdade diretamente a mim. No grego, a palavra para "dividir e separar" usada em Hebreus 4.12 é *merismos*. Consegui entender a separação de meu espírito e carne – meu *merismos* – como nunca antes, ao olhar para aquelas figuras. Então, tomei a decisão de andar no Espírito em vez de ser dominada por minha própria carne. Eu iria me submeter ao Senhor, e o Espírito Santo estaria no controle.

Esse ensino também me levou a uma compreensão maior do que significa "andar no Espírito". Há atitudes do Espírito e há atitudes da carne. Quando sinto orgulho, ressentimento ou qualquer outra emoção "carnal" surgindo dentro de mim, rapidamente consigo enxergar que minha carne está "em ação". Consigo então assumir o controle e escolher andar no Espírito.

Outras atitudes do Espírito e da carne incluem o seguinte:

Espírito	Carne
Amor	Orgulho
Perdão	Ressentimento, amargura, ódio
Fé	Medo
Altruísmo	Egoísmo
Humildade	Arrogância, inveja
Autocontrole	Lascívia

Essa lista é parcial, mas acho que já deu para você entender. Cristo nos chama para andar segundo o Espírito e não segundo a carne. Devemos crucificar nossa carne – todos os pensamentos e emoções mundanos – e permitir que o Espírito Santo nos guie e nos dirija.

Foi assim que Daniel e seus amigos viveram. Eles haviam se entregado inteiramente a Deus e tinham sua mente, coração e palavras dominados pelo Senhor. Quando Nabucodonosor ameaçou jogar Sadraque, Mesaque e Abede-Nego na fornalha de fogo ardente, a fé deles era tão firme que eles não hesitaram:

> *Sadraque, Mesaque e Abede-Nego responderam ao rei: "Ó Nabucodonosor, não precisamos defender-nos diante de ti. Se formos atirados na fornalha em chamas, o Deus a quem prestamos culto pode livrar-nos, e ele nos livrará das tuas mãos, ó rei. Mas se ele não nos livrar, saiba, ó rei, que não prestaremos culto aos teus deuses nem adoraremos a imagem de ouro que mandaste erguer".* – Daniel 3.16-18

Essa não era o tipo de fé edificada ao se frequentar os cultos aos domingos pela manhã nem ao fazer rápidas orações antes das refeições. Era uma fé profundamente arraigada em Deus que eles haviam desenvolvido enchendo sua mente com a verdade da Palavra de Deus diariamente.

Se você quiser uma vida conduzida pelo Espírito, se quiser explorar mais a respeito de você e da maneira como Deus o fez, o Jejum de Daniel pode ajudá-lo. Mas primeiro vamos aprofundar um pouco mais! Vamos ampliar nosso entendimento e começar "do começo". Tente imaginar essas cenas:

> *Então disse Deus: "Façamos o homem à nossa imagem, conforme a nossa semelhança. Domine ele sobre os peixes do mar, sobre as aves do céu, sobre os grandes animais de toda a terra e sobre todos os pequenos animais que se movem rente ao chão". Criou Deus o homem à sua imagem, à imagem de Deus o criou; homem e mulher os criou. Deus os abençoou, e lhes disse: "Sejam férteis e multipliquem-se! Encham e subjuguem a terra! Dominem sobre s peixes do mar, sobre as aves do céu e sobre todos os animais que se ovem pela terra".* – Gênesis 1.26-28

Quando Deus criou Adão e Eva, eles eram seres completamente integrados. Eles andavam e conversavam com Deus e Seu Espírito estava vivo e habitava neles. A vida era maravilhosa! Até o próprio Deus declarou:

E Deus viu tudo o que havia feito, e tudo havia ficado muito bom.
– Gênesis 1.31

Todos nos lembramos das instruções de Deus ao homem: "O Senhor Deus colocou o homem no jardim do Éden para cuidar dele e cultivá-lo. E o Senhor Deus ordenou ao homem: 'Coma livremente de qualquer árvore do jardim, mas não coma da árvore do conhecimento do bem e do mal, porque no dia em que dela comer, certamente você morrerá'" (Gênesis 2.15-17).

Adão e Eva estavam intimamente ligados a Deus. A Palavra de Deus diz que Ele passeava com eles na viração do dia. Eles tinham tudo de que precisavam – e tudo era bom! Muito bom!

Porém, nós também nos lembramos do resultado de Adão e Eva não terem ouvido a orientação de Deus. Eles foram enganados pelo inimigo de Deus e comeram o fruto. Consequentemente, morreram. Mas não morreram fisicamente, porque Adão ainda viveu até completar 930 anos e Eva foi a mãe de muitos filhos. Embora não tenham morrido fisicamente, morreram espiritualmente. Não estavam mais em sintonia com Deus. Ao contrário, por causa de sua desobediência, a natureza do inimigo estava agora em sua alma. E o seu pecado passou para sua descendência e através das gerações, até chegar a nós. Romanos 5.12 diz: "Portanto, da mesma forma como o pecado entrou no mundo por um homem, e pelo pecado a morte, assim também a morte veio a todos os homens, porque todos pecaram".

Como resultado de sua escolha de desobedecer a Deus, a árvore da vida – de cujo fruto Adão e Eva antes podiam comer livremente – não estava mais disponível para eles. O acesso ao Jardim foi impedido e eles não podiam mais tomar parte do paraíso e de tudo o que Deus tinha para eles. Deus havia dado a Adão autoridade sobre a Terra, mas, por causa de sua desobediência, ele renunciou a esse controle passando-o a Satanás, que agora é conhecido como o "deus deste século" (2 Coríntios 4.4). Adão foi excluído da vida perfeita que tinha com Deus.

Depois de expulsar o homem, colocou a leste do jardim do Éden querubins e uma espada flamejante que se movia, guardando o caminho para a árvore da vida. – Gênesis 3.24

Figuras das três partes de nossa constituição novamente. O espírito de Adão estava vivo, mas por causa de seu pecado morreu. A parte que ainda existia em Adão – sua alma, com seu intelecto, desejos e emoções – estava agora separada de Deus. A fé morreu e a razão mundana a substituiu. Podemos chamar essa razão de "bom-senso" ou "viver uma vida moral". No entanto, sem a sabedoria de Deus essa vida ainda está condenada. Provérbios 14.12 coloca desta maneira: "Há caminho que parece certo ao homem, mas no final conduz à morte".

Essa separação de Deus e o pecado que herdamos de Adão ainda estão presentes quando os seres humanos entram neste mundo. Cada vida nasce com um corpo e uma alma viventes, mas com um espírito morto. Salmos 51.5 diz: "Sei que sou pecador desde que nasci, sim, desde que me concebeu minha mãe". Então, quando você e eu vimos à Terra, em vez de nascermos com um espírito vivo, nascemos com uma alma que está separada de Deus, com uma natureza pecaminosa.

O Criador se entristeceu com essa separação e por séculos persuadiu seu povo a voltar para Ele. Muitas e muitas vezes enviou profetas e anjos para ensinar seu povo a andar nos seus caminhos para que pudessem viver uma vida feliz.

> "Sem seus conselhos sobre a oração e a Bíblia, esta teria sido uma dieta entediante. Fazê-la para o Senhor faz toda a diferença no mundo."
> — BARBARA

Agora, vamos avançar até Belém, mais de quatro mil anos depois de Adão e Eva terem sido expulsos do Jardim do Éden. Visualize em sua mente: um anjo do Senhor apareceu para os pastores que guardavam seus rebanhos. Ele lhes disse que eles encontrariam um bebê envolto em faixas, deitado numa manjedoura. Então, de repente, assim que o anúncio deste nascimento saiu dos lábios do anjo, uma multidão de exércitos celestiais irrompeu em adoração louvando a Deus e dizendo: "Glória a Deus nas alturas, e paz na terra aos homens aos quais ele concede o seu favor" (Lucas 2.14).

O Salvador, a reconciliação de Deus com a humanidade, havia chegado! Agora finalmente havia uma forma de nosso espírito tornar à vida.

> *Porque Deus tanto amou o mundo que deu o seu Filho Unigênito, para que todo o que nele crer não pereça, mas tenha a vida eterna. Pois Deus enviou o seu Filho ao mundo, não para condenar o mundo, mas para que este fosse salvo por meio dele.* – João 3.16-17

Por causa de Jesus podemos ser redimidos e unidos de novo com Deus nosso Criador e o Reino de Deus está aberto para nós de novo! É claro que essa notícia faria os exércitos celestiais sair.

Então, como acontece tudo isso? Jesus explicou o processo a Nicodemos:

> *Havia um fariseu chamado Nicodemos, uma autoridade entre os judeus. Ele veio a Jesus, à noite, e disse: "Mestre, sabemos que ensinas da parte de Deus, pois ninguém pode realizar os sinais miraculosos que estás fazendo, se Deus não estiver com ele". Em resposta, Jesus declarou: "Digo-lhe a verdade: Ninguém pode ver o Reino de Deus, se não nascer de novo". Perguntou Nicodemos: "Como alguém pode nascer, sendo velho? É claro que não pode entrar pela segunda vez no ventre de sua mãe e renascer!" Respondeu Jesus: "Digo-lhe a verdade: Ninguém pode entrar no Reino de Deus, se não nascer da água e do Espírito. O que nasce da carne é carne, mas o que nasce do Espírito é espírito. Não se surpreenda pelo fato de eu ter dito: É necessário que vocês nasçam de novo. O vento sopra onde quer. Você o escuta, mas não pode dizer de onde vem nem para onde vai. Assim acontece com todos os nascidos do Espírito".* – João 3.1-8

À medida que você estudar a Palavra de Deus, verá que o único caminho para nosso espírito ser redimido e reconquistar livre acesso a Deus é por meio de Cristo.

> *Respondeu Jesus: "Eu sou o caminho, a verdade e a vida. Ninguém vem ao Pai, a não ser por mim".* – João 14.6

Você já deve ter ouvido a frase: "Muitos caminhos levam a Deus". Pode ser politicamente correta, mas não é a verdade. Jesus diz *ninguém vem ao Pai, a não ser por mim*. A reconciliação de nosso relacionamento exige um sacrifício de sangue. Jesus se tornou esse sacrifício por nós, pagando o preço para que pudéssemos ser reconciliados com Deus. Nosso Deus Santo não pode estar em contato com seres impuros. Ele não pode estar com o pecado, tampouco perto dele. Assim, para nos restaurar, devemos ser puros, sem mancha. O sangue de Jesus torna isso possível.

Nosso espírito precisa nascer de novo para podermos ter um relacionamento pleno com Deus – e a única maneira de isso acontecer é por meio de Jesus. Até Ele teve de lutar com este fato, quando estava no jardim do Getsêmani: "Indo um pouco mais adiante, prostrou-se e orava para que, se possível, fosse afastada dele aquela hora. E dizia: 'Aba, Pai, tudo te é possível. Afasta de mim este cálice; contudo, não seja o que eu quero, mas sim o que tu queres'" (Marcos 14.35-36).

Mas Jesus sabia o inestimável valor de seu sangue derramado. A única forma para que nosso espírito pudesse nascer de novo e pudéssemos ser reconciliados com nosso Pai era através da morte sacrificial e agonizante de Jesus:

> *Estando angustiado, ele orou ainda mais intensamente; e o seu suor era como gotas de sangue que caíam no chão.* – Lucas 22.44

Então, ao aceitarmos o presente de Cristo – quando escolhemos nos unir com Deus tornando Cristo nosso Salvador – nascemos *de novo*. Por que *de novo*? Porque embora nosso espírito já tivesse sido criado desde a fundação do mundo, ele morreu por causa do pecado. Agora, pode nascer de novo por causa do sangue salvador e sacrificial de Jesus Cristo. Passamos a viver em Cristo e somos enxertados n'Ele, como João 15.5-8 nos diz:

> *Eu sou a videira; vocês são os ramos. Se alguém permanecer em mim e eu nele, esse dará muito fruto; pois sem mim vocês não podem fazer coisa alguma. (...) Meu Pai é glorificado pelo fato de vocês darem muito fruto; e assim serão meus discípulos.*

Nós somos seus ramos e à medida que nos submetemos a Jesus, Ele pode agir em nós a fim de darmos muito bom fruto. E o fruto bom que damos glorifica nosso Pai.

Fico tão entusiasmada com isso! Você está preparado para mais? Lá vamos nós!

Imagine a cena quando João Batista batizou Jesus. Assim que Ele saiu da água, o Espírito Santo desceu e imediatamente levou-o à sua primeira batalha espiritual. Nosso Senhor foi rápido em começar a tomar de volta o domínio do inimigo. Ele se preparou no deserto com quarenta dias de jejum. E então, confrontou o maligno. Ao perceber que não estava conseguindo ganhar terreno,

Satanás foi embora (esperando uma oportunidade melhor), e os anjos apareceram e serviram a Jesus.

Pouco tempo mais tarde, Jesus voltou à Galileia para contar às pessoas sobre a nova vida que agora estava disponível a elas.

"O tempo é chegado", dizia ele. "O Reino de Deus está próximo. Arrependam-se e creiam nas boas novas!" – Marcos 1.15

Durante a maior parte de minha vida cristã não entendi a maravilhosa verdade desta proclamação. Não percebi o que Jesus estava falando. Ele não estava apenas dizendo: "Arrependam-se de seus pecados. Digam que estão arrependidos, assim vocês poderão ir para o céu". Embora isso seja claramente uma parte do que devemos fazer, está muito longe das Boas Novas em sua íntegra. Tristemente, a maioria das pessoas não entende todo o conteúdo.

Em vez de anunciar um bilhete de passagem para o céu, Jesus estava anunciando uma nova maneira de viver – uma vida eterna que começa aqui e agora. Ele estava dizendo: "Arrependam-se!", que significa "mudem". Ele estava, e ainda está, dizendo a todas as pessoas que o ouvissem que rompera um novo dia. Por milhares de anos, o acesso direto a Deus estivera bloqueado. Mas Jesus abriu o caminho para nós. Ele nos reconciliou com o nosso Pai. Ele também abriu de novo as portas para o Reino e para a árvore da vida. E a realidade do Reino de Deus é diferente do mundo que temos conhecido. "Pois por meio dele tanto nós como vocês temos acesso ao Pai, por um só Espírito. Portanto, vocês já não são estrangeiros nem forasteiros, mas concidadãos dos santos e membros da família de Deus" (Efésios 2.18-19). As correntes do pecado foram quebradas. Um maravilhoso mundo novo está disponível para nós – uma nova maneira de pensar, crer e agir. Uma nova maneira de viver está ao nosso alcance. É o Reino de Deus, e nós somos convidados a fazer parte dele.

Lembra-se de quando os discípulos pediram a Jesus que os ensinasse a orar? Jesus os instruiu que dissessem: "Venha o teu Reino, seja feita a tua vontade, assim na terra como no céu" (Mateus 6.10). As paredes foram quebradas! Tudo foi restaurado e por causa de Jesus novamente temos acesso à árvore da vida que Adão perdeu. Hebreus 4.16 nos diz: "Assim, aproximemo-nos do trono da graça com toda a confiança, a fim de recebermos misericórdia e encontrarmos graça que nos ajude no momento da necessidade".

Você entende isso? Quando Jesus estava orando a Deus antes de sua crucificação, Ele disse: "Dei-lhes a tua palavra, e o mundo os odiou, pois eles não são do mundo, como eu também não sou. Não rogo que os tires do mundo, mas que os protejas do Maligno. Eles não são do mundo, como eu também não sou" (João 17.14-16).

Como seguidores de Jesus Cristo e filhos do Deus Altíssimo, somos cidadãos do Reino de Deus. É um lugar que funciona com base num sistema diferente de princípios e leis espirituais, todos eles ativados pela fé.

> *Disse Jesus: "O meu Reino não é deste mundo. Se fosse, os meus servos lutariam para impedir que os judeus me prendessem. Mas agora o meu Reino não é daqui".* – João 18.36

Quando ganhamos vida em Cristo, tudo muda! Antes de nosso renascimento, vivíamos debaixo do sistema do mundo e dessa compreensão, mas em Cristo todas as coisas são novas, e é por meio d'Ele e da Palavra de Deus que aprendemos os caminhos desse Reino. Jesus disse: "Eu sou *o caminho*, a *verdade* e a *vida*. Ninguém vem ao Pai, a não ser por mim" (João 14.6, ênfase acrescentada).

Jesus é o único acesso à verdade a respeito de Deus:

> *Tenham cuidado para que ninguém os escravize a filosofias vãs e enganosas, que se fundamentam nas tradições humanas e nos princípios elementares deste mundo, e não em Cristo. Pois em Cristo habita corporalmente toda a plenitude da divindade, e, por estarem nele, que é o Cabeça de todo poder e autoridade, vocês receberam a plenitude.*
> – Colossenses 2.8-10

Espero que você consiga compreender a verdade maravilhosa do que Deus fez por nós. Ele ama tanto a cada um de nós que deu o que lhe era mais valioso – seu Filho. E por quê? Para que pudéssemos estar em comunhão perfeita com Ele novamente, para que seu plano original para toda a humanidade pudesse ser restaurado, e assim pudéssemos ser salvos de estar separados por toda a eternidade de Deus – que é o inferno!

Cada pessoa que nasce neste mundo vai existir para sempre. Quando expirarmos nosso último sopro terreno, passaremos para outra dimensão, outro reino. É ali que viveremos para sempre. *Para sempre* – é muito tempo – é um tempo sem fim. Mas por causa de Jesus você e eu podemos escolher em qual reino passaremos a eternidade. Com Jesus você pode viver no Reino de Deus, onde o amor domina e tudo é perfeito – não falta nada, nada é falho! Somente o bem nos cercará. Ou você pode viver no reino das trevas, onde toda a bondade, misericórdia e natureza de Deus estão ausentes.

A boa notícia é que você ainda está respirando hoje e pode tomar uma decisão, neste exato momento, de escolher seu endereço futuro. Se você nunca convidou Jesus a entrar em seu coração, pode fazer isso agora, enquanto lê estas páginas! É tão simples quanto esta oração de cinco frases: "Jesus, estou arrependido por ter virado as costas para o Senhor durante todos esses anos. Hoje quero escolher a vida eterna que o meu Criador deseja que eu tenha. Por favor, perdoe-me por todos os meus erros e pecados. Convido o Senhor a entrar em meu coração e peço-lhe que seja meu Senhor e meu Salvador".

É isso! Se você foi sincero ao fazer essa simples oração, seu espírito acabou de vir à vida e você é uma nova criatura em Cristo. Tudo é novo em folha e Jesus fez morada em seu coração. Talvez você não sinta nada diferente, mas acredite, você mudou muito! Se quiser, escreva uma mensagem para mim (Susan@Daniel-Fast.com) e me conte que você aceitou a Cristo. Vou enviar mais informações sobre como começar essa maravilhosa vida conduzida pela fé.

Puxa! Sinto-me como se estivesse flutuando. Agora, vamos olhar mais de perto cada parte individual de nossa constituição, as coisas que nos fazem ser o que somos: a alma, o espírito e o corpo.

A alma

A alma é descrita por muitos outros nomes na Bíblia, inclusive a carne, o homem natural e o velho homem. A Bíblia ensina: "Quem semeia para a sua carne, da carne colherá destruição; mas quem semeia para o Espírito, do Espírito colherá a vida eterna" (Gálatas 6.8).

A alma é a sua parte imaterial que nasceu do óvulo de sua mãe e da "semente" ou esperma de seu pai. É a sede de sua consciência, emoções, personalidade, intelecto e vontade. A alma tem valor? Sim, tem! Deus ama cada alma que foi criada. Ele enviou seu Filho para salvar nossa alma e nos redimir transformando-nos naquilo que planejou que fôssemos, desde o início. Mas a alma não redimida nunca poderá entrar no Reino de Deus e ter vida eterna.

Antes do nascimento de Cristo, as pessoas tentavam "se comportar" de acordo com um padrão de justiça para com Deus. A história mostra que elas não eram muito boas nisso, por sua própria força. Na verdade, antes do Dilúvio, a humanidade estava tão corrompida e longe de Deus que Ele não via esperança no futuro delas (ver Romanos 1.18-32).

> *Então o Senhor arrependeu-se de ter feito o homem sobre a terra, e isso cortou-lhe o coração.* – Gênesis 6.6

Deus começou de novo com Noé e seus filhos para repovoar a Terra e cumprir a visão que o nosso Criador tinha para nós. Ele pôs essa família num grande barco junto com animais de todo tipo e destruiu as pessoas que haviam atingido níveis tão reprováveis.

Assim, embora uma nova era com novos habitantes tivesse começado, eles ainda não tinham o Espírito de Deus vivendo neles. Então, como sabiam o que era certo e o que era errado? Por meio da lei que mais tarde Deus deu a Moisés e ele entregou ao povo escolhido de Deus. O apóstolo Paulo ensina muito sobre a lei, mas pode parecer muito complexo. *The Message* [N.T.] ajuda a tornar o argumento de Paulo mais fácil de entender:

> *Mas eu posso ouvi-los dizendo: "Se a lei era tão ruim assim, então ela não é melhor do que o próprio pecado". Isso certamente não é verdade. A lei tinha uma função perfeitamente legítima. Sem suas orientações claras quanto ao certo e errado, o comportamento moral seria em grande parte conjeturas. Se não fosse pelo mandamento sucinto e direto "Não cobiçarás", eu poderia ter travestido a cobiça para parecer-se com uma virtude e arruinado minha vida com ela.*
>
> *Vocês não se lembram de como era? Eu me lembro muito bem. A lei começou como uma excelente obra de arte. O que aconteceu, no entanto, foi que o pecado encontrou uma forma de perverter o mandamento numa tentação, criando a partir dele a obra do "fruto proibido". Assim, em vez de ser usada para me guiar, a lei foi usada para me seduzir. Sem toda a parafernália da lei, o pecado parecia bem tedioso*

N.T. *The Message* [*A Mensagem*] é uma paráfrase da Bíblia, escrita por Eugene Peterson e publicada nos Estados Unidos em fragmentos durante os anos de 1993 a 2002.

e sem graça e eu não prestava muita atenção a ele. Mas uma vez que o pecado pôs as mãos na lei e se embelezou com toda aquela elegância, fui enganado e caí nele. O próprio mandamento que devia me guiar à vida foi engenhosamente usado para me apanhar, fazendo-me tropeçar e lançando-me longe. Deste modo, o pecado estava totalmente vivo e eu morto. Mas a lei em si é o bom-senso de Deus, cada mandamento, um conselho santo e sensato.

Já posso ouvir a próxima pergunta que vocês farão: "Então, significa que eu não posso nem confiar no que é bom [isto é, na lei]? Será que o bem é tão perigoso quanto o mal?" Novamente, não! O pecado simplesmente fez aquilo pelo qual ele é tão famoso: usar o bem como disfarce para me tentar a fazer o que acabará por me destruir. Ao se esconder no bom mandamento de Deus, o pecado causou mais dano do que jamais teria conseguido por conta própria. – Romanos 7.7-13. (The Message)

Louvado seja Deus por termos sido redimidos pela fé no sangue do Cordeiro. Não temos de alcançar a graça de Deus obedecendo à lei. Romanos 3.28 diz: "Pois sustentamos que o homem é justificado pela fé, independente da obediência à Lei".

A alma não é capaz de discernir verdades do Espírito de Deus:

Quem não tem o Espírito não aceita as coisas que vêm do Espírito de Deus, pois lhe são loucura; e não é capaz de entendê-las, porque elas são discernidas espiritualmente. – 1 Coríntios 2.14

O apóstolo Paulo explica da seguinte maneira, em sua carta aos crentes de Corinto: "Mas se o nosso evangelho está encoberto, para os que estão perecendo é que está encoberto. O deus desta era cegou o entendimento dos descrentes, para que não vejam a luz do evangelho da glória de Cristo, que é a imagem de Deus" (2 Coríntios 4.3-4).

Enquanto o espírito não estiver vivo, o homem natural (que ainda não nasceu de novo) não consegue entender ou perceber o sentido das coisas de Deus. Elas são loucura para ele. Porém, como crentes nascidos de novo, com

Cristo vivendo dentro de nós, somos capazes de submeter todo o nosso ser a Deus, como vemos em Romanos 12.1-2:

> *Portanto, irmãos, rogo-lhes pelas misericórdias de Deus que se ofereçam em sacrifício vivo, santo e agradável a Deus; este é o culto racional de vocês. Não se amoldem ao padrão deste mundo, mas transformem-se pela renovação da sua mente, para que sejam capazes de experimentar e comprovar a boa, agradável e perfeita vontade de Deus.*

Sua alma pode ser transformada à medida que você renovar sua mente, mudar suas atitudes e se conformar à Palavra de Deus. Essa transformação da mente é amadurecer em Cristo e é um processo contínuo. Mas isso não acontece automaticamente – mesmo quando o espírito nasceu de novo. A renovação da mente é o resultado de um ato voluntário de submissão.

Daniel vivia cada dia em submissão ao Deus Santo. Ele não tinha uma fé de "micro-ondas", mas sim uma fé saturada de oração e adoração constantes:

> *Quando Daniel soube que o decreto tinha sido publicado, foi para casa, para o seu quarto, no andar de cima, onde as janelas davam para Jerusalém e ali fez o que costumava fazer: três vezes por dia ele se ajoelhava e orava, agradecendo ao seu Deus.* – Daniel 6.10, ênfase acrescentada

O estilo de vida de Daniel era centrado em Deus. Ele tinha a reputação de ser um homem cheio do Espírito. Ele havia conquistado destaque e desenvolvido sua fé de maneira que ela pudesse ser vista por todas as pessoas na Babilônia e fosse usada por Deus.

O espírito

O espírito é nossa parte mais íntima. É a essência centrada em Deus onde Cristo habita. Lembre-se: o espírito é diferente de nosso corpo (ou carne). Jesus abordou essas duas partes em João 3.6: "O que nasce da carne é carne, mas o que nasce do Espírito é espírito". Sua mãe não forneceu o óvulo nem deu à luz ao seu espírito. E seu pai não forneceu a semente de seu espírito. Somente Deus pode criar o seu espírito. Como a Bíblia nos diz:

Vocês foram regenerados, não de uma semente perecível, mas imperecível, por meio da palavra de Deus, viva e permanente. – 1 Pedro 1.23

Quando recebemos a "semente" de Cristo por meio da Palavra de Deus, nosso espírito nasceu do Espírito. É por isso que somos chamados filhos de Deus! E todos os filhos de Deus são feitos justos (justificados) pelo sangue de Cristo. Nada mais funcionaria ou seria aceitável na presença de Deus.

A maldição do pecado de Adão é quebrada quando aceitamos a Cristo:

Consequentemente, assim como uma só transgressão resultou na condenação de todos os homens, assim também um só ato de justiça resultou na justificação que traz vida a todos os homens. Logo, assim como por meio da desobediência de um só homem muitos foram feitos pecadores, assim também, por meio da obediência de um único homem muitos serão feitos justos. – Romanos 5.18-19

Mais uma vez, como filho do Deus Altíssimo, você é um espírito, tem uma alma e habita em um corpo. Todas essas três partes estão ativas e experimentando a vida na Terra. Mas qual delas está no controle? Nosso corpo físico não tem vontade própria. Então, precisamos olhar para o nosso espírito e nossa alma para ver qual parte está no comando.

Todos nós já estivemos na situação em que sabíamos que *devíamos* fazer algo, mas não seguimos aquela sabedoria e acabamos fazendo uma escolha diferente. Até os discípulos tiveram de aprender isso. Veja as palavras de alerta de Jesus aos seus discípulos no jardim do Getsêmani:

Depois, voltou aos seus discípulos e os encontrou dormindo: "Vocês não puderam vigiar comigo nem por uma hora?", perguntou ele a Pedro. "Vigiem e orem para que não caiam em tentação. O espírito está pronto, mas a carne é fraca". – Mateus 6.40-41

O apóstolo Paulo também lutava com isso: "Não entendo o que faço. Pois não faço o que desejo, mas o que odeio" (Romanos 7.15). Por que esse conflito faz parte da condição humana? Novamente, a Bíblia explica tudo: "Pois a carne deseja o que é contrário ao Espírito; e o Espírito, o que é contrário à carne. Eles estão em conflito um com o outro, de modo que vocês não fazem o que desejam" (Gálatas 5.17).

A alma é onde nossos sentimentos estão instalados. Os sentimentos são bons em se seguir, mas não em liderar. Dá para imaginar permitir que seus sentimentos conduzam sua vida? "Oh, não sinto vontade de ir trabalhar hoje." Ou: "Sinto-me tão bem usando roupas novas! Vou tomar um 'banho de loja', mesmo que não tenha dinheiro para isso". Ou ainda: "Aquela pessoa me magoou. Nunca mais vou falar com ela!".

Para aprender a andar no Espírito, precisamos colocá-lo na posição de liderança e depois deixar que nossos sentimentos gerem a alegria, o riso e a sensação de calma que acompanham a vida daquele que vive de acordo com o plano de Deus. Aqui está a maneira como se faz exatamente isso:

> *Fui crucificado com Cristo. Assim, já não sou eu quem vive, mas Cristo vive em mim. A vida que agora vivo no corpo, vivo-a pela fé no filho de Deus, que me amou e se entregou por mim.* – Gálatas 2.20

> *Vivam pelo Espírito, e de modo nenhum satisfarão os desejos da carne.* – Gálatas 5.16

Os benefícios de viver uma vida guiada pelo Espírito são imensos: "Portanto, agora já não há condenação para os que estão em Cristo Jesus, que não vivem segundo a carne, mas segundo o Espírito" (Romanos 8.1).

Outra coisa maravilhosa a respeito disso tudo é que quando andamos segundo o Espírito, temos acesso a todo o poder de Deus e seus recursos espirituais!

> *Assim, aproximemo-nos do trono da graça com toda a confiança, a fim de recebermos misericórdia e encontrarmos graça que nos ajude no momento da necessidade.* – Hebreus 4.16

Não podemos ter acesso ao trono de Deus quando estamos na carne. Mas quando estamos andando no Espírito, então o céu se abre para nós. Ouça o que Jesus disse a seus discípulos acerca da vinda do Espírito Santo a suas vidas:

> *"Agora que vou para aquele que me enviou, nenhum de vocês me pergunta: 'Para onde vais?' Porque falei estas coisas, o coração de vocês encheu-se de tristeza. Mas eu lhes afirmo que é para o bem de vocês que eu vou. Se eu não for, o Conselheiro não virá para vocês; mas se eu for, eu o enviarei. Quando ele vier, convencerá o mundo do pecado, da justiça e do juízo. Do pecado, porque os homens não creem em mim; da justiça, porque vou para o Pai, e vocês não me verão mais; e do juízo, porque o príncipe deste mundo já está condenado.*
>
> *Tenho ainda muito que lhes dizer, mas vocês não o podem suportar agora. Mas quando o Espírito da verdade vier, ele os guiará a toda a verdade. Não falará de si mesmo; falará apenas o que ouvir, e lhes anunciará o que está por vir. Ele me glorificará, porque receberá do que é meu e o tornará conhecido a vocês. Tudo o que pertence ao Pai é meu. Por isso eu disse que o Espírito receberá do que é meu e o tornará conhecido a vocês."* – João 16.5-15, ênfase acrescentada

Agora que nosso espírito nasceu de novo, temos uma conexão divina com o Espírito Santo! Não é maravilhoso? Espero que alguns desses versículos tão conhecidos estejam se iluminando de uma forma totalmente nova, à medida que começa a realmente entender quem você é em Cristo.

Viver com Cristo é viver no Espírito, e vivemos no Espírito pela fé:

> *Não me envergonho do evangelho, porque é o poder de Deus para a salvação de todo aquele que crê: primeiro do judeu, depois do grego. Porque no evangelho é revelada a justiça de Deus, uma justiça que do princípio ao fim é pela fé, como está escrito: "O justo viverá pela fé".* – Romanos 1.16-17

Assim, precisamos escolher se permitiremos que o Espírito Santo tenha o controle de nossa vida ou se daremos essas rédeas à carne. Lá atrás, em Deuteronômio, quando Deus estava mostrando aos israelitas a vida que eles poderiam ter tido se tivessem obedecido a Ele em vez de seguir seus próprios caminhos, o povo de Deus esteve diante de uma escolha quanto a como viveriam sua vida:

> *Vejam que hoje ponho diante de vocês vida e prosperidade, ou morte e destruição. Pois hoje lhes ordeno que amem o Senhor, o seu Deus, andem nos seus caminhos e guardem os seus mandamentos, decretos e ordenanças; então vocês terão vida e aumentarão em número, e o Senhor, o seu Deus, os abençoará na terra em que vocês estão entrando para dela tomar posse. Se, todavia, o seu coração se desviar e vocês não forem obedientes, e se deixarem levar, prostrando-se diante de outros deuses para adorá-los, eu hoje lhes declaro que sem dúvida vocês serão destruídos. Vocês não viverão muito tempo na terra em que vão entrar e da qual vão tomar posse, depois de atravessarem o Jordão. Hoje invoco os céus e a terra como testemunhas contra vocês, de que coloquei diante de vocês a vida e a morte, a bênção e a maldição. Agora escolham a vida, para que vocês e os seus filhos vivam, e para que vocês amem o Senhor, o seu Deus, ouçam a sua voz e se apeguem firmemente a ele. Pois o Senhor é a sua vida, e ele lhes dará muitos anos na terra que jurou dar aos seus antepassados, Abraão, Isaque e Jacó.* – Deuteronômio 30.15-20, ênfase acrescentada

Temos uma escolha sobre como vamos viver nossa vida no dia a dia. Podemos viver no Espírito ou na carne. Podemos escolher perdoar... ou podemos guardar ressentimentos. Podemos fofocar... ou podemos escolher falar somente coisas boas a respeito dos outros. Podemos ficar irritados e maltratar os outros... ou podemos tratá-los com bondade e misericórdia. Podemos confiar nossa vida a Deus e viver pela fé... ou podemos depender de nós mesmos e do sistema do mundo.

Creio realmente que muitos cristãos não têm suas orações respondidas porque ainda estão andando na carne, em vez de andar no Espírito. Embora estejam salvos e seu espírito esteja vivo, não fizeram a escolha consciente de andar no Espírito, onde têm acesso a Deus e ao seu poder. Deus se conecta com o nosso espírito, não com a nossa carne.

Novamente, pense em Daniel. Ele era um homem de Deus consagrado, mesmo ao enfrentar pressões e aflições extremas. Nada podia abalá-lo porque ele confiava em Deus. E Deus nunca o abandonou – Deus foi fiel a Daniel, e Deus é fiel a você e a mim.

Durante o Jejum de Daniel, você será confrontado muitas e muitas vezes com a escolha de entregar o controle de sua vida ao Espírito Santo ou deixar que a sua carne assuma. Você se deparará com inúmeras escolhas. Às vezes, a escolha será a respeito de seu corpo. Você vai praticar alguma atividade física hoje ou vai ficar na cama por mais meia hora? É o seu espírito que está no controle ou sua carne? Outras vezes, será a respeito de sua atitude. Você vai andar no Espírito enquanto estiver no trabalho e em casa, com sua família? Às vezes a escolha será quanto a como você usará seu tempo. Você vai planejar seu dia de maneira que Deus seja o primeiro? Ou vai navegar por horas na Internet ou assistir a novelas e a outros programas?

Essas escolhas fornecem valiosa disciplina na edificação de sua fé e é aí que o jejum pode servir como um treinamento para todo o seu ser. Durante o jejum você terá de deixar o Espírito Santo no controle, forçando sua carne e seu corpo a se submeter aos caminhos do Espírito. O Espírito Santo o ajudará a fazer as escolhas quanto ao que comer e quanto comer. O Espírito Santo o guiará a se levantar de manhã e quanto ao que você deverá fazer. E durante esse período de consagração (separar-se para um propósito espiritual), o Espírito Santo o ajudará a ser diligente no sentido de abrir-se para Deus, a fim de que Ele o ensine e trabalhe em sua vida. Então, seus ouvidos espirituais estarão sensíveis para ouvir Deus falando ao seu coração.

Espero que você esteja entusiasmado! Esse jejum pode realmente ser uma experiência transformadora, à medida que você aprender mais sobre viver o estilo de vida do Reino de Deus e abrir-se para o poder sobrenatural que Deus tem para dar. Durante o jejum, concentre-se no desenvolvimento de sua fé e permita que o Espírito Santo o ensine e o guie em todas as coisas que já são suas, visto que você é filho de Deus.

"Estou tentando me desmamar da Coca Diet esta semana. Não tomei nenhuma! Isso já é um grande feito para mim."

– Norma

O corpo

É fácil entender o corpo. Você pode vê-lo! É o lugar onde o seu espírito e a sua alma habitam. Algumas pessoas o chamam de "veste terrena". Mas o corpo físico também é uma parte maravilhosa de seu ser. Deus disse a Jeremias: "Antes de formá-lo no ventre eu o escolhi; antes de você nascer, eu o separei e o designei profeta às nações" (Jeremias 1.5).

Davi louvou o Senhor com estas palavras:

> *Tu criaste o íntimo do meu ser e me teceste no ventre de minha mãe. Eu te louvo porque me fizeste de modo especial e admirável. Tuas obras são maravilhosas! Disso tenho plena certeza.* – Salmos 139.13-14

Durante o Jejum de Daniel seu corpo estará sob o controle do seu espírito. No começo, ele pode tentar se rebelar, à medida que mudar os alimentos que você está acostumado a comer. Talvez o maior motim aconteça para aqueles que têm alimentado seu corpo com cafeína todas as manhãs! Consigo ouvir meu corpo rebelde agora: "O que, você não vai me dar o estimulante que estou acostumado a receber todas as manhãs? Então, você vai ver uma coisa. Aqui está uma dose de cansaço e vou mandar também uma dorzinha de cabeça e algumas cãibras na perna para você perceber que não estou gostando nem um pouco dessas mudanças! Eu gostava do seu hábito de beber café!".

A boa notícia é que seu corpo logo vai lhe agradecer pelas mudanças e o recompensará com doses extras de energia, pensamento claro e rápido e vitalidade. Essas recompensas valem a pena!

Não sou profissional da saúde, mas sou grande admiradora desta maravilhosa morada física que Deus criou para nós habitarmos. Como tudo em sua criação, fico estupefata com a beleza, inventividade, maravilha e funcionalidade do corpo humano!

Também adoro ler as mais recentes descobertas científicas que comprovam o que a Bíblia nos diz há muito tempo! Por exemplo, a Dra. Caroline Leaf, uma especialista sobre aprendizagem que por mais de vinte e cinco anos estuda o cérebro e seu funcionamento, ou seja, a forma como pensamos, escreve:

> Os pensamentos são coisas reais: eles têm uma estrutura em seu cérebro e ocupam espaço. Os pensamentos são o mesmo que as

memórias. Os pensamentos e as memórias se parecem com árvores e são chamados de neurônios ou células nervosas. Você constrói uma memória dupla de tudo, como uma imagem em espelho. Isso significa que a memória no lado esquerdo do cérebro é construída a partir dos detalhes até o quadro todo; já a memória do lado direito do cérebro é construída a partir do todo até os detalhes. Quando você coloca essas duas perspectivas de pensamento juntas, você tem a inteligência acontecendo. Uma vez que as informações são obtidas a partir dos cinco sentidos, você as processa em certas estruturas de seu cérebro, aí crescem ramificações nessas "árvores" para guardar essas informações na memória de longo prazo. Na verdade, enquanto você está lendo, está cultivando seus pensamentos, porque eles são o resultado do que ouvimos, lemos, vemos, sentimos e experimentamos. Isso quer dizer que tudo o que você cultiva é parte de você, ramificações de seu cérebro, que criam suas atitudes e influenciam suas decisões[4].

Em seu livro *Who Switched Off My Brain?* [*Quem desligou meu cérebro?*], a Dra. Leaf explica por que a boa saúde é crítica para fazer o que a Bíblia diz em 2 Coríntios 10.5: "… levamos cativo todo pensamento, para torná-lo obediente a Cristo". Quando permitimos que pensamentos negativos fiquem em nossa mente, eles literalmente crescem e se tornam elementos tóxicos que podem nos causar dano. A Dra. Leaf também explica que na verdade existe um mecanismo de pensar em nosso coração físico. À medida que o pensamento é processado, em altíssima velocidade, energia é levada ao nosso coração e de volta ao nosso cérebro, como parte do processo de tomada de decisão.

O nosso corpo é realmente maravilhoso e declara a glória de Deus, que é apenas uma das razões por que devemos cuidar bem dele. Em 1 Coríntios 6.19, uma pergunta nos é feita: "Acaso não sabem que o corpo de vocês é santuário do Espírito Santo que habita em vocês, que lhes foi dado por Deus, e que vocês não são de si mesmos?".

---

[4] Caroline Leaf, *Who Switched Off My Brain?* [*Quem desligou o meu cérebro?*] Dallas: *Switch On Your Brain*. [*Ligue seu cérebro*], USA LP, 2009), ou veja *Thought Life* [*Vida mental*], http://www.drleaf.net/osc/thoughtlife.php?osCsid=efaebe66f468b5971458c23060bb4b01 (acesso em: 28 set. 2009).

O nosso corpo é vaso precioso porque Deus habita em nós! E Ele quer fazer coisas grandes e importantes por meio de nós. Ele quer que sejamos guerreiros saudáveis, hábeis e prontos para desempenhar o propósito para o qual fomos chamados. Jesus diz: "Vocês não me escolheram, mas eu os escolhi para irem e darem fruto, fruto que permaneça, a fim de que o Pai lhes conceda o que pedirem em meu nome" (João 15.16). Você nasceu para este tempo exato, e Deus tem uma tarefa especial e importante para você. Você tem um motivo para existir e é precioso!

Precisamos estar em boas condições – nosso espírito, alma e corpo! Somos membros de uma família grande e poderosa. E todos os membros são necessários, compatíveis com suas tarefas e únicos para cumprir o chamado de Deus para sua vida.

Não pertencemos a nós mesmos. Por isso, quando abusamos de nosso corpo com um estilo de vida não saudável, não estamos atingindo o nosso melhor. Não estamos tratando bem a nós mesmos, nem aqueles à nossa volta, nem o nosso Senhor. Ele quer que sejamos guerreiros fortes e saudáveis que tragam glória a Ele.

O Jejum de Daniel é uma excelente ferramenta que pode ajudá-lo a alinhar seu corpo com a finalidade que o seu Criador tem para você. Você pode alimentá-lo com comida de boa qualidade em porções saudáveis e refeições balanceadas. Você pode garantir que o seu corpo esteja bem hidratado, bebendo bastante água filtrada por dia e privando-se de bebidas doces e com aditivos químicos que fazem mal. Você pode garantir que o seu corpo tenha atividade física exercitando-se, caminhando e alongando. Você pode garantir que o seu corpo tenha repouso, com a quantidade adequada de sono e descanso. E talvez uma das coisas mais importantes que você pode fazer pelo seu corpo é empenhar-se ao máximo para viver uma vida livre de estresse, dependendo de Deus e andando em Seus caminhos.

O Jejum de Daniel oferece a possibilidade de alimentar nossa alma, fortalecer nosso espírito e renovar nosso corpo. Temos como modelo um de nossos maiores profetas. E muitas pessoas estão prontas a testemunhar sobre as mudanças maravilhosas que aconteceram a partir do momento que se dedicaram à oração e ao jejum durante um período de tempo definido.

Esta é a sua oportunidade. Bem-vindo ao Jejum de Daniel. Que essa poderosa disciplina possa levá-lo a um relacionamento profundo e poderoso com o nosso Pai.

Capítulo 5

CINCO PASSOS PARA UM JEJUM DE DANIEL BEM-SUCEDIDO

Tenho sido abençoada neste ministério do Jejum de Daniel ao comunicar-me com milhares de pessoas em todo o mundo. Tenho orientado e conduzido a muitos à sua primeira experiência de jejum. Compartilho também com aqueles que se preparam para o próximo jejum ou estão com o jejum em andamento. Por meio desse ministério pude identificar cinco passos específicos que cada pessoa pode dar em direção a um jejum gratificante.

1. Ore. Desde o começo, inclua Deus em seu jejum. Abra-se para Ele e fale com Ele sobre suas intenções. Submeta o jejum e sua vida a Ele. Se você não estiver acostumado a este tipo de interação e intimidade com o Senhor, tudo bem, Ele entende. Mas continue seguindo em frente, mesmo que você possa se sentir estranho. Lembre-se: Ele sabe do que você precisa antes que você diga. O salmista escreve: "Senhor, tu me sondas e me conheces. Sabes quando me sento e quando me levanto; de longe percebes os meus pensamentos. Sabes muito bem quando trabalho e quando descanso; todos os meus caminhos te são bem conhecidos. Antes mesmo que a palavra me chegue à língua, tu já a conheces inteiramente, Senhor. Tu me cercas, por trás e pela frente, e pões a tua mão sobre mim. Tal conhecimento é maravilhoso demais e está além do meu alcance, é tão elevado que não o posso atingir" (Salmos 139.1-6). Seu Pai o ama e quer que você esteja à vontade na presença d'Ele. Às vezes precisamos aprender a ouvir a sua voz e sentir sua presença e essa é a hora perfeita para começar a aprender e ir a esse lugar especial na presença do Pai.

2. Planeje. Reserve algum tempo para planejar seu jejum. Qual é o seu objetivo para o jejum? Quando ele terá início? Ao terminá-lo, haverá algo que você fará para identificar seu término? Revise sua agenda e considere os compromissos e atividades planejadas. Você precisa mudar alguma coisa? Vai precisar fazer alterações especiais por causa do jejum? Que material de estudo e devocional vai usar? Precisa comprá-los ou pedir pela Internet? Considere como será seu dia quando você estiver jejuando. Você irá se levantar cedo para gastar tempo em oração, estudo e meditação? Esta também é a hora de pensar no preparo das refeições durante o Jejum de Daniel. Você vai levar marmita para o trabalho ou para a escola? Você pode dedicar alguns dias cozinhando durante o período de jejum a fim de poupar tempo no preparo das refeições? Tente imaginar seus dias e planeje-os com o jejum em mente.

3. Prepare-se. Agora que você já sabe o período de seu jejum, seu objetivo, o material de estudo, e já tem ideias sobre o preparo das refeições, este é o passo em que você fica ocupado e deixa tudo pronto. Espero que você gaste tempo lendo todas as partes deste livro e fique bem informado sobre oração e jejum, antes de começar. Você também vai querer preparar seu corpo para o jejum. Dez dias antes de iniciar o jejum comece a beber pelo menos dois litros de água por dia. Reduza o consumo de cafeína e diminua o açúcar e alimentos que contêm aditivos químicos. Tomar essas importantes medidas ajudará você a evitar certo desconforto que surgirá durante a primeira semana de jejum. Esta é a hora de investir numa boa e completa preparação.

4. Participe. É isso aí! Você está participando do jejum. É provável que enfrente muitas batalhas durante o jejum. Sua carne pode se rebelar porque você não está cedendo a fortes desejos nem apontadas no estômago por causa da fome. É possível que seu corpo sofra com sintomas da abstinência do açúcar e da cafeína. Provavelmente você sentirá um pouco de fadiga na primeira semana, mas com certeza logo começará a se sentir melhor do que já se sentiu há muito tempo, com mais energia, clareza de ideias e uma sensação geral de saúde e bem-estar. Beba muita água – pelo menos dois litros por dia. Quando a carne se rebelar, deixe o espírito assumir o controle e permaneça firme.

E o mais importante: dê ao seu maravilhoso e amado Pai o primeiro lugar em sua agenda! Se não estiver acostumado a gastar tempo com Deus, peça ao Espírito Santo que o guie e ensine. Permita que o amor do Pai inunde seu coração. Acostume-se com Ele. Aprenda a viver uma vida guiada pelo Espírito e permita que Ele trabalhe em sua vida. Ele anseia por demonstrar seu amor a você... e Ele anseia que você coloque sua mão na d'Ele, como uma criança faz, ao andar de mãos dadas com o Pai confiável e cuidadoso.

5. Louve a Deus e reflita. Agradeça a Deus por esta experiência e por todas as bênçãos e lições que Ele tem lhe dado durante este período. Passe algum tempo olhando para trás em toda essa experiência a fim de processar o que aprendeu e pense a respeito de qualquer mudança permanente que queira fazer. É muito provável que você tenha desenvolvido alguns hábitos saudáveis e positivos que queira levar adiante mesmo quando o jejum tiver terminado. Se você "bagunçou tudo", pense no que fará da próxima vez para alcançar a vitória. Revise seu jejum e anote o que funcionou bem para você e o que vai querer mudar na próxima vez.

Vamos olhar para cada um desses passos com mais detalhes.

Ore

Você está entrando nesta experiência para aproximar-se do Senhor e ouvir sua direção para sua vida e a vida de outros. Comece orando agora mesmo e peça ao Pai que o abençoe. Abra seu coração a Ele para que lhe mostre verdades que Ele quer que você aprenda. Dedique sua vida e o jejum a Ele. E ouça o que Ele diz à medida que você se coloca humildemente diante do Senhor. Esse é o passo mais importante na preparação para o jejum.

Muitos anos atrás, ouvi um professor de Bíblia falar sobre tomar uma decisão de qualidade de estudar a Palavra de Deus todos os dias. A expressão *decisão de qualidade* chamou a minha atenção. *O que é exatamente uma decisão de qualidade?* imaginei. O que aprendi desde então tem me ajudado imensamente, e eu acredito que essas lições podem fazer uma grande diferença para você enquanto se prepara para o Jejum de Daniel.

Uma decisão de qualidade é firme, deliberada e tomada com prudência após muita reflexão. Ao tomar uma decisão de qualidade, você planeja empregar toda sua energia e vontade para ir até o fim. Uma decisão de qualidade é quando você diz: "Com Deus me guiando, Jesus me fortalecendo e o Espírito Santo me auxiliando, conseguirei fazer isso! Analisei a tarefa e calculei as consequências. E tomo a decisão de qualidade de levar esse compromisso até o fim".

Uma decisão de qualidade é aquela em que você pretende fazer sua parte integralmente para cumprir o dever. Para mim, uma decisão de qualidade é uma promessa a mim mesma e a Deus de que farei o meu melhor. Não vou "sair de fininho" ou recuar quando as coisas ficarem difíceis. Como a Palavra diz: "Por isso, vistam toda a armadura de Deus, para que possam resistir no dia mau e permanecer inabaláveis, depois de terem feito tudo" (Efésios 6.13). Uma decisão de qualidade quer dizer que estou totalmente comprometida em ficar firme.

Por que isso é tão importante? Porque haverá momentos em que você vai querer desistir ou parar um pouco. Você chega em casa cansado e irritado depois de um dia difícil no trabalho e a última coisa que deseja é comer outro prato de sopa de feijão ou outro pedaço de tofu. Ou então, estará sozinho em casa, só você e seus desejos. Quem vai saber se você comer uma pequena fatia de pão ou um pequeno pedaço de chocolate? Ou você recebe um telefonema de um amigo que o convida para almoçar no seu restaurante ou churrascaria favorita. "Só um almoço", você argumenta. "Vou pedir só um bife pequeno e volto a jejuar no jantar."

> "Já consigo entender por que preparar os ingredientes das receitas antecipadamente me ajudará a ser bem-sucedida em meu jejum".
> – BARBARA

Ah, e vai haver aqueles dias quando o despertador toca antes do amanhecer e tudo que você quer é ficar enrolado debaixo de seu aconchegante edredom em vez de levantar para estudar a Palavra de Deus. Ou quando seu programa de TV favorito começa e você tem de escolher se fica assistindo ou vai memorizar aquele verso que o Espírito Santo mandou você arraigar no seu coração. Essas lutas são parte integrante do jejum, mas se você tomou uma decisão de qualidade, conseguirá lutar e vencer essas batalhas. Nesses momentos de tentação e fraqueza, a decisão de qualidade o ajudará a fortalecer sua resolução, a buscar a ajuda do Espírito Santo e a desenvolver autocontrole e paciência. Essas são lições e exercícios que nos edificam, fortalecem e garantem experiências às quais podemos recorrer mais tarde na vida, quando o que estiver em jogo for algo muito mais sério do que uma refeição ou a memorização de um versículo da Bíblia.

Assim, ao tomar uma decisão de qualidade, você assume um sério compromisso consigo mesmo. Para romper esse compromisso será preciso no mínimo a mesma dose de reflexão e cuidado. Quanto mais consciente de suas ações você estiver, mais será capaz de "vigiar-se" quando for tentado a ceder à sua carne. Por exemplo, como parte do Jejum de Daniel, você toma a decisão de qualidade de não comer pão. Mas um dia você se vê na rua, fazendo compras, e a padaria parece estar chamando seu nome num alto-falante! Seu espírito está pronto, mas sua carne é fraca... então, você estaciona em frente à padaria. Você sabe o que está fazendo e isso lhe dá a oportunidade de parar e reconsiderar suas ações. Quem vai ganhar esta batalha? O espírito ou a carne?

Planeje

Talvez você ache isso estranho, mas com frequência eu marco reuniões com uma pessoa: eu! Chamo isso de "reuniõezinhas comigo mesma", e na verdade elas acontecem várias vezes ao mês. Quando estiver se preparando para o jejum, recomendo que faça uma reunião consigo mesmo. Separe algum tempo garantindo que não será interrompido e dê uma olhada em sua vida. Tenha uma conversa com você mesmo e considere coisas importantes tais como seus alvos, seus relacionamentos e sua vida em geral.

A verdade é que muitos de nós vivemos do jeito que a vida nos leva, fazendo as coisas simplesmente por hábito ou rotina. Quantas vezes dizemos: "Ah, eu não estava pensando"? Nossa rotina e estilo de vida parecem ter "vontade própria" e nós simplesmente acompanhamos o ritmo. Só quando paramos para olhar para trás é que nos perguntamos o que aconteceu todo esse tempo!

Mas Deus disse que fomos criados de uma maneira maravilhosa e assombrosa. Temos grandes mentes e uma imaginação poderosa. Quando elas estão sujeitas a Deus, coisas tremendas acontecem. Podemos viver conscientemente, intencionalmente e com propósito – o propósito d'Ele para nós! Mas devemos fazer a escolha de gastar tempo para pensar e tomar sábias decisões em nossa vida – um dia de cada vez.

Tiago 1.5 diz: "Se algum de vocês tem falta de sabedoria, peça-a a Deus, que a todos dá livremente, de boa vontade; e lhe será concedida".

Por isso, convoque uma reunião consigo mesmo. Faça uma revisão do que está acontecendo em sua vida. Essa não é a hora de condenar-se ou sentir remorso, mas sim um momento de fazer um balanço de sua vida. O Jejum de Daniel é o momento ideal para esse autoexame! Comece tentando limpar sua mente de pensamentos do tipo *Não consigo fazer isso* ou *Esta é uma ideia estúpida*, e em vez disso abra seu coração para o Espírito Santo e para os seus desejos mais íntimos. Depois, pegue um caderno ou o seu tablet e responda às seguintes perguntas:

- **Quais são as cinco coisas que você gostaria de alcançar nos próximos doze meses?** Sua resposta pode incluir alvos como jantar em família pelo menos cinco dias por semana, aprender um novo *hobby*, memorizar um versículo da Bíblia por semana, viajar para um lugar aonde você tem desejado muito ir, participar de uma conferência cristã ou empenhar-se para conseguir uma promoção no trabalho. Deixe que os alvos saiam de você. Se você for como a maioria das pessoas, há muitos sonhos e desejos não realizados em seu coração.
- **Quais são os três novos hábitos que você quer formar?** Você quer ter uma rotina matinal que lhe permita encontrar-se com o Pai todos os dias por pelo menos uma hora? Você quer perder aqueles quilos extras de uma vez por todas? Você quer assistir menos à televisão e ler mais? Você quer ter o hábito de elogiar seu cônjuge e filhos três vezes por dia? Novamente, vá fundo naquelas esperanças não alcançadas de seu coração.
- **Quais são os medos que você quer que Deus lhe ajude a vencer?** Você tem medo de não ter dinheiro suficiente quando se aposentar? Você tem medo das pessoas e da opinião delas a seu respeito? Você tem medo que a economia piore tanto que você não terá o suficiente para suprir suas necessidades?
- **Há falta de perdão em seu coração?** Se você respondeu não a essa pergunta, então, que bênção! Posso dizer isso porque muitos de nós temos mágoas mal resolvidas e faltas não perdoadas que ainda pesam sobre nós. Talvez enquanto você lê essas palavras, alguns pensamentos ou lembranças estejam vindo à tona.
- **Existem áreas "fora de ordem" em sua vida?** Existem projetos que estão assomando sobre sua cabeça ou desafios pessoais que você pre-

cisa enfrentar? Há um relacionamento que precisa de sua atenção ou algum item "Preciso muito fazer isso" na sua lista que continua a lhe importunar? Aliste alguns itens que estão em desordem para que você possa dedicar-se a eles.

Considere sua lista e selecione um ou dois alvos; eles serão seu foco à medida que orar, estudar e agir durante seu Jejum de Daniel. Esse será o seu propósito para o seu jejum.

Há poucos anos, tomei a decisão de que queria me livrar de algumas questões não perdoadas que permaneciam em meu coração. Eu havia tentado perdoar essa pessoa muitas vezes antes, mas sem sucesso. Percebi que eu realmente não sabia como perdoar quando uma ofensa muito grande tinha sido praticada contra mim! Precisava de ajuda. Então, concentrei meu Jejum de Daniel no alvo de aprender sobre o perdão e em perdoar essa pessoa. Adquiri um exemplar do livro *Total Forgiveness [Perdão total]*, de R. T. Kendall. Todas as noites eu lia um capítulo do livro e durante minha hora silenciosa de manhã com o Senhor conversava com Ele sobre o que estava aprendendo e compartilhava com Ele minhas ideias, mágoas e desejo de perdoar.

O Espírito Santo me guiou nesse processo e me ensinou a substituir lembranças dolorosas por orações de gratidão. O livro de Kendall me ajudou a entender o que é perdão e me orientou ao longo do processo de perdoar completamente essa pessoa. De vez em quando uma lembrança triste ainda teima em aparecer, mas agora estou equipada para "levar aquele pensamento cativo" e substituí-lo por um bom pensamento e uma rápida oração.

Nosso Pai quer que nos examinemos a fim de que nos tornemos os indivíduos fortes e saudáveis que Ele sabe que podemos nos tornar! Somos chamados a este dever do autoexame: "Mas, se nós nos examinássemos a nós mesmos, não receberíamos juízo. Quando, porém, somos julgados pelo Senhor, estamos sendo disciplinados para que não sejamos condenados com o mundo" (1 Coríntios 11.31-32). O termo *disciplina* significa "instrução para aprendizagem". Quando olhamos para nossas falhas, nosso Pai amoroso nos mostrará o que precisamos fazer para mudar da fraqueza para a força. E se gastarmos tempo para olhar bem lá dentro de nós, podemos descobrir novos caminhos antes de cair e ter de recolher os pedaços e cacos.

Ao planejar seu jejum, certifique-se de reservar um período consistente para encontrar-se com o Senhor. Começar o dia com a hora silenciosa parece ser a melhor opção para muitas pessoas. Há poucas possibilidades de interrupções ou atraso, e também é a maneira perfeita de começar o dia. Mas se no seu caso não for possível ter um tempo de manhã, escolha outro horário que seja bom para você. O segredo é a persistência. Daniel era um homem muito ocupado, cheio de compromissos e responsabilidades e vivia numa terra estrangeira onde os costumes eram diferentes e falsos deuses eram cultuados. Mas ainda assim ele mantinha a prática judaica de orar pela manhã, ao meio-dia e à noite. O alimento diário do espírito permite que Deus interaja com você e a Palavra de Deus o guie e dirija sua vida.

Então, enquanto planeja seu jejum, certifique-se de separar um tempo diário quando você estará bem junto do Senhor, só você e Ele.

Planeje como você irá orar, meditar e estudar durante o jejum

Talvez você seja um cristão maduro e tenha desenvolvido hábitos que sustentam seu crescimento espiritual e relacionamento com Deus. Se você já encontrou práticas que funcionam com você, então ótimo! Essa seção é para ajudar aqueles que ainda estão lutando com sua vida de oração e ainda não encontraram um plano que dê certo para eles e atenda às suas necessidades. Se for seu caso, saiba que você não está sozinho. Tenho ouvido centenas de homens e mulheres que lutam nessa mesma área.

Há muitas maneiras de estudar a Bíblia, orar e meditar, e o Jejum de Daniel é uma oportunidade perfeita para desenvolver bons hábitos e disciplinas espirituais. Enquanto você planeja seu jejum, é importante considerar exatamente como e o que pretende estudar durante este período. Vou compartilhar alguns métodos que têm dado certo comigo e outras pessoas, mas, por favor, entenda que esta lista não é exaustiva. Quero encorajá-lo a testar alguns modelos e encontrar a rotina que funciona melhor para você. Lembre-se: o mais importante é que você quer desenvolver uma disciplina que o levará a um relacionamento pessoal, profundo e íntimo com o Pai.

Dito isso, porém, deixe-me compartilhar um elemento essencial para crescer em seu relacionamento com Deus: persistência. Não estou falando de legalismo, no qual você fracassa se não orar todos os dias às seis da manhã ou se ler apenas quatro capítulos da Bíblia em vez de cinco. Esse tipo de pensamento se concentra na atividade e não no resultado que você quer alcançar, que, no caso, é desenvolver um relacionamento íntimo com o Pai.

O legalismo espiritual é muito diferente da disciplina espiritual. Neste contexto, a disciplina é um hábito ou rotina que é praticada sistematicamente com um propósito específico. Nossa fé cristã emprega muitas disciplinas espirituais, inclusive a oração, o jejum, o dízimo, o estudo da Bíblia e o culto. Gosto de pensar nas disciplinas espirituais como comportamentos na vida do Reino. Quando seguimos os mandamentos de Deus, exercitamos nossas disciplinas espirituais.

"Descobri que essa forma de comer é tão benéfica que, pela primeira vez em décadas, sinto que comer chocolate não vale a fadiga que vem depois."

– Charlotte

Jesus praticava muitas disciplinas espirituais. Em Lucas 4.16 lemos uma delas: "Ele foi a Nazaré, onde havia sido criado, e no dia de sábado entrou na sinagoga, como era seu costume. E levantou-se para ler". As palavras "como era seu costume" nos dizem que ir à sinagoga aos sábados era sua rotina, seu hábito, sua disciplina espiritual. Ao longo dos Evangelhos podemos ver como Jesus cultivava muitos hábitos que o mantinham perto do Pai.

Então, a fim de sermos bem-sucedidos, queremos desenvolver disciplinas espirituais que possamos praticar de maneira sistemática. Como seguidores de Cristo, queremos que essas disciplinas se alinhem com a Palavra de Deus e com os ensinos de Jesus. Seguir o modelo de Cristo nos manterá nos limites de nossa fé, caminhando em direção ao sucesso, nos ajudará a ouvir de Deus e nos guardará de cometer erros. Planeje seu sucesso e prossiga em seguir intencionalmente seu Pai. A recompensa é maior do que você pode imaginar. Não são recompensas deste mundo; são muito melhores! São as recompensas do Reino de Deus!

Defina um lugar e um horário

Primeiro, estabeleça um horário em que você possa ter um tempo a sós com Deus com o mínimo possível de interrupções e distrações. Para a maioria das pessoas, essa hora é logo cedo, pela manhã. Meu pastor, David Saltzman, começa o dia priorizando seu tempo com o Senhor. Todas as manhãs ele acorda, escova os dentes e passa algum tempo com Deus. Ele não acorda todos os dias no mesmo horário. Às vezes ele dorme até um pouco mais tarde, mas quando acorda, faz a mesma coisa. Escova os dentes e antes de se distrair com qualquer outra atividade passa algum tempo com Deus. Quando, em alguma rara ocasião, não consegue seguir essa disciplina, ele diz que se sente mal e ansioso por voltar à rotina no dia seguinte.

Minha rotina também é nas manhãs. Quando não estou jejuando tenho o que chamo de "café com Jesus". Assim que eu me levanto, preparo uma xícara de café bem quente (passei a maior parte da minha vida em Seattle – a terra do Starbucks [N.T.] – onde café é quase um dever cultural). Depois volto para minha cama aconchegante, ajeito meus travesseiros e digo "Bom dia, Senhor". É assim que começo o meu maravilhoso tempo com Deus. Quando jejuo, substituo o café por uma xícara de água quente com limão.

Geralmente começo dizendo o quanto eu o amo e que sou grata por seu amor e cuidado para comigo. Não digo isso de forma "religiosa". A verdade é que normalmente fico maravilhada e quebrantada com o grande cuidado de Deus por mim. Então, não é difícil agradecer-lhe e louvá-lo sinceramente por sua bondade, amor e provisão.

É nessa parte que a rotina do meu tempo com Deus acaba, porque eu não faço as mesmas coisas todos os dias. Às vezes leio a Bíblia e paro para meditar num versículo ou passagem que tocou meu coração. Talvez leia o trecho de um livro ou revista evangélica sobre um tema relacionado a algo no qual esteja trabalhando, a fim de edificar minha fé. Outras vezes peço ao Espírito Santo coisas bem específicas sobre questões que não entendo ou que me ajude com uma fraqueza ou situação de minha vida.

Sistematicamente passo no mínimo uma hora fazendo isso todos os dias, embora muitas vezes eu descubra que duas ou três horas já se passaram antes de estar pronta para seguir em frente com meu dia! Reconheço que minha situação é peculiar porque meus filhos já são crescidos e eu trabalho em casa. Mas quando meus filhos eram mais novos, ainda assim eu passava quase todas as manhãs tomando café com Jesus. É um hábito que tem me abençoado ao longo dos anos.

Então, ao planejar seu jejum, recomendo que você defina um horário em que poderá estar com Deus. Não pense em desenvolver um hábito que durará pelo resto de sua vida. Em vez disso, medite no que conseguirá fazer durante o período de jejum. Prepare-se para o sucesso! Se uma hora parece im-

---

[N.T.] Starbucks é uma empresa multinacional com uma das maiores cadeias de cafeterias do mundo e tem a sua sede em Seattle, Washington, EUA.

possível agora, então faça uma "reuniãozinha" consigo mesmo e pense no que funcionará para você. Dá para começar com meia hora? O período da manhã parece impossível? Talvez as noites sejam melhores para você e seu estilo de vida. O segredo é definir um horário e um lugar onde poderá estar sozinho com Deus, diária e sistematicamente.

Decida sobre o método que usará para mergulhar na Palavra de Deus

Há muitas formas de estudar a Bíblia. Tenho usado diferentes abordagens ao longo dos anos, e com frequência a maneira como estudo tem muito a ver com o que está acontecendo em minha vida espiritual no momento. Já falamos sobre definir seu propósito para o jejum. Esse propósito certamente direcionará o método que você usará para mergulhar na Palavra de Deus.

Geralmente, quando jejuo elaboro um plano de estudo. Por exemplo, há muitos anos eu queria aprender a orar de forma mais eficaz. A Palavra diz: "Portanto, eu lhes digo: tudo o que vocês pedirem em oração, creiam que já o receberam, e assim lhes sucederá" (Marcos 11.24). Mas isso não acontecia comigo. Houve muitos momentos em que eu orei, mas não recebi o que havia pedido. Creio que a Bíblia é a verdade e sabia que Deus não estava falhando. Então decidi concentrar-me na oração eficaz durante meu jejum. Comprei diversos livros sobre oração. Um deles era de atividades, então pus do lado um caderno onde eu pudesse escrever minhas respostas. Também fiz uma lista de textos bíblicos a respeito de oração. Então, no primeiro dia do jejum, pedi ao Espírito Santo que me ajudasse a aprender a orar de maneira eficaz.

Todos os dias eu aprendia um pouco do que a Bíblia tem a dizer sobre oração. Aprendi sobre alguns erros que estava cometendo na minha maneira de orar e comecei a formar novos hábitos. Enquanto estudava os versículos na Bíblia, tentava imaginar as cenas como se eu estivesse participando dos episódios narrados. Li as notas de rodapé em minha Bíblia em cada versículo e procurei o significado de algumas palavras no hebraico e no grego. Aprendi sobre os diversos tipos de oração e como usar o tipo adequado para cada necessidade. Conversei com Deus sobre o que eu estava aprendendo e comecei a orar usando meu novo conhecimento e entendimento. Conseguia sentir minha fé crescendo enquanto aprendia mais sobre a natureza tremenda de Deus lendo os livros, orando, meditando e usando comentários e concordâncias bíblicas.

Esse estudo me lançou numa compreensão nova e maior de Deus, de nosso relacionamento com Ele e nossa posição no mundo como filhos do Rei Altíssimo. Esses momentos de manhã eram ricos e gratificantes e me elevaram a um novo patamar na minha fé.

Mina de pepitas

Quando meu amigo Ron Jackson lê um livro inteiro da Bíblia, ele tenta encontrar uma pepita de verdade em cada capítulo. Quando termina o capítulo, gasta alguns minutos para pensar um pouco no que acabou de ler. Assim que consegue captar em sua mente a pepita, ele pensa sobre como ela está relacionada ao restante do livro. Esse método simples tem ajudado Ron não apenas a crescer na fé, à medida que aprende sobre os caminhos de Deus, mas também a lembrar-se de onde certas passagens estão na Bíblia. Recentemente usei esse método ao estudar o livro de Romanos e achei muito útil. Quando parava para identificar a "pepita" especial de cada capítulo, também orava e conversava com Deus sobre o que eu estava aprendendo.

Capine as ervas daninhas

Outro método de estudo da Palavra de Deus é deixar que ela seja nosso professor para nos moldar e nos transformar à imagem de Cristo. Por exemplo, gaste alguns minutos lendo Marcos 4.1-20. Leia as palavras em voz alta. Imagine-se sentado na relva verde num lugar próximo do mar. Tente imaginar Jesus falando diretamente a você enquanto Ele ensina sobre o semeador e a semente. Ouça com o seu coração aberto para aprender algo novo.

Agora, considere a situação do seu coração. Como ele é comparado aos quatro descritos na parábola? Há algumas ervas daninhas que precisam ser arrancadas? É preciso afofar ou adubar a terra? Seu solo necessita de algum cuidado para que a Palavra de Deus possa encontrar espaço, crescer e dar fruto?

Esse é outro exemplo de como você pode usar as Escrituras para mudar a sua vida! É uma Palavra viva e poderosa; é a verdade de Deus para nós.

Estude uma palavra

Gosto muito deste método de cavar fundo na Palavra de Deus. Novamente, dependendo do propósito de seu jejum, pense numa palavra específica – por exemplo, *fé*. Então use uma concordância ou outra das muitas ferramentas disponíveis e procure todos os versículos em que aquela palavra aparece. Gosto de encontrar os versículos na minha própria Bíblia. Há algo nisso que me ajuda em estudos posteriores. Às vezes faço anotações ou sublinho os versículos. Gosto de marcar a minha Bíblia. Escrevo comentários e destaco versículos que tocam meu espírito quando estou estudando. Tenho uma pequena caixa plástica com pincéis atômicos, marcadores e canetinhas. Também tenho bloquinhos de anotações com folhas adesivas *(post-it)*. Tudo isso me ajuda a estudar e a lembrar o que estudei.

Conheça Jesus

Esse é o meu método favorito de explorar a Palavra de Deus porque mudou minha vida para sempre! Sou uma *"baby boomer"*[N.T.] e passei minha adolescência e os primeiros anos da vida adulta influenciada pelos anos sessenta e setenta, em Seattle, uma cidade conhecida por suas ideias independentes. Eu não era crente então e, como muitos que cresceram naquela época, questionava o *status quo* e não aceitava crenças só por causa de tradições ou convenções sociais e culturais.

Numa manhã de 1973 (eu tinha vinte e poucos anos na época), fui atender a alguém batendo à minha porta e deparei-me com duas mulheres carregando uma Bíblia e literatura religiosa. Elas se apresentaram e perguntaram se eu acreditava na Bíblia. Eu disse que achava que era um bom livro com muitas histórias boas. Então elas me perguntaram se eu cria que Jesus era o Filho de Deus, e minha resposta foi: "Bem, acho que Jesus foi um bom mestre e um bom homem. Mas não acho que Ele realmente seja o Filho de Deus".

A próxima pergunta delas despertou em mim a necessidade de uma resposta rápida: "Você gostaria de aprender mais a respeito de Jesus? Ficaríamos felizes em compartilhar com você". Eu não acreditava que Jesus fosse nada mais do que um sábio, mas não estava preparada para discutir com elas. Eu precisava de mais tempo.

"Bem", eu disse, atrapalhando-me em busca de palavras para que parecesse que eu tinha tudo sob controle, "agora eu não posso conversar mais, mas que tal se vocês voltarem na semana que vem? Aí poderemos conversar". Elas concordaram e nos despedimos. Assim que fechei a porta, pensei comigo mesma: "Preparem-se, meninas. Estarei afiada quando vocês voltarem".

[N.T.] *"Baby boomer"* é uma pessoa nascida entre 1945 e 1964 na Grã-Bretanha, Estados Unidos, Canadá ou Austrália. Depois da Segunda Guerra Mundial esses países experimentaram um súbito aumento de natalidade, que ficou conhecido como *baby boom*.

Eu precisava aprender rápido, porque não sabia muita coisa da Bíblia. Encontrei um exemplar numa caixa de livros guardados que eu tinha e comecei meu "intensivão". Todas as noites, antes de ir dormir, eu lia a Bíblia para aprender mais sobre esse "cara", Jesus. Comecei com o evangelho de Mateus e continuei até que meus olhos ficaram pesados e era hora de dormir. Fiz isso por diversas noites.

Não me lembro de que trecho estava lendo, mas recordo a exata sensação que passou por minha alma quando de repente descansei o livro em meu peito, olhei à volta pelo meu quarto e disse: "Meu Deus, é verdade!". Como no hino "Maravilhosa Graça", esse foi o momento em que "eu cri pela primeira vez". A poderosa Palavra Viva de Deus penetrou minha alma, e naquele momento a verdade me conquistou para sempre. Meu espírito nasceu de novo e eu fui dormir naquela noite como uma nova criatura em Cristo.

No dia seguinte visitei minha vizinha que durante meses gentilmente havia testemunhado para mim, respondendo a perguntas e sendo um exemplo de mulher cristã. Eu lhe contei o que havia acontecido comigo, e ela me convidou a ir à igreja com ela no domingo seguinte. Eu fui e poucas semanas mais tarde fiz minha profissão de fé declarando que Cristo era o meu Senhor.

Nunca mais vi as duas mulheres que haviam dado o pontapé inicial na bola de "aprender mais sobre Jesus". Mas daquela noite em diante minha vida mudou para sempre. Por esse motivo, sou eternamente grata.

É por isso que ler a Bíblia para aprender sobre Jesus é tão especial para mim. E às vezes ainda leio os Evangelhos com essa abordagem. Lentamente leio uma passagem e tento visualizar a cena. Tento imaginar Jesus, a expressão de seu rosto enquanto Ele fala e como Ele se sente. Faço o mesmo com os outros personagens na cena, sejam eles discípulos, fariseus ou qualquer outra pessoa. Depois, imagino-me na cena e tento ouvir Jesus falando aquelas palavras para que entrem em meu coração e atuem em meu espírito. Às vezes paro e falo com o Senhor sobre o que estou aprendendo ou faço perguntas se há algo que não estou entendendo bem. Esse é um método poderoso de estudar a Palavra de Deus e conhecer a Cristo de um modo íntimo.

Estude um livro da Bíblia

A Bíblia contém 66 livros diferentes, cada um deles repleto com a verdade a respeito de Deus, testemunhos de homens e mulheres e como sua fé impactou a vida deles e situações e lições para que vivamos uma vida santa e centrada em Cristo. Tenho estudado a Palavra de Deus por mais de 35 anos e ainda estou maravilhada com a abundância de verdades que ela contém. Quanto mais aprendo, mais fico espantada com a forma intrincada em que os preceitos estão todos interligados. O poder da Palavra viva de Deus é outro mistério que apenas os que estão vivos no Espírito podem apreender.

Somos tão abençoados pela abundância de material de estudo para nos ajudar a crescer no conhecimento e no amor de Cristo! Usar um comentário e um guia de estudo para aprofundar-se num livro específico da Bíblia pode ser uma prática muito enriquecedora. Primeiro, decida qual livro você quer estudar. Peça ao Espírito Santo que o guie nessa escolha e dentro de um dia ou dois, se seus olhos e ouvidos espirituais estiverem abertos, você será orientado de forma clara. Depois, vá à livraria evangélica de sua cidade ou pesquise na Internet e encontre um guia de estudo.

Considero o livro de Daniel uma excelente escolha de estudo para fazer durante o Jejum de Daniel. Gosto de estudar as qualidades de caráter do profeta e de seus companheiros e como eles vivenciaram sua fé durante décadas no cativeiro, numa cultura hostil e pagã.

Você também pode querer ler "um provérbio por um dia". Existem 31 capítulos no livro de Provérbios, então combine o capítulo com a data e você pode começar! Por exemplo, se for o dia cinco do mês, leia Provérbios 5. Fácil e simples. Você também pode acrescentar Salmos à sua rotina de leitura mensal se quiser, lendo cinco salmos por dia. Multiplique por cinco a data do dia para saber com qual salmo começar. Por exemplo, se for o dia cinco do mês, multiplique cinco por cinco. Você teria de ler os Salmos 25-29 naquele dia. Esse método é uma forma poderosa de alimentar seu espírito com o amor e a verdade de Deus.

Descubra sua verdadeira identidade

Como crentes, temos certeza de que iremos para o céu, mas muitos que professam Cristo como seu Salvador não percebem que nós também somos os filhos adotados e totalmente justos do Deus Altíssimo. Durante a maior parte da minha vida cristã não usufruí muitos benefícios de minha herança por não saber quem eu era em Cristo. Sim, eu sabia que era uma crente e que ia para o céu, mas até começar a mergulhar fundo na Palavra de Deus e descobrir meus direitos de filha, estava vivendo a vida de uma criança abandonada – muito embora o Reino de Deus estivesse inteiramente disponível para mim.

Ainda estou aprendendo a viver totalmente como uma herdeira do trono. Mas hoje minha vida é plena, rica e abundante porque sou uma coerdeira com Cristo. E você? Quando você pensa que é um coerdeiro com Cristo, seu coração salta de alegria? Ou você se encolhe e pensa: *Sei que a Bíblia diz isso, mas na verdade não creio nisso.*

Meu filho é adotivo, e para que a adoção fosse legal, o governo dos Estados Unidos emitiu documentos oficiais dando a ele plenos direitos como um membro de nossa família. De maneira semelhante, a Bíblia, a Palavra de Deus, serve de documentos oficiais de adoção para todo aquele que é nascido do Espírito. Romanos 8.15-17 afirma o seguinte:

> *Pois vocês não receberam um espírito que os escravize para novamente temer, mas receberam o Espírito que os adota como filhos, por meio do qual clamamos: "Aba, Pai". O próprio Espírito testemunha ao nosso espírito que somos filhos de Deus. Se somos filhos, então somos herdeiros; herdeiros de Deus e coerdeiros com Cristo, se de fato participamos dos seus sofrimentos, para que também participemos da sua glória.*

Por causa de Cristo, somos adotados. E assim como Cristo, podemos clamar juntos a amada e conhecida saudação "Aba, Pai". Somos coerdeiros com Jesus. Sei que é muita coisa para digerir. Ainda estou trabalhando nisso! Mas se você puder tomar posse da verdade de quem é por causa de Cristo, seus problemas de autoestima começarão a desaparecer e sua confiança começará a crescer. Não será uma confiança arrogante, ao contrário, será uma percepção inabalável de que Cristo vive em você e você é um precioso filho de Deus. É confiança no seu Deus como a de Daniel na cova dos leões.

Para ajudá-lo a descobrir sua verdadeira identidade nas Escrituras, use uma concordância e procure no Novo Testamento versículos que incluem as seguintes palavras e expressões:

- Nele
- Por ele
- Com ele

- Em Cristo
- Por meio de Cristo
- Com Cristo
- Em Jesus
- Por meio de Jesus
- Com Jesus

Assim que encontrar esses versículos, pense em cada um deles – mesmo que sua mente (que foi condicionada pelo deus deste século) lute o tempo todo – e comece dizendo a si mesmo que essas palavras estão descrevendo você! Aqui estão apenas alguns das centenas de versículos que você pode encontrar:

Da mesma forma, considerem-se mortos para o pecado, mas vivos para Deus *em Cristo Jesus*.– Romanos 6.11, ênfase acrescentada

Pois o salário do pecado é a morte, mas o dom gratuito de Deus é a vida eterna *em Cristo Jesus, nosso Senhor.* – Romanos 6.23, ênfase acrescentada

Porque por meio de Cristo Jesus a lei do Espírito de vida me libertou da lei do pecado e da morte. – Romanos 8.2

Mas, em todas estas coisas somos mais que vencedores, por meio daquele *que nos amou.* – Romanos 8.37, ênfase acrescentada

Pois estou convencido de que nem morte nem vida, nem anjos nem demônios, nem o presente nem o futuro, nem quaisquer poderes, nem altura nem profundidade, nem qualquer outra coisa na criação será capaz de nos separar do amor de Deus que está em Cristo Jesus, *nosso Senhor.* – Romanos 8.38-39, ênfase acrescentada

Se perseveramos, com ele também reinaremos. *Se o negamos, ele também nos negará...* – 2 Timóteo 2.12, ênfase acrescentada

À medida que se aproximam dele, a pedra viva — rejeitada pelos homens, mas escolhida por Deus e preciosa para ele — vocês também

estão sendo utilizados como pedras vivas na edificação de uma casa espiritual para serem sacerdócio santo, oferecendo sacrifícios espirituais aceitáveis a Deus, por meio de Jesus Cristo. – 1 Pedro 2.4-5

Lembre-se: seu jejum é uma disciplina espiritual. É fácil concentrar-se tanto na mudança alimentar que a oração e a meditação acabam ficando em segundo plano. Por isso, planeje um jejum bem-sucedido escolhendo os métodos que usará para alimentar-se sistematicamente da Palavra de Deus. Você ficará satisfeito se gastar algum tempo planejando o alimento espiritual com o qual nutrirá seu espírito durante o Jejum de Daniel. Lembre-se do que Jesus disse: "Jesus respondeu: 'Está escrito: Nem só de pão viverá o homem, mas de toda palavra que procede da boca de Deus'" *(Mateus 4.4).*

Determine o que você comerá e o que não comerá durante o Jejum de Daniel

Como já explicamos, o jejum tem sempre a ver com restrição alimentar com um propósito espiritual. Já falamos sobre definir um propósito para o seu jejum. Mas agora eu gostaria de concentrar nossa atenção no corpo físico, que certamente estará totalmente envolvido no Jejum de Daniel.

Seu Criador o formou. Quer esteja satisfeito com seu corpo, quer não, você foi feito de maneira maravilhosa e assombrosa. Toda a criação, inclusive seu corpo, é a obra-prima de nosso Pai. E Ele criou tudo para que coopere para o bem. Ele projetou nosso corpo físico com sistemas maravilhosos para manter a vida e nos dar a energia de que precisamos para funcionar. Ele produziu alimento para nos abastecer e órgãos no interior de nosso corpo que consomem, digerem e depois distribuem esses nutrientes. Durante o Jejum de Daniel não usamos alimentos industrializados porque já tiveram a vida e o que é bom tirado deles. Queremos alimentar nosso corpo com os alimentos que o nosso Criador projetou especialmente para nós.

Ao planejar seu Jejum de Daniel, gaste algum tempo para pensar no que você comerá e beberá. Considere seu corpo físico e as condições dele. Esta pode ser uma excelente oportunidade para adquirir novos hábitos.

Vamos recuar um pouco no tempo e voltar para as nossas aulas de biologia do ensino médio. Esta informação o ajudará a entender alguns fatos importantes sobre seu corpo e lhe dará as ferramentas necessárias para um Jejum de Daniel bem-sucedido.

Quando ingerimos os alimentos, nosso corpo secreta enzimas digestivas para quebrar o alimento em partículas menores. Essas partículas são levadas para as células de nosso aparelho digestivo para que, através da corrente sanguínea, os nutrientes sejam distribuídos por todo o corpo e supram suas necessidades e o mantenham com vida.

Toda vez que comemos, ingerimos não apenas os bons nutrientes de que o corpo necessita, mas também os aditivos e as toxinas que podem estar de carona nos alimentos. Deus projetou nosso corpo de forma maravilhosa, assim os elementos que não são adequados à saúde são filtrados pelo sistema digestivo (fígado, rins e outros órgãos). Esse processo também remove a matéria sem nutrientes, tais como os subprodutos da digestão, os detritos que resultam da decomposição de alimentos mal digeridos ou o excesso de nutrientes que o corpo não consegue usar. Para piorar as coisas para o nosso corpo, quando comemos alimentos cheios de produtos químicos e toxinas, comemos além do necessário ou não mastigamos bem a comida, estamos sobrecarregando ainda mais o nosso sistema digestivo.

Todos já passamos por momentos em que o nosso sistema digestivo ficou sobrecarregado. Nesses momentos enfrentamos aqueles barulhos no estômago, a barriga estufada ou aquela sensação de "por que comi demais?". Nosso corpo está nos dizendo para cuidar melhor dele.

A verdade é que nosso corpo pode suportar bastante abuso antes de começar a gritar por socorro. No início, podem ser algumas dores, algum mal-estar ou nos sentimos um pouco cansados. Talvez não consigamos vencer uma gripe tão rapidamente. Com o passar do tempo, porém, os gritos continuam até que se tornam tão altos que temos de parar para ouvi-los. A balança certamente pode nos dar uma mensagem clara quando o ponteiro não para de se mexer... O médico passa a ser o tradutor quando nos diz: "Os resultados dos exames chegaram e você está com diabetes" ou "Você tem uma doença autoimune que está causando toda essa dor nas suas juntas". Ainda bem que o alerta não vem do médico plantonista gritando para todos na emergência "Agora!" enquanto tentam fazer nosso coração funcionar de novo.

De acordo com o *Trust for America's Health*[N.T.1], que acompanha os índices de obesidade e as políticas públicas para a saúde dos americanos, a cada ano a obesidade entre os adultos norte-americanos está crescendo em velocidade alarmante. Um relatório de 2008 intitulado *F as in Fat: How Obesity Policies Are Failing in America*(N.T.2), a organização documentou que os índices de obesidade aumentaram em trinta e sete Estados em 2007. Em nenhum Estado houve queda. Além dos sérios impactos à saúde associados com a obesidade – os casos de diabetes tipo 2 aumentaram em vinte e seis Estados –, o *Department of Healthand Human Services*(N.T.3) relata que adultos obesos e com sobrepeso custam aos cofres públicos algo em torno de 69 a 117 bilhões de dólares por ano. O aumento atual no preço dos alimentos, aliado à recessão econômica, levanta sérios debates a respeito da obesidade, uma vez que muitos dos alimentos saudáveis ficam inacessíveis para alguns americanos. Na verdade, os nutricionistas estão preocupados porque os americanos vão engordar "os quilos da recessão", apontando para estudos que relacionam a obesidade a hábitos alimentares pouco saudáveis devido a baixo poder aquisitivo [5].

Muitos de nós não estamos cuidando bem do corpo que Deus criou de maneira tão bela. De acordo com o *Centers for Disease Controland Prevention* (CDC) [Centro de Controle e Prevenção de Doenças], o número de casos de diagnósticos de diabetes cresceu mais de 90% entre os adultos nos últimos dez anos. Esse e outros estudos indicam que cerca de 8% da população americana agora tem diabetes, principalmente o tipo 2, que está associado a obesidade e vida sedentária. Um quarto de pessoas com sessenta anos ou mais tem diabetes. A Organização Mundial de Saúde (OMS) denomina essa doença de epidêmica e estima que o número de pessoas com diabetes em todo o mundo dobrará, chegando a 366 milhões até 2030. Muitas pessoas com diabetes têm resistência à insulina, que o corpo usa para converter o açúcar no sangue em energia [6].

[N.T.1] Organização sem fins lucrativos que trabalha na prevenção de doenças nos EUA.
[N.T.2] N.T. "F de Fat [gordo]: Como as Políticas de Obesidade estão Fracassando na América". A letra "F" é o pior conceito atribuído às avaliações escolares. O título do relatório na verdade faz um trocadilho, uma vez que no inglês a palavra "gordo" inicia com F (F de Fat) e a nota F está sendo atribuída às políticas públicas de saúde relacionadas à obesidade.
[N.T.3] N.T. O Departamento de Saúde e Serviços Humanos é a principal agência do governo americano responsável pela saúde e bem-estar dos cidadãos americanos.
[5] O *Trust for America's Health*, "TFAH discursa perante o Congresso sobre a Obesidade Epidêmica na América durante a Recessão Econômica", 26 de março de 2009. http://healthyamericans.org/newsroom/releases/?released=164 (acesso em: 12 ago. 2009).
[6] Organização Mundial da Saúde, *Diabetes Programme: Factsand Figures [Programa de Diabetes: Fatos e Números]*, http://www.who.ins/diabetes/facts/world_figures/en (acesso em: 28 set. 2009).

O predomínio da obesidade nos Estados Unidos continua a ser uma séria questão de saúde para adultos, crianças e adolescentes. Pesquisas recentes mostram que mais de 33% dos homens na idade adulta e mais de 35% das mulheres são obesos. As gerações mais jovens parecem estar no mesmo caminho, com mais de 16% de crianças e adolescentes fazendo a balança pender para a obesidade. Esse índice de crescimento da obesidade preocupa por causa de suas implicações para a saúde dos americanos. A obesidade aumenta o risco de muitas doenças e problemas de saúde. Veja a lista a seguir:

- Doença cardíaca coronária
- Diabetes tipo 2
- Câncer (do endométrio, de mama e do intestino)
- Hipertensão (pressão alta)
- Dislipidemia (por exemplo, colesterol alto ou nível de triglicérides alto)
- Derrame
- Doença do fígado e da vesícula
- Apneia do sono e problemas respiratórios
- Osteoartrite (degeneração das cartilagens e juntas)
- Problemas ginecológicos (menstruações anormais, infertilidade)

Esses são apenas alguns dos problemas de saúde e consequências de não cuidar bem do nosso corpo. É por isso que eu acredito que a crescente popularidade do Jejum de Daniel entre os filhos de Deus é tão oportuna. Temos a oportunidade de iniciar um período de oração e jejum em que apresentamos todo o nosso ser a Deus. Uma parte significativa desse ato de submissão é permanecer nos limites da ingestão de alimentos bons para nós e idealizados pelo nosso Criador na nutrição de nosso corpo.

Digestão

Vamos olhar para o sistema digestivo, que começa em sua boca quando você mastiga a comida. O alimento passa pelo esôfago e chega ao estômago, onde músculos fortes agitam e misturam a comida transformando-a em partículas cada vez menores com a ajuda do suco gástrico excretado pelas paredes do estômago.

Além de quebrar o alimento em partículas menores, o suco gástrico também ajuda a matar bactérias que podem estar nos alimentos.

O alimento passa para o intestino delgado, que é um tubo longo e estreito com seis a sete metros de comprimento em adultos. Sua função é quebrar o alimento em partículas ainda menores e extrair as vitaminas, os minerais, as proteínas, os carboidratos e as gorduras. É aqui que o pâncreas e os rins entram, uma vez que contribuem para o processo com seus sucos digestivos. Os sucos pancreáticos ajudam o corpo a digerir gorduras e proteínas. A bile vem do fígado e emulsiona as gorduras e neutraliza os ácidos no alimento para que possam ser absorvidos pela corrente sanguínea. A vesícula serve como uma unidade de armazenamento extra de bile. Durante seu armazenamento a bile fica mais concentrada do que quando saiu do fígado e sua potência é aumentada, intensificando assim seus efeitos sobre as gorduras sempre que o corpo necessita.

As gorduras ficam no intestino delgado por muitas horas para que os nutrientes passem dali para a corrente sanguínea. O sangue rico em nutrientes flui diretamente para o fígado, que filtra qualquer substância nociva e resíduos. O fígado também ajuda a controlar o volume de nutrientes que vai para o restante do corpo e a parte que fica armazenada. Por exemplo, ele armazena algumas vitaminas e um tipo de açúcar que o corpo usa como energia. Todo alimento não digerido por meio desses processos passa então para o intestino grosso.

O intestino grosso tem esse nome por causa de seu diâmetro, que é grande, mas na verdade é menor que o intestino delgado, com cerca de um metro e meio de comprimento[7]. Junte os dois intestinos e temos aí um enorme tubo com nove metros por onde a comida que comemos tem de passar! Quando os resíduos chegam a este estágio do processo digestivo, o intestino grosso – também chamado de cólon – tem mais uma chance de absorver água ou minerais no sangue. Esse estágio final da digestão é onde a maior parte do líquido é removida, e a substância que sobra são as fezes.

---

[7] Peter L. Williams e Roger Warwich (eds.). *Gray's Anatomy [Anatomia de Gray]*. 36. ed. britânica. Edinburgh/New York: C. Livingstone, 1980, p. 1.350.

Fibra

Basta pesquisar um pouco sobre dietas saudáveis para descobrir duas coisas: (1) nosso corpo necessita de muita fibra para uma boa saúde e (2) a razão por que muitas pessoas têm a saúde melhorada ao fazerem o Jejum de Daniel é o consumo de fibra extra durante esse período.

Fibra alimentar é a parte não digerível de vegetais, que empurra o bolo digestivo pelo intestino delgado e grosso, absorvendo água e facilitando a eliminação. As fibras são encontradas principalmente em frutas, vegetais, grãos integrais e legumes. Provavelmente, são mais conhecidas por sua capacidade de prevenir ou aliviar a constipação. Porém, as fibras podem promover outros benefícios à saúde também, tais como redução do risco de diabetes ou doença cardíaca. As fibras são essenciais para ajudar os alimentos a se moverem pelo sistema digestivo mais rapidamente.

Eis o relato da Clínica Mayo a respeito das fibras:

As fibras alimentares incluem todas as partes dos vegetais que seu corpo não consegue digerir ou absorver. Diferentemente de outros componentes alimentares, como as gorduras, as proteínas ou os carboidratos – que seu corpo quebra em partículas menores e absorve –, as fibras não são digeridas pelo seu corpo. Portanto, elas passam pelo estômago, intestino delgado e chegam ao cólon, praticamente sem sofrer modificação.

Com frequência, as fibras são classificadas em duas categorias: as que não dissolvem em água (fibras insolúveis) e as que dissolvem (fibras solúveis).

- Fibras insolúveis. Esse tipo de fibra promove o movimento de materiais pelo sistema digestivo e aumenta o bolo fecal, podendo assim beneficiar as pessoas que lutam com constipação ou outros problemas intestinais. Farinha de trigo integral, farelo de trigo, castanhas e muitos vegetais são boas fontes de fibra insolúvel.
- Fibras solúveis. Esse tipo de fibra dissolve na água para formar um material parecido com o gel. Pode ajudar a diminuir o colesterol e os níveis de glicose no sangue. Você encontra quantidades generosas de fibra solúvel na aveia, ervilha, feijão, maçã, frutas cítricas, cenoura, cevada e *psyllium*.

A quantidade de cada tipo de fibra varia nos diferentes vegetais. Para obter o maior benefício possível para sua saúde, consuma uma ampla variedade de alimentos com fibra[8].

Ao planejar os alimentos que consumirá durante o seu Jejum de Daniel, dê uma olhada no conteúdo de fibras em alguns alimentos comuns. Leia as tabelas nutricionais para descobrir exatamente quanta fibra há em seus alimentos preferidos. As quantidades recomendadas de fibra vão de 21 a 25 gramas por dia para mulheres e de 30 a 38 gramas por dia para homens. Todos os alimentos na lista seguinte são aceitáveis no Jejum de Daniel.

Conteúdo de fibra nos alimentos

Frutas	Porção	Total de fibra (gramas)
Framboesa	1 xícara	8,0
Pera com casca	1 média	5,1
Maçã com casca	1 média	4,4
Figo seco	2 médios	3,7
Mirtilo (blueberry)	1 xícara	3,5
Morango	1 xícara	3,3
Banana	1 média	3,1
Laranja	1 média	3,1
Passas	42 gramas	1,6
Espaguete de trigo integral cozido	1 xícara	6,3
Cevada cozida	1 xícara	6,0
Flocos de farelo de trigo	¾ de xícara	5,1
Aveia, instantânea ou cozida	1 xícara	4,0
Pipoca	3 xícaras	3,6
Arroz integral cozido	1 xícara	3,5
Pão sem fermento, de trigo integral ou multigrãos	1 fatia	1,9

---

[8] Clínica Mayo, *Dietary Fiber: Na Essential Partof a Healthy Diet [Fibra Alimentar: Parte Essencial para uma Dieta Saudável]*, http://www.mayoclinic.com/health/fiber/NU00033.

Proteína

A dieta americana típica é muito rica em proteínas. O fato é que a maioria das pessoas consome muito além do necessário, comendo carne e/ou leite e derivados em todas as refeições. Porém, no Jejum de Daniel, carne e leite e seus derivados não são permitidos, por isso precisamos considerar fontes alternativas de proteínas.

Legumes, castanhas e sementes	Porção	Total de fibra (gramas)
Ervilha partida cozida	1 xícara	8,0
Lentilha cozida	1 xícara	5,1
Feijão preto cozido	1 xícara	4,4
Feijão-de-lima cozido	1 xícara	3,7
Semente de girassol sem casca	¼ de xícara	3,5
Amêndoas	28 gramas (22 unidades)	3,3
Pistache	28 gramas (49 unidades)	3,1
Nozes	28 gramas (19 unidades)	3,1
Vegetais	**Porção**	**Total de fibra (gramas)**
Alcachofra cozida	1 média	10,3
Ervilha cozida	1 xícara	8,8
Brócolis fervido	1 xícara	5,1
Nabo cozido	1 xícara	5,0
Milho verde cozido	1 xícara	4,6
Couve-de-bruxelas cozida	1 xícara	4,1
Batata com casca assada	1 média	4,0
Massa de tomate	¼ de xícara	2,7
Cenoura crua	1 média	1,7

Obs.: A quantidade de fibra pode variar entre as diferentes qualidades.

De acordo com o *U.S. Foodand Drug Administration* [Departamento de Administração de Alimentos e Medicamentos dos EUA], o adulto médio deveria consumir 50 gramas de proteína por dia (com base numa dieta de 2 mil calorias por dia para adultos e crianças acima de quatro anos). Muitos profissionais da saúde discordam e dizem que consumimos proteína demais.

Um filé de carne de vaca grelhado de 170 gramas é uma grande fonte de proteínas – 38 gramas. Mas ele também contém 44 gramas de gordura, 16 delas saturadas. Isso são quase três quartos do consumo diário recomendado para gordura saturada. A mesma quantidade de salmão garante 34 gramas de proteína e 18 gramas de gordura, quatro deles saturada. Uma xícara de lentilha cozida contém 18 gramas de proteínas, mas menos de um grama de gordura. É por isso que as pessoas geralmente perdem de quatro quilos e meio a 11 kg durante o Jejum de Daniel! É uma dieta muito baixa em gorduras.

Por isso, quando estiver escolhendo os alimentos ricos em proteína, preste atenção ao que acompanha a proteína. Fontes vegetais de proteína, tais como feijão, castanhas e grãos integrais, bem como tofu e soja, são excelentes escolhas, e elas oferecem fibra saudável, vitaminas e minerais.

Água

Em Daniel 1, lemos que o profeta e seus amigos beberam apenas água. É por isso que a única bebida aceitável no Jejum de Daniel é a boa e velha H2O. Para muitas pessoas (inclusive para mim) esta é a parte mais difícil do jejum. Tenho apreciado meu "Morning Java"[9] por mais de quarenta anos, então é muito desafiador abrir mão de minha xícara diária de café Starbuck, fumegante e fresco, preparada com os mais seletos grãos. Eu abro mão, mas confesso que sinto muito a falta de meu café pela manhã quando jejuo.

Outros têm dificuldade em abrir mão de chá e refrigerante. Já ouvi muitos homens e mulheres dizendo que se sentem viciados nessas bebidas e que o Jejum de Daniel os levou de volta à água. Já perdi a conta do número de vezes que tive de explicar às pessoas por que o chá não é permitido no Jejum de Daniel. O argumento mais comum é: "Mas se é uma dieta baseada em vegetais e os chás de ervas são feitos a partir de plantas, por que não posso beber

---

[9] Marca de pó de café.

chá? É só planta fervida na água". Porém é permitido adicionar um pouco de suco de limão, hortelã fresca ou pequenas fatias de limão ou pepino à sua água quente, desde que você não "ultrapasse a linha" e transforme sua água em chá ou limonada.

Minha resposta normalmente é: "Sinto sua dor, querido. Mas chá não é água; é chá. E a única bebida no Jejum de Daniel é água. Veja Daniel, capítulo 1".

Eu realmente sinto a dor dessas pessoas. Eu ainda tenho de me forçar a beber água. Mas eu faço isso porque estou plenamente convencida de que faz bem ao meu corpo. A verdade é que quando bebemos a quantidade adequada de água a fim de suprir nossas necessidades físicas, estamos cuidando bem de nosso corpo. A água é a substância química de que seu corpo mais necessita e compõe cerca de 60% do peso dele. Todos os sistemas do corpo dependem da água. Ela lava as toxinas de órgãos vitais, carrega nutrientes para as células e proporciona um ambiente úmido para os tecidos, inclusive ouvidos, nariz e garganta.

A não ingestão de água pode levar à desidratação, uma vez que os sistemas do corpo não têm água suficiente para desempenhar suas funções normais. A desidratação pode sugar suas energias e causar cansaço – além disso, a mensagem que o cérebro envia para desidratação com frequência é entendida erradamente como fome. Então, nós comemos quando na verdade deveríamos ter satisfeito essa necessidade com um copo de água fresca.

Considere o cuidado que você tem dispensado ao templo de Deus, o seu corpo

É fácil ver porque precisamos tomar boas decisões a respeito do que entrará em nossa boca para nos alimentar. Temos um sistema magistralmente projetado para nos manter saudáveis e cheios de energia. E podemos escolher cooperar com esse sistema – ou não.

O Jejum de Daniel me ajudou a olhar com sinceridade em como eu estava cuidando do templo que Deus me confiou. Você está disposto a parar para olhar como você tem cuidado de seu corpo? Ao planejar o Jejum de Daniel, considere o fato de que seu corpo físico ou é controlado pelo Espírito Santo ou é pela sua carne. A alma não regenerada é a geradora de desejos nada saudáveis, como comer demais e compulsão por comida – tudo isso conhecido como "terapia alimentar". O plano de Deus para seus filhos é que vivamos nossa vida no Reino de Deus! Não vida em que estamos doentes, acabados e desesperados.

Sua Palavra é clara: é para nós estarmos bem de saúde, vivendo em vitória todos os dias de nossa vida e terminando a carreira com vigor. Em 3 João 1.2 lemos: "Amado, oro para que você tenha boa saúde e tudo lhe corra bem, assim como vai bem a sua alma". Jeremias 29.11 diz: "Porque sou eu que conheço os planos que tenho para vocês", diz o Senhor, "planos de fazê-los prosperar e não de lhes causar dano, planos de dar-lhes esperança e um futuro".

E por que podemos ter esse futuro vitorioso? Não porque sejamos tão bons ou tenhamos capacidade por nós mesmos, mas porque com Cristo vivendo em nós nada é impossível. Jesus disse: "Eu lhes disse essas coisas para que em mim vocês tenham paz. Neste mundo vocês terão aflições; contudo, tenham ânimo! Eu venci o mundo". Sim, n'Ele podemos ter paz, que significa que não falta nada e não há nada enguiçado. Mas temos de cooperar! A escolha é nossa.

Considere a verdade poderosa destes versos:

> *Acaso não sabem que o corpo de vocês é santuário do Espírito Santo que habita em vocês, que lhes foi dado por Deus, e que vocês não são de si mesmos? Vocês foram comprados por alto preço. Portanto, glorifiquem a Deus com o corpo de vocês.* – 1 Coríntios 6.19-20

O Jejum de Daniel é um período curto de tempo comparado a todos os dias do ano. Deus criou o jejum para que seus filhos pudessem se aproximar d'Ele, porque Ele deseja tanto se aproximar de nós. E o Jejum de Daniel verdadeiramente é uma oportunidade de alimentar sua alma, fortalecer seu espírito e renovar seu corpo.

Prepare-se

Quanto mais aprendemos sobre saúde e nutrição, mais entendemos o que devemos e não devemos consumir a fim de cuidarmos melhor de nosso corpo. Enquanto você se prepara para o seu jejum planejando sua primeira semana de refeições, a pirâmide alimentar pode ajudá-lo a fazer escolhas sábias.

Pirâmide alimentar

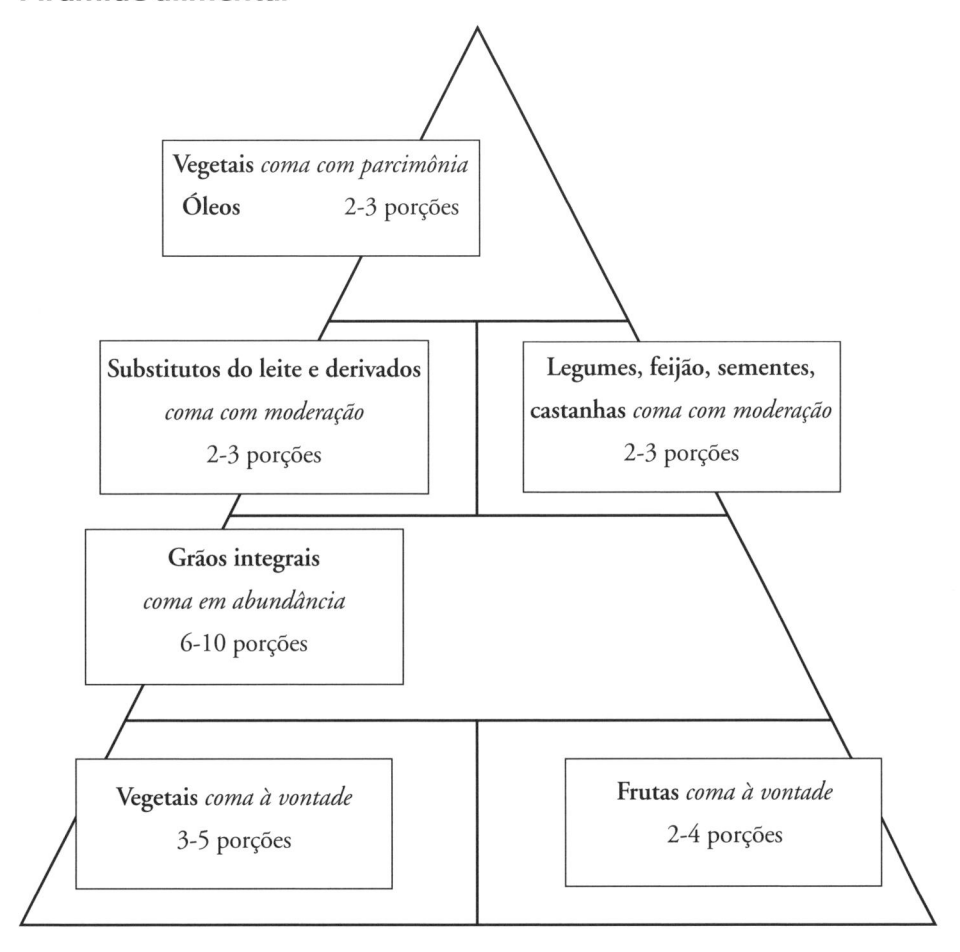

```
                    Vegetais coma com parcimônia
                    Óleos          2-3 porções

      Substitutos do leite e derivados    Legumes, feijão, sementes,
           coma com moderação          castanhas coma com moderação
              2-3 porções                       2-3 porções

              Grãos integrais
             coma em abundância
                6-10 porções

      Vegetais coma à vontade              Frutas coma à vontade
           3-5 porções                          2-4 porções
```

8-10 copos de água por dia
30-60 minutos de exercícios diariamente
10 minutos de sol por dia

Porções:
Vegetais
1 colher de sopa de óleo (azeite, canola, óleo vegetal)
1 colher de sopa de molho para salada
Legumes, feijão, sementes, castanhas
½ xícara de feijão, ervilha, lentilha
½ xícara de tofu, produtos de soja

2 colheres de sopa de pasta de castanhas
¼ de xícara de castanhas

Substitutos do leite e derivados
1 xícara de leite de soja, de arroz ou de amêndoas usada em receitas

Grãos integrais
1 pão sem fermento
1 xícara de cereais
½ xícara de grãos integrais (aveia, flocos de trigo, musli)
½ xícara de arroz cozido
½ xícara de macarrão de trigo integral
3-4 biscoitos de trigo integral

Vegetais
1 xícara de verduras (folhas)
½ xícara de legumes picados (crus)
½ xícara de legumes cozidos

Frutas
1 maçã, banana, laranja (média)
1 xícara de frutas vermelhas
1 xícara de fruta fresca cortada
¾ de xícara de frutas secas

Essa pirâmide nutricional foi planejada para um plano de dieta temporário num jejum parcial. Consulte seu médico antes de fazer qualquer mudança significativa em seus hábitos alimentares ou em atividades físicas.

Escolha os alimentos que você irá comer antes de começar o jejum. Visto que tantos alimentos de hoje incluem ingredientes altamente industrializados, substâncias químicas e açúcares, é provável que você tenha de começar do zero, na maior parte de suas refeições. Se não estiver acostumado a preparar receitas a partir do zero, você pode se sentir um pouco sobrecarregado a esta altura e se perguntar: "Como é que vou conseguir preparar todas essas refeições, trabalhar o dia todo, cuidar da minha família e ainda ter tempo para Deus?".

Entendo seu dilema. Há um lugar especial no meu coração para mães que fazem malabarismos e se empenham, dando seu melhor para administrar as demandas de tempo e atenção de que a família necessita. Mas existe uma forma de você não somente ter uma boa experiência com o seu próprio Jejum de Daniel como também apoiar sua família ajudando-a a criar bons hábitos alimentares. Além disso, você pode desenvolver alguns hábitos e sistemas que o ajudarão além dos dias de jejum.

Passei muitos anos trabalhando como consultora de organizações cristãs. Um princípio administrativo comum que eu aconselhava era "Planeje o seu trabalho. Trabalhe a partir desse plano" porque o planejamento é um ingrediente essencial para a eficiência, eficácia e mordomia financeira sábia. Esse princípio também funciona em casa e certamente se aplica ao preparo de refeições. Um pequeno investimento de preparação mesmo antes de iniciar o jejum trará grandes benefícios a serem colhidos depois.

Você achará mais fácil tomar decisões sobre os alimentos para o Jejum de Daniel se se prender a estes detalhes: o Jejum de Daniel é um programa alimentar com base em vegetais com restrições adicionais que incluem abstinência de açúcares, de produtos com fermento e de alimentos industrializados. Para um esboço mais completo, revise a Lista de Alimentos para o Jejum de Daniel, na página 109.

Engajar-se na prática de "planejar o seu trabalho e trabalhar a partir desse plano" é tão fácil quanto seguir estes simples passos:

1. **Invente cardápios e elabore a lista de compras para a semana seguinte.** Use as receitas do Jejum de Daniel para planejar seus cardápios diários, verifique os ingredientes que você já tem em casa, pesquise os folhetos de supermercado para informar-se sobre as promoções, recorte cupons ou baixe-os da Internet. Agora você está equipado para ir às compras. Considere também atividades que podem estar em sua agenda, tais como almoços de trabalho ou no trabalho, que precisam ser preparadas de antemão quando se planejam os cardápios semanais. Tente ir ao supermercado apenas uma vez por semana.
2. **Prepare os ingredientes e até mesmo as refeições completas com antecedência.** Quando voltar do supermercado, lave, descasque, pique e corte em cubos todos os legumes para que você consiga preparar saladas em poucos minutos ao longo da semana. Guarde os legumes

em sacos plásticos individuais ou em potes bem fechados dentro da geladeira. Prepare também diversas refeições em um único dia. Considere a possibilidade de fazer porções duplas e congelar meia porção para a semana seguinte.

3. **Embale porções para o almoço.** Se você leva o almoço para o trabalho, prepare sopa grossa ou refogados com legumes para o almoço e acondicione porções pequenas em embalagens *ziplock*. Cuidadosamente pressione o ar dos saquinhos antes de fechá-los. Etiquete as embalagens com uma descrição do conteúdo e a data do preparo antes de colocá-las no congelador para uma armazenagem eficiente. Leve a sopa para a escola ou para o trabalho e na hora do almoço ela deverá estar descongelada e pronta para aquecer. Compre saquinhos com fechamento *ziplock* do tamanho de sanduíches para preparar porções de castanhas, frutas secas ou legumes. Essas porções podem ser acrescentadas ao saquinho do almoço e a um pedaço de fruta e você terá um almoço nutritivo e bem-adequado para o Jejum de Daniel.
4. **Acelere os cafés da manhã.** Se você come cereais no café da manhã, coloque castanhas, passas e outras frutas secas num pote com divisória. De manhã, sirva o cereal em cumbucas individuais e deixe que cada um se sirva do pote, como quiser. Se você servir fruta picada, prepare-a na noite anterior enquanto esquenta o jantar ou logo após o almoço, enquanto arruma a cozinha.
5. **Prepare pães sem fermento, arroz e feijão.** Seu dia de preparo de refeições também é o momento ideal para fazer pão sem fermento ou assar biscoitos. Faça cada receita em grandes fornadas e depois guarde tudo em potes bem fechados para usar durante a semana. Cozinhe também arroz e feijão suficiente para usar nas receitas ao longo dos próximos dias.

Se dedicar um dia de planejamento e preparo de alimentos por semana, você terá refeições nutritivas e coloridas na sua mesa em poucos minutos, e mais, desperdiçará menos comida e economizará dinheiro aproveitando as promoções. Você pode maximizar seu dia de preparo de refeições ouvindo CDs de estudos bíblicos ou música cristã para alimentar seu espírito, colocando roupa para lavar e adiantando outras tarefas domésticas a fim de que sua semana flua mais tranquilamente.

Com planejamento cuidadoso, você pode preparar diversas refeições num único dia e ao mesmo tempo gostar de todo o processo. Depois, conforme a semana passa e você colhe os frutos de seu trabalho, você não se sentirá preso ao que poderia estar sendo uma frustração e uma derrota. Dê a largada. Planeje seu trabalho e trabalhe a partir desse plano para ter sucesso em seu Jejum de Daniel.

Vários dias antes de começar o jejum, diminua o consumo de cafeína, açúcar, substâncias químicas e alimentos industrializados. Ao mesmo tempo, aumente o consumo de água, bebendo pelo menos dois litros de água por dia.

Participe

É aqui que é dada a largada. Você pisa no acelerador do Jejum de Daniel e começa a avançar numa rotina de oração e jejum. A essa altura, você já deve estar bem preparado. Você começou seu jejum com uma grande dose de expectativa e um profundo compromisso de honrar as orientações e a disciplina.

Esse é o momento ideal para escrever num diário as experiências que você está tendo. Talvez você também queira fazer um registro dos alimentos que está consumindo e anotar as reações de seu corpo a essa maneira mais saudável de se alimentar.

Este livro inclui um Devocional do Jejum de Daniel para vinte e um dias (ver página 233) que pode ser útil para seu tempo de estudo. Também gostaria de convidá-lo a visitar http://www.Daniel-Fast.com e cadastrar-se para periodicamente receber boletins informativos, artigos motivacionais, mais receitas e testemunhos. Visite o *blog* e veja como outras pessoas estão fazendo seu jejum e deixe seu comentário. A comunidade Jejum de Daniel é formada por pessoas de todo o mundo; elas são muito queridas e estão sempre dispostas a apoiar quem precisa. Você é muito bem-vindo para fazer parte dela.

Durante os primeiros dias do jejum, muitas pessoas sentem fadiga, dores de cabeça, câimbras e dores nas costas. Esses são sintomas comuns do processo de desintoxicação pelo qual seu corpo passa quando você começa a comer alimentos bons para sua saúde. A melhor maneira de minimizar esses sinais é beber muita água filtrada.

A água também ajuda a administrar os desejos de comer e as dores decorrentes da fome. Para ajudar a me manter hidratada, encho uma jarra com dois litros de água filtrada todos os dias e a primeira coisa que faço todas as manhãs é beber dois copos (220 ml cada) cheios. Isso é praticamente 25% do líquido que meu corpo necessita num dia normal. Também tento beber um copo de água antes de cada refeição. Essa prática não somente me mantém hidratada, mas a água também ajuda a dar uma sensação de saciedade e assim não como muito nas refeições. Tento me certificar de que ao fim do dia aquela jarra esteja vazia. Visto que trabalho em casa, é bastante fácil administrar isso num dia típico. Você pode encontrar um sistema diferente que funcione para você. Por exemplo, beba dois copos grandes de água em casa, de manhã, quatro no trabalho e pelo menos mais dois em casa, à noite.

Você pode enfeitar sua água colocando hortelã fresca ou fatias de limão ou pepino no copo. Eu gosto muito de limão porque para mim o sabor é refrescante. Certifique-se de que a água ainda seja água; cuidado para não cruzar a linha de demarcação entre chá ou limonada, para manter-se coerente ao jejum.

Aprenda a confiar no Espírito Santo

Quando tomar decisões sobre que comidas são aceitas e quais devem ser evitadas durante o Jejum de Daniel, em alguns momentos você se perceberá andando numa linha tênue de separação. Por exemplo, será que tem problema usar vinagre de vinho tinto numa salada, uma vez que o vinho não é permitido no Jejum de Daniel? Ou se a única bebida é a água, tudo bem servir vitaminas de frutas no café da manhã? Tem problema comer maçãs quando na época de Daniel elas ainda não tinham nem sido descobertas? (A propósito, você encontra a resposta a essas perguntas na parte final deste livro, a partir da página 279).

Essas e centenas de outras perguntas foram dirigidas a mim desde o lançamento do *blog* do Jejum de Daniel, em 2007. O Jejum de Daniel tem como base somente algumas referências bíblicas. Sendo assim, quando você tiver perguntas que não são abordadas nas orientações do jejum, busque o conselho do Espírito Santo. Ouça sua voz suave e calma com seus ouvidos espirituais e Ele o guiará quanto ao que você deve fazer. Sempre que o procuro com minhas próprias perguntas, Ele tem sido fiel em me ajudar a tomar decisões.

Por exemplo, alguns anos atrás eu estava jejuando e o único leite de soja que consegui encontrar continha uma pequena quantidade de caldo de cana orgânico, que é um tipo de açúcar extraído da cana-de-açúcar. Eu ia usar só um pouco do leite de soja numa receita, no entanto estava hesitante por ele conter caldo de cana como um dos ingredientes. A razão me dizia: "É só um pouquinho de açúcar e, além disso, você já comprou o leite de soja e seria uma pena desperdiçá-lo e ter de jogá-lo fora".

Mas quando parei no meio da minha cozinha e pedi a opinião do Espírito Santo, senti sua voz doce e tranquila me dizendo para deixar para lá o leite de soja e encontrar uma alternativa. Ele parecia estar me dizendo que ser rígido em circunstâncias assim me ajudaria a aguçar meu discernimento e habilidades de tomada de decisão. Por isso, acabei não usando o leite de soja; em vez disso, dei-o a uma amiga. Agora, já consigo encontrar leite de soja sem açúcar e uso esse tipo em minhas receitas.

O seu jejum é seu, o jejum dos outros é deles

Recebo muitos e-mails de pessoas frustradas, geralmente esposas, que estão bravas com seus cônjuges por não estarem fazendo o jejum da maneira como elas acham que deveriam. O cônjuge não segue as orientações do jejum ou quer modificá-las de acordo com o seu gosto. Alguns casais me escreveram querendo que eu resolvesse a discussão deles sobre o que deviam ou não comer. Na verdade, não estou disposta a fazer isso, então, embora eu procure dar respostas a perguntas específicas sobre o jejum, na maior parte das vezes tento motivar as pessoas a ser amorosas e a apoiar os cônjuges que estão jejuando. E também tento ajudá-los a entender que nós somos responsáveis por nosso próprio jejum. É melhor cuidar do nosso jejum do que do jejum do outro.

Sei que pode ser difícil, mas essa experiência nos dá outra lição de vida. Como reagimos quando vemos as pessoas se comportando de formas que consideramos erradas? Somos rápidos em apontar o erro delas? Ficamos irritados quando elas não fazem as coisas do jeito que achamos que deveriam ser feitas? Ligamos para nossos amigos e contamos tudo para eles?

Podemos ser pessoas prestativas e dispostas a apoiar e, com carinho e bondade, mostrar a alguém algum erro que esteja cometendo sem perceber *se* fomos guiados pelo Espírito para assim fazê-lo. Mas a menos que eu esteja muito certa de que Deus quer que eu seja sua mensageira, descobri que a melhor coisa a fazer é orar pela pessoa e depois apoiá-la nas áreas em que é bem-sucedida, deixando que ela lide com suas áreas de fraqueza.

Se você se deparar com uma situação dessas, use-a como uma experiência de aprendizado no seu relacionamento e nas suas próprias habilidades.

Busque a orientação do Espírito Santo e estude a Palavra de Deus para ver o que ela tem a dizer. E concentre-se em seu próprio jejum, sendo uma testemunha positiva à medida que cresce nos caminhos de Cristo, por meio das disciplinas da oração e do jejum.

Saiba quando fazer um intervalo

Haverá momentos em que se deve deixar de lado o jejum ou interrompê-lo temporariamente? Sim – por exemplo, quando surgirem circunstâncias imprevistas tais como questões sérias de saúde ou de emergência. De repente, mesmo se continuar o jejum, ele será ofuscado pela intensidade da crise.

No ano passado recebi um e-mail de uma mãe cuja filha morrera num trágico acidente de carro. Certamente, esse era um momento em que o jejum devia ser interrompido para que a família pudesse cuidar das questões que a situação exigia.

Às vezes precisamos fazer um intervalo por outras razões também. Lembro-me de uma vez quando fiz uma interrupção de 24 horas no meu jejum. Moro a cerca de 160 km de distância do meu filho Dawit. Adotei-o na Etiópia quando ele tinha apenas sete anos de idade. Quando ele ficou adulto, voltou para a Etiópia por um ano e enquanto estava lá casou-se com uma adorável jovem. Eles foram morar em Seattle, junto à comunidade etíope. Um dia fui visitá-los. Eu estava jejuando naquele período, mas não fiquei muito preocupada. Muitos pratos etíopes são adequados ao Jejum de Daniel. Além do mais, eu sabia que podia sempre comer saladas e arroz e beber água, por isso não achei que era necessário fazer nenhum preparativo especial. Estava animada para chegar lá porque eu não via meu filho e sua esposa fazia bastante tempo.

Deixe-me montar o cenário um pouco mais. Na comunidade etíope, pais e pessoas mais velhas são altamente honradas; as crianças e os jovens sempre dão a preferência aos pais ou a qualquer outra pessoa idosa. Fui criada com valores semelhantes, mas para os etíopes honrar os pais está profundamente arraigado à sua cultura, estilo de vida e maneira de pensar.

Cheguei ao apartamento do meu filho e da minha nora no fim do dia e assim que entrei pude sentir o delicioso aroma de comida etíope. Minha nora Rodas é uma excelente cozinheira, e eu aprecio muito a culinária etíope. Os molhos são feitos com tomate e bastantes condimentos, portanto são convenientes ao Jejum de Daniel. Eu também podia comer o pão sem fermento etíope chamado *injera*, que não é apenas um pão, mas serve de utensílio para comer. Na Etiópia, esse pão esponjoso e amargo é usado como uma concha para conter guisados de carne, frango e legumes. O *injera* geralmente é o prato em que os cozidos são servidos e ele absorve o molho à medida que a refeição é consumida. Quando esse "utensílio" comestível é ingerido, a refeição está oficialmente terminada.

Quando chegou a hora de jantar, fomos todos para a mesa. Rodas trouxe o *injera*, um guisado de ervilhas partidas, verdura refogada e outro prato.

"Pronto, mãe. Preparei este prato especialmente para você", ela disse, mostrando-me um prato fumegante de cordeiro com um delicioso molho etíope.

Rapidamente, tive de tomar uma decisão: deveria recusar o alimento ou aceitar a gentileza de minha nora? Dirigi uma oração instantânea ao Espírito Santo, entendi sua direção, aceitei aquele ato de bondade e comi a refeição. O amor venceu meu jejum, e eu senti paz naquela situação.

Mais tarde naquela noite, Rodas me presenteou com uma cerimônia etíope tradicional de café, também um ato de respeito e amizade para com a pessoa que é alvo da homenagem. O café foi descoberto na Etiópia no século nono, e a bebida ocupa um lugar central nessa tradição profundamente arraigada. Uma cerimônia de café é algo bastante importante, então me senti honrada que Rodas quisesse prestar essa homenagem a mim. As porções são pequenas, mas o café é forte e doce. Aceitei uma xícara (normalmente três são consumidas) e novamente senti paz a respeito da decisão. Na manhã seguinte comi frutas frescas no café da manhã e depois voltei para casa, onde retomei o Jejum de Daniel pelos dias restantes.

Ao jejuar, você pode se deparar com dilemas semelhantes. Acredito que o segredo é consultar seu coração e ter certeza de que o motivo para você apertar o "botão de pausa" esteja partindo de seu espírito e que você não está simplesmente cedendo a um desejo motivado pelo seu eu. Na maioria dos casos, consigo evitar essas situações. E em todos esses anos, têm sido raras as ocasiões em que interrompi meus jejuns. Mas eu quis incluir esse exemplo para que você não se sinta derrotado se, por amor, respeito ou bondade, abrir mão de seu jejum por algumas horas, ou quando surgir alguma situação inesperada.

Dito isso, há também muitas ocasiões em que amigos me convidam para tomar uma refeição com eles e eu lhes digo que estou fazendo o Jejum de Daniel. Explico que não é preciso fazer nada especial ou mudar o cardápio que vão comer. Continuo explicando que para mim será suficiente uma salada de folhas e legumes e água para beber, e se estiver tudo bem para eles, então terei prazer em aceitar o convite.

Encerre o Jejum de Daniel com cuidado

Se você jejuou por um período longo, terá de ser cuidadoso quando encerrar o jejum e começar a reintroduzir alimentos à sua dieta. Tenha em mente que durante o jejum você ingeriu alimentos saudáveis e bons para o seu corpo e que ajudam o sistema digestivo a funcionar em níveis excelentes. Você também não comeu alimentos industrializados, proteínas de difícil digestão, não ingeriu cafeína nem açúcar.

É tentador terminar o jejum fazendo um banquete com todas as comidas de que você foi privado por tanto tempo. Mas o resultado seria parecido com uma enorme recusa de seu corpo com câimbras, arrotos, gases e mal-estar estomacal. Seu corpo ficará muito mais feliz se lentamente você reintroduzir os alimentos e bebidas à sua dieta.

Louve a Deus e reflita

Quando terminar seu Jejum de Daniel, é importante pensar sobre como foi sua experiência. O que você aprendeu? Você gostaria de manter certos hábitos no seu dia a dia?

Recebo muitos testemunhos de homens e mulheres do mundo todo contando sobre os incríveis benefícios que o jejum trouxe à vida deles. Dois reconhecimentos são feitos com mais frequência. Primeiro, tanto homens como mulheres descobrem que é possível ter um relacionamento mais íntimo e profundo com Deus quando desenvolvem hábitos diários de encontrar-se com o Pai para estudar sua Palavra e falar com Ele. Eles recebem muitas respostas, descobrindo o poder de levar tudo ao Senhor em oração. Eu me alegro com eles e juntos celebramos o relacionamento íntimo e duradouro que eles agora têm com seu Criador.

Segundo, os benefícios que o Jejum de Daniel traz à saúde são significativos para muitos, especialmente para os que sofrem com doenças debilitantes ou obesidade! Palavras não podem expressar o prazer que sinto ao ler mensagens de homens e mulheres dizendo que nunca tinham conseguido fazer regime antes, mas que o Jejum de Daniel lhes mostrou um estilo de vida novo e saudável. Muitos conseguem parar com alguns ou todos os medicamentos que tomavam, uma vez que o corpo está reagindo aos alimentos nutritivos e à dieta saudável e balanceada. Eles também contam que os médicos ficam contentes ao ver a diferença. (Lembre-se de sempre fazer o acompanhamento médico se você tiver algum problema de saúde ou estiver em tratamento medicamentoso.)

No fim de seu jejum, você terá provado a si mesmo que consegue mudar seus hábitos alimentares. Por que não considerar mudanças de longo prazo no seu plano de alimentação diária? Tenha refeições estritamente vegetarianas algumas vezes por semana. Pense em substituir o açúcar por algo mais natural como mel, estévia ou xarope de agave e comer apenas grãos integrais e evitar alimentos industrializados. Continue a manter seu corpo bem hidratado bebendo pelo menos dois litros de água por dia e faça exercícios regularmente.

Gaste alguns minutos fazendo uma comparação "antes e depois". Se você realmente teve de lutar muito durante o jejum, tenha uma conversa franca consigo mesmo e tente chegar aos motivos por que as coisas não saíram tão bem como você esperava.

Tenha você sido bem-sucedido ou não, o que fará da próxima vez que jejuar para melhorar essa experiência? Todas essas perguntas são importantes. Talvez você prefira anotar suas ideias e respostas e guardá-las no meio deste livro para quando for usá-lo da próxima vez.

Gaste algum tempo para agradecer ao Pai pela experiência e pelas lições que Ele lhe ensinou. Escreva pelo menos dez agradecimentos e louve ao Senhor com ações de graças.

A Bíblia diz: "E todos nós, que com a face descoberta contemplamos a glória do Senhor, segundo a sua imagem estamos sendo transformados com glória cada vez maior, a qual vem do Senhor, que é o Espírito" (2 Coríntios 3.18).

Durante seu jejum você aprendeu lições importantes sobre viver pela fé e andar no Espírito. Procure aplicá-las à sua vida normal. Crie uma "nova vida normal" com sua percepção espiritual mais aguçada, seus novos hábitos de sistematicamente passar tempo em oração e estudo e com as novas e saudáveis escolhas alimentares que você aprendeu.

SEGUNDA PARTE

**Dê início a um novo estilo de vida oferecendo-se
ao Senhor como uma oferta espiritual**

LISTA DE ALIMENTOS DO JEJUM DE DANIEL

Depois de responder a centenas de perguntas sobre o Jejum de Daniel no *blog*, elaborei as seguintes orientações alimentares. Uso a frase "incluem, mas não se limitam a" para mostrar que muitos alimentos semelhantes, embora não estejam na minha lista, também podem ser incluídos. Por exemplo, mesmo que "peras asiáticas" não estejam na lista de frutas, elas também podem ser consumidas por serem frutas.

O pessoal que visita o *blog* riu de mim quando comecei a "gritar" com letras maiúsculas para os leitores: "LEIAM O RÓTULO", depois de responder a centenas e centenas de perguntas sobre a compra de alimentos embalados, enlatados ou engarrafados. Quando pensar em ingerir algum alimento, olhe antes na lista de ingredientes do rótulo ou embalagem. Geralmente fica perto ou abaixo da tabela nutricional. Os alimentos permitidos *não devem conter açúcar nem substâncias químicas e estar em sintonia* com as listas de alimentos a seguir.

Alimentos que devem fazer parte de sua dieta durante o jejum de Daniel

Todas as frutas. Podem ser frescas, congeladas, secas, batidas em forma de suco ou enlatadas. As frutas incluem, mas não se limitam a, maçã, damasco, banana, amora, mirtilo, framboesa, melão cantalupo, cereja, *cranberry* (oxicoco), tâmara, figo, *grapefruit* (pomelo), uva, goiaba, melão, kiwi, limão, lima, manga, nectarina, laranja, mamão, pêssego, pera, abacaxi, ameixa, ameixa seca, passas, amora silvestre, morango, tangelo (fruta cítrica híbrida entre a tangerina e a toranja), tangerina e melancia.

Todas as verduras e vegetais. Podem ser frescos, congelados, desidratados, batidos em suco ou enlatados. Os vegetais incluem, mas não se limitam a, alcachofra, aspargo, abacate, beterraba, acelga chinesa, brócolis, couve-de-bruxelas, repolho, cenoura, couve-flor, aipo, pimenta, couve-manteiga, milho, pepino, berinjela, alho, gengibre, vagem, jicama (feijão inhame), couve-crespa, alho-porro, alface, cogumelos, mostarda, quiabo, azeitona, cebola, salsinha, pastinaga (chirívia), pimentão, batata, rabanete, rutabaga (nabo sueco), cebolinha, chalota, espinafre, brotos, abóbora, batata-doce, tomate, massa de tomate, nabo, castanha-d'água, agrião, inhame e abobrinha. Hambúrgueres vegetarianos são uma opção se você não for alérgico a soja.

Todos os grãos integrais. Incluem, mas não se limitam a, cevada, arroz integral, farinha de milho, fubá, semolina, *gritz,* milho painço, farelo de aveia, aveia, pipoca, quinoa, bolos de arroz, gérmen de trigo, trigo integral, macarrão de trigo integral e tortilha de trigo integral.

Todas as castanhas e sementes. Incluem, mas não se limitam a, amêndoas, castanha-de-caju, coco, linhaça, noz-pecã, amendoim, pinhão, sementes de papoula, gergelim e noz. Pastas de castanhas, tais como pasta de amendoim e de gergelim, podem ser incluídas.

Todos os legumes. Podem ser enlatados ou desidratados. Os legumes incluem, mas não se limitam a, feijão preto, feijão fradinho, feijão cannellini (branco), grão-de-bico, feijão seco, feijão vermelho, lentilha, feijão-de-lima, feijão carioquinha, ervilha partida e feijão branco.

Todo óleo de qualidade. Incluem, mas não se limitam a, canola, coco, semente de uva, azeite, amendoim e gergelim.

Água. Água destilada, filtrada, mineral ou outras águas puras.

Alimentos de soja. Incluem tofu (todos os tipos), proteína vegetal texturizada (PVT), conhecida como carne de soja, e outros produtos da soja.

Condimentos e ingredientes culinários. Molho adobo, coentro, ervas, mostarda (sem açúcar), sal, temperos, maionese de soja, condimentos, PVT, baunilha e caldo de legumes. Você pode usar pequenas quantidades de suco de frutas como ingredientes em alguns pratos (suco de maçã, suco de limão, suco de laranja, suco de abacaxi).

Alimentos que devem ser evitados no Jejum de Daniel

Exclua toda carne e produto animal, tais como carne de vaca, carneiro, porco, frango e peixe.

Exclua leite e derivados, tais como queijo, requeijão, manteiga e ovos.

Exclua os açúcares, tais como açúcar, açúcar mascavo, mel, melado, melado de cana.

Exclua todos os pães levedados, tais como pão francês, pão de forma, bolos e todos os produtos de padaria que contenham fermento.

Exclua todos os produtos industrializados que contenham ingredientes do tipo aromatizantes, aditivos, substâncias químicas, amido, trigo ou corantes e conservantes artificiais.

Exclua todas as frituras, tais como batata frita, pastel e salgadinhos.

Exclua todas as gorduras sólidas, tais como manteiga, margarina, gordura, banha de porco e alimentos com alto teor de gordura.

Exclua todas as bebidas, tais como café, chá, bebidas com gás, bebidas energéticas e alcoólicas.

Lembre-se: LEIA OS RÓTULOS para conhecer todos os ingredientes presentes em alimentos prontos para o consumo!

Enchendo sua despensa

Uma dica importante para o sucesso no Jejum de Daniel é ter fácil acesso aos alimentos de que você precisa para seguir as diretrizes. Veja alguns itens que você deve ter à mão:

- Frutas frescas: maçã, banana, pera, melão, mamão, laranja, limão, abacaxi.
- Verduras e legumes frescos: pimentão (vermelho e verde), pepino, alface, cebolinha, cebola, tomate (sei que tomate na verdade é um fruto, mas parece que geralmente o usamos como um vegetal).
- Alimentos enlatados: feijão de diversas variedades [N.T.] (preto, vermelho, carioquinha), pimenta, suco de abacaxi, molho de tomate, tomate em cubos.

[N.T.] Nos EUA é muito comum o consumo de feijões enlatados.

- Alimentos congelados: milho, ervilha, legumes mistos, legumes pré-cozidos, suco de maçã concentrado.
- Grãos integrais e legumes: arroz integral, farinha de aveia, *müsli*, ervilha, lentilha.
- Frutas secas: passas, damascos, tâmaras.
- Miscelânea: pasta de amendoim, bolos de arroz, nozes, amêndoas, leite de soja.

Coma alimentos que funcionam para você! Algumas frutas, legumes, óleos saudáveis e grãos são muito bons para acelerar o seu metabolismo. Alguns dos melhores vegetais são aspargo, beterraba, brócolis, repolho, cenoura, espinafre e tomate. Dentre as melhores frutas estão a maçã, o mirtilo, as frutas cítricas, o melão e a pera. Castanhas e pastas de castanhas são bons alimentos se consumidos com moderação, e o arroz integral, a cevada e a aveia estão entre os grãos integrais que aumentam a velocidade de seu metabolismo.

Mesmo algo saudável, se consumido em exagero, pode fazer mal!

Só porque você vai comer alimentos saudáveis não significa que deve comer em excesso. O controle das porções é importante sempre que comemos, especialmente durante o Jejum de Daniel. Com frequência me perguntam: "Quanto devo comer no Jejum de Daniel?". Respondo explicando que mesmo que possamos comer alguns alimentos, estamos jejuando. Portanto, três refeições modestas e dois lanches por dia é razoável.

Esta também é uma boa hora para consultar o Espírito Santo. Pergunte a Ele se você está comendo demais, se está cedendo aos seus desejos de comer mais, em vez de usar o autocontrole, que é um poderoso fruto do Espírito.

Olhe na Tabela Nutricional para saber quanto cada porção representa. Por exemplo, a porção de aveia é de meia xícara; a porção de frutas frescas é de uma maçã ou banana média; e a porção de feijão é de três colheres de sopa cheias. E por último, leve em conta as calorias. Para a maioria das pessoas saudáveis, a ingestão saudável de calorias por dia fica entre 2.200 e 2.800 calorias, dependendo do sexo e do peso [10].

---

[10] American Heart Association [Associação Americana do Coração], *Know How Many Calories You Should Eat [Saiba Quantas Calorias Você Deve Comer]*, http://www.americanheart.org/presenter.jhtml?identifier=3040366 (acesso em: 21 set. 2009).

Café da manhã

Quando muitas pessoas pensam em café da manhã, visualizam panquecas, *waffles*, ovos e bacon ou cereais com açúcar [N.T.1]. Porém, esses alimentos estão todos excluídos do Jejum de Daniel. A boa notícia é que nas próximas páginas há muitas sugestões de café da manhã gostosos e nutritivos que você pode preparar para sua família. Não fique surpreso se você mudar seus hábitos alimentares depois de experimentar essas deliciosas e saudáveis refeições.

Também tenho sempre alguns itens na minha despensa para quando sinto vontade de um café da manhã rápido e fácil.

Ezequiel 4.9. Cereais de grãos integrais e brotos. Esse tipo de cereais você encontra na seção de alimentos naturais da maioria dos supermercados ou nas lojas de produtos naturais. O que torna esse tipo de cereal tão bom para o Jejum de Daniel é que ele não contém nenhum tipo de açúcar, somente grãos integrais e um pouco de sal. É mais caro do que os cereais comuns vendidos nos supermercados (cada porção sai por 70 centavos de dólar), mas os ingredientes são muito melhores para você e têm maior valor nutritivo para o seu corpo. Uma porção de meia xícara desse cereal de grãos integrais contém 0 grama de açúcar e 8 gramas de proteína ou 17% de suas necessidades diárias. Compare isso com Trix (ou Sucrilhos, no Brasil), um cereal produzido pela General Mills que contém 13 gramas de açúcar e apenas 1 grama de proteína por porção. Eu como os cereais de Ezequiel 4.9 quase todos os dias, esteja em jejum ou não. Costumo acrescentar alguns mirtilos e às vezes uma banana picada e rego tudo com meia xícara de leite de soja sem açúcar. Delicioso!

***Müsli* do Bob's Red Mill** [N.T.2]. Os produtos do Bob's Red Mill também podem ser encontrados na seção de alimentos naturais da maioria dos supermercados ou em lojas de produtos naturais. O *müsli* é exatamente igual ao desenvolvido no final do século dezenove por um nutricionista suíço e é uma mistura de grãos integrais, frutas secas, castanhas e sementes. Sirva quente ou frio (eu prefiro quente) junto com uma banana picada e leite de soja para começar bem seu dia.

Zoom [N.T.3]. Isso me faz voltar no tempo, à minha infância. Meu pai foi diretor de escola e era o principal *chef* no preparo do café da manhã de nossa

---

[N.T.1] É claro que essa descrição de café da manhã corresponde à realidade americana; no Brasil, talvez suco, frutas, pão, manteiga, geleia, café com leite, seja a ideia de um café da manhã do brasileiro classe média.
[N.T.2] Marca americana de produtos naturais. Você pode encontrar produtos nacionais equivalentes.
[N.T.3] Marca de trigo integral produzido nos EUA.

casa. Muitas manhãs ele cozinhava uma panela de Zoom, que é 100% trigo integral. É isso! Leia a lista de ingredientes na caixa e você verá "Trigo integral". O cozimento é rápido e é delicioso e nutritivo. Pode ser consumido com fruta fresca ou seca e um pouco de leite de soja sem açúcar.

Esses produtos, mais leite de soja sem açúcar (substitua por leite de arroz ou de amêndoas, se preferir), frutas secas, castanhas e frutas frescas são a opção ideal para um delicioso café da manhã. Você estará comendo em maior sintonia com o plano original do Criador – alimentos integrais cheios de vitaminas e minerais para nutrir seu corpo.

A propósito, não fique surpreso quando deixar de gostar tanto de doces durante o Jejum de Daniel. Minha boca costumava se enrugar quando eu comia só cereais com mirtilos frescos e um pouco de leite de soja sem açúcar, então acrescentava uma banana para equilibrar os sabores. Mas agora consigo sentir o doce dos mirtilos e me delicio com a refeição simples.

RECEITAS DO JEJUM DE DANIEL

Granola de Frutas Secas e Amêndoas

Granola é uma opção perfeita de café da manhã no Jejum de Daniel. Mas a maioria das granolas encontradas nos supermercados contém açúcar ou outros ingredientes excluídos do Jejum de Daniel. Por isso, vale a pena preparar uma enorme porção desta receita fácil (e muito acessível). Além do mais, é muito nutritiva e sacia bastante a fome.

Ingredientes
- 2 xícaras de aveia
- ½ xícara de coco ralado
- ½ xícara de amêndoas picadas
- 3 colheres (sopa) de óleo vegetal (tipo canola)
- ½ xícara de frutas secas picadas (maçã, figo, damasco)
- ½ xícara de passas

1. Pré-aqueça o forno a 180 graus.
2. Junte a aveia, o coco ralado e as amêndoas numa assadeira. Regue com óleo e mexa até ficar bem misturado. Asse em forno pré-aquecido durante 15-20 minutos, mexendo a cada 5 minutos, até que fique levemente assado.

3. Deixe a mistura esfriar antes de adicionar as frutas secas e as passas.
4. Guarde num recipiente bem fechado e sirva com leite de soja, frutas frescas e/ou suco de fruta.

Rendimento: 4 xícaras (cerca de 8 porções)

Aveia Disfarçada de Torta de Maçã

Esta receita é uma forma saborosa de preparar e servir uma deliciosa refeição para você e sua família. A aveia é uma excelente escolha para o café da manhã porque fornece proteína, sacia a fome por um longo período e fornece fibras para fazer seu corpo funcionar bem!

Ingredientes
- 4 xícaras de água
- ¼ de colher (chá) de sal
- 2 xícaras de aveia
- ½ colher (chá) de tempero de torta de maçã (ver receita a seguir)
- ¼ de maçã picada

1. Ferva a água numa panela média no fogo médio-alto. Acrescente o sal, e quando estiver dissolvido coloque a aveia e o tempero de torta de maçã. Abaixe o fogo e continue a cozinhar por 4 minutos.
2. Adicione a maçã picada e cozinhe por mais 1-2 minutos até que a aveia esteja cozida.
3. Sirva em tigelas individuais com leite de soja sem açúcar, se quiser.

Rendimento: 4 porções

Tempero de Torta de Maçã
- ½ colher (chá) de canela em pó
- ¼ de colher (chá) de noz-moscada em pó
- ⅛ de colher (chá) de pimenta-da-jamaica em pó
- ⅛ de colher (chá) de cardamomo em pó

Misture todos os ingredientes. Se fizer uma quantidade maior, guarde num recipiente bem fechado. Use com a receita de Aveia Disfarçada de Torta de Maçã ou em outras receitas que peçam Tempero de Torta de Maçã.

Cereal de Trigo Integral com Banana

Quando eu era criança, meu pai era quem geralmente preparava o café da manhã antes de irmos para a escola. O mais comum era aveia quente e Zoom, um cereal de trigo integral produzido pela Krusteaz, uma divisão da Continental Mills. Eu nem imaginava o quanto papai estava nos ensinando a gostar de refeições saudáveis. O farelo de trigo contém fibra e muitos nutrientes. Além disso, o cereal é perfeito para cafés da manhã no Jejum de Daniel. Esta receita acrescenta bananas, mas você pode ser criativo e acrescentar outras frutas que preferir.

Ingredientes
- 2 2/3 xícaras de água
- ½ colher (chá) de sal
- 1 1/3 xícara de cereal de trigo integral
- 1 xícara de banana madura amassada
- 1 colher (chá) de canela
- ¼ de xícara de amêndoas em lascas

1. Ferva a água numa panela com tampa; adicione o sal.
2. Acrescente o cereal, misture bem e abaixe o fogo; continue a ferver por um minuto, mexendo sem parar.
3. Cubra e tire do fogo. Espere um minuto antes de servir.
4. Misture as bananas, a canela e as amêndoas e sirva com leite de soja sem açúcar ou leite de amêndoas, se preferir.

Rendimento: 4 porções

Müsli de Quatro Grãos

O *müsli* é um cereal para café da manhã de origem suíça, feito de grãos não cozidos, castanhas e frutas secas. Pode ser comido com leite de soja quente ou frio, suco de fruto ou molho de maçã. Esta receita de *müsli* usa quatro grãos e também frutas secas, castanhas e sementes. Fazer seu próprio *müsli* é econômico e muito fácil!

Ingredientes
- 4 ½ xícaras de aveia
- ½ xícara de gérmen de trigo
- ½ xícara de farelo de trigo
- ½ xícara de farelo de aveia
- 1 xícara de passas
- ¼ de xícara de tâmaras cortadas finas
- ½ xícara de nozes picadas.
- ¼ de xícara de semente de girassol crua

1. Numa vasilha grande, coloque a aveia, o gérmen de trigo, o farelo de trigo, o farelo de aveia, as frutas secas, as castanhas e as sementes. Misture bem.
2. Guarde o *müsli* num pote bem fechado dentro do armário e ele terá um prazo de validade de 2 meses.
3. Sirva o *müsli* quente ou frio com suco de fruta ou leite de soja.

Instruções para *müsli* quente: Acrescente ½ xícara de *müsli* a ½ xícara de água ou leite de soja; ferva a mistura. Cozinhe lentamente por 3-5 minutos. Você também pode cozinhar o *müsli* no micro-ondas, numa vasilha adequada na temperatura elevada por 3-5 minutos, mexendo uma vez, na metade do cozimento.

Instruções para *müsli* frio: Mergulhe ½ xícara de *müsli* em ½ xícara de leite de soja ou suco de fruta por 5-10 minutos ou deixe de molho na noite anterior dentro da geladeira.

Rendimento: 2 porções

Müsli Fácil e Rápido

Esta é a versão "*fast-food*" do *müsli*. Seja criativo adicionando o grão integral que você tiver em casa ou que você prefira. O mesmo vale para sua escolha de frutas secas e castanhas e sementes. Veja o que tem na despensa, misture os ingredientes e você terá um cereal simples para o café da manhã.

Ingredientes
- 2 xícaras de aveia (ou qualquer outra combinação de grãos integrais que você preferir)

- ½ xícara de frutas secas picadas (maçãs, tâmaras, figos, damascos etc.)
- ½ xícara de passas
- ½ xícara de castanhas ou sementes

1. Misture todos os ingredientes numa vasilha grande (se preferir, bata no liquidificador ou processador até que os ingredientes fiquem numa textura uniforme).
2. Guarde o *müsli* num pote bem fechado dentro do armário e ele terá um prazo de validade de 2 meses.
3. Sirva o *müsli* quente ou frio com suco de fruta ou leite de soja.

Rendimento: 3 xícaras (cerca de 6 porções)

Arroz Integral Delicioso com Maçã

Renee Hastings, membro de nossa comunidade Jejum de Daniel, me enviou esta ideia de café da manhã, e a receita se tornou uma de minhas favoritas. O arroz integral é uma ótima maneira de começar o dia com fibras extras. A maçã picada e o óleo de coco dão um sabor adocicado e rico deixando o prato delicioso.

Ingredientes
- 2 colheres (sopa) de óleo de coco
- 4 xícaras de arroz integral cozido
- 2 xícaras de maçã picada (escolha uma variedade doce)
- canela (opcional)

1. Aqueça o óleo numa panela ou frigideira no fogo médio-alto; adicione o arroz cozido e a maçã picada e mexa até misturar bem. Abaixe o fogo para médio-baixo.
2. Mantenha no fogo, mexendo bastante até que todos os ingredientes estejam quentes. Se preferir, acrescente a canela e mexa bem. Sirva com ou sem leite de soja sem açúcar.

Rendimento: 4 porções

Refogado Básico de Tofu

Se você nunca comeu tofu, esta é uma excelente oportunidade de introduzir a proteína da soja à sua dieta. Uma das qualidades únicas do tofu é que ele absorve os sabores dos alimentos junto dos quais está, por isso refogar tofu com cebolas e pimentão realça ainda mais o sabor. A textura do tofu é parecida com a clara do ovo nesta receita, portanto é um campeão neste quesito também!

Ingredientes
- 2 colheres (sopa) de azeite
- 1 cebola cortada em cubos
- 1 pimentão verde cortado em cubos
- 1 peça de tofu escorrida, pressionada e cortada em cubos de 2,5 cm
- 1 colher (chá) de alho em pó
- 1 colher (chá) de cebola em pó
- 1 colher (sopa) de shoyu (molho de soja fermentado)
- ½ colher (chá) cúrcuma (opcional)
- 1 colher (sopa) de salsinha fresca picada

1. Aqueça o azeite numa frigideira grande em fogo médio-alto. Adicione a cebola, o pimentão e o tofu e refogue por 3-5 minutos, mexendo sempre.
2. Acrescente o pó de alho, o pó de cebola, o molho de soja e a cúrcuma, mexendo bem; abaixe o fogo para médio e cozinhe por mais 5-7 minutos, mexendo sempre (adicione mais azeite, se for preciso).
3. Adicione a salsinha fresca imediatamente antes de servir.
4. Sirva o refogado de tofu com frutas frescas ou envolva-o numa tortilha aquecida com um fundo de salsa se quiser burrito no café da manhã.

Rendimento: 4 porções

Refogado de Tofu ao *Curry*

Cheio de sabor, proteínas e vitaminas, esta rápida receita é uma opção perfeita para o Jejum de Daniel. Sirva com frutas frescas para uma deliciosa refeição.

Ingredientes
- 1 colher (chá) de azeite
- 1 cebola cortada em cubos
- 3 dentes de alho picados
- 1 peça de tofu duro escorrida, pressionada e esmigalhada
- 1 colher (chá) de *curry* em pó
- ½ colher (chá) de cúrcuma
- ½ colher (chá) de cominho (opcional)
- Sal e pimenta a gosto
- 2 tomates cortados em cubos
- 1 maço de espinafre fresco

1. Aqueça o azeite numa frigideira grande no fogo médio-alto; adicione a cebola e o alho; refogue por 3-5 minutos ou até que a cebola fique macia.
2. Acrescente o tofu, o *curry*, a cúrcuma, o cominho, o sal, a pimenta e os tomates; cozinhe, mexendo sempre por mais 5 minutos até que o tofu esteja quente e cozido; acrescente mais azeite se necessário.
3. Adicione o espinafre e cozinhe por 1-2 minutos, até murchar.
4. Sirva quente.

Rendimento: 4 porções

Refogado de Tofu, Tomate e Pimentão Verde

Este é uma ótima receita para introduzir tofu à sua dieta, principalmente se você gosta de tomate. Proteína cheia de sabor!

Ingredientes
- 2 colheres (sopa) de azeite
- 1 cebola cortada em cubos
- 1 pimentão verde sem sementes e cortado em tiras
- 2 dentes de alho picados
- 1 tofu duro, cortado em cubos de 2,5 cm
- 1 xícara de molho ou polpa de tomate
- 1 tomate sem sementes cortado em cubos
- 1 colher (chá) de alho em pó

- 1 colher (chá) de cebola em pó
- ½ colher (chá) de fumo líquido (N.T.)
- 1 colher (sopa) de shoyu (molho de soja fermentado)
- ½ colher (chá) de cúrcuma
- ¼ de colher (chá) de cominho moído
- Sal e pimenta a gosto

1. Aqueça o azeite numa frigideira grande no fogo médio; refogue a cebola, o pimentão e o alho por 3 minutos ou até que a cebola fique macia.
2. Adicione o tofu e o molho de tomate. Cozinhe lentamente até que o pimentão esteja cozido.
3. Acrescente o tomate, o alho em pó, a cebola em pó, o fumo líquido, o molho de soja, a cúrcuma e o cominho e mexa bem; cozinhe até que todos os ingredientes estejam bem quentes; adicione mais azeite se for preciso.
4. Ajuste o tempero com sal e pimenta. Sirva quente com frutas frescas ou envolva em *chapati* (pão típico da culinária indo-portuguesa, chato, frito, sem fermento) e enfeite com salsa para burrito no café da manhã.

Rendimento: 4 porções

Refogado de Tofu e Legumes para o Café da Manhã

Esta receita é uma excelente escolha para manhãs cheias de atividades quando você quer um café da manhã rico em proteína e também colorido e cheio de sabor. Seja criativo com esta receita, customizando-a de acordo com suas preferências.

Ingredientes
- 1 colher (sopa) de azeite
- 1 tofu duro, batido seco e esmagado
- 1 xícara de seus legumes favoritos frescos ou congelados, tais como brócolis, cebola, pimentão doce, cogumelo ou tomate
- ⅛ de colher (chá) de cúrcuma
- 1 colher (chá) de cebola em pó
- ½ colher (chá) de sal

N.T. Produto que se usa na culinária. Disponível na seção de especiarias do supermercado

1. Aqueça o azeite numa panela no fogo médio. Adicione o tofu e aqueça por volta de 3 minutos.
2. Acrescente os legumes, a cúrcuma, a cebola em pó e o sal; mexa e cozinhe por 5 minutos ou até que os legumes estejam macios.
3. Ajuste o tempero e sirva.

Rendimento: 4 porções

Frittata de Batata com Cebolinha

Esta receita exige algum tempo de preparo, mas é excelente para fins de semana. Gosto de mudar as batatas, dependendo da minha agenda e do que tenho disponível. Para refeições rápidas, batatas congeladas em pedaços são uma boa opção. Mas meu jeito preferido de preparar esta refeição é usar batatas frescas picadas.

Ingredientes
- ¼ de xícara de azeite
- 1 cebola cortada fininho
- 4-5 cebolinhas cortadas, com a parte branca e a verde separadas
- 4 dentes de alho picados
- 2 batatas médias cortadas em palito (ou 2 xícaras de batatas congeladas em pedaços)
- 2 colheres (chá) de sal, separadas
- ½ colher (chá) de pimenta-do-reino moída fresca, separadas
- 2 peças de tofu duro, cortado em pedaços grossos
- 2-3 colheres (sopa) de shoyu (molho de soja fermentado)

1. Pré-aqueça o forno a 180 graus.
2. Aqueça o azeite numa frigideira grande no fogo médio. Adicione a cebola e a parte branca da cebolinha; refogue por 2-3 minutos; adicione o alho e aqueça por mais 30 segundos.
3. Aumente o fogo para médio-alto e acrescente as batatas, 1 colher de chá de sal e ¼ de colher de chá de pimenta; cozinhe por 10-15 minutos, mexendo as batatas regularmente até que estejam bem douradas.
4. Coloque o tofu, o molho de soja, o sal e a pimenta restantes num processador de alimentos; bata até que a mistura fique cremosa.

5. Despeje a mistura cremosa e a parte verde da cebolinha por cima das batatas refogadas e mexa. Coloque essa mistura numa forma grande de torta untada.
6. Asse por 30-40 minutos ou até que o centro esteja firme. Inverta a *frittata* numa vasilha de servir.

Rendimento: 4 porções

Café da Manhã com Burritos do Drew

Drew e Erin Bishop são meus amigos. Quase toda semana me encontro com Erin para "bater um papo de mulher cristã". Ela é vegetariana radical, mas o marido dela, Drew, e os dois filhos do casal comem uma dieta mais comum. Drew compartilhou esta receita que foi bastante útil para ele no último Jejum de Daniel que fez. Há muitas proteínas nessas trouxinhas saudáveis!

Ingredientes
- 1-2 colheres (sopa) de azeite
- ½ xícara de cebola cortada fininha
- 2 dentes de alho cortados fininhos
- 2 xícaras de arroz integral cozido
- 1 xícara de tofu extraduro, esmigalhado
- 3 tomates italianos, sem sementes e cortados em cubos
- ½ xícara de coentro fresco picado
- 2-5 pimentas serrano, sem semente e cortadas fininhas (opcional)
- 2 colheres (chá) de suco de limão fresco
- 1 colher (chá) de sal
- 4 burritos de trigo integral

1. Aqueça o azeite numa frigideira no fogo médio; adicione a cebola e o alho; refogue até que fiquem macios, por cerca de 3 minutos. Acrescente o arroz integral e o tofu e mexa bem até ficar bem quente.
2. Acrescente o tomate, o coentro, as pimentas, mexendo bem até que todos os ingredientes estejam bem quentes.
3. Imediatamente antes de servir, acrescente o suco de limão com o sal; despeje em porções iguais em cima dos burritos.

Rendimento: 4 porções

Batata Refogada

Essas batatas apimentadas são uma refeição substanciosa. Vai bem com refogado de tofu, frutas frescas ou salada de feijão preto.

Ingredientes
- água com sal (para ferver as batatas)
- 4 batatas Asterix (casca avermelhada)
- 3 colheres (sopa) de azeite, divididas
- 1 cebola picada
- 1 pimentão verde, sem semente e picado
- 1 colher (chá) de sal
- ¾ colher (chá) de páprica
- ¼ de colher (chá) de pimenta-do-reino moída na hora
- ¼ de xícara de salsinha italiana fresca picada

1. Ferva uma panela grande de água com sal no fogo alto. Adicione as batatas e cozinhe até que fiquem macias, por volta de 15 minutos (cuidado para não cozinhar demais). Escorra a água, deixe esfriar e corte em cubos de mais ou menos 1 cm.
2. Aqueça uma colher de azeite numa frigideira grande no fogo médio-alto. Acrescente a cebola e o pimentão verde; cozinhe até que fiquem macios, mexendo bem, por volta de 5 minutos. Despeje a mistura num prato e reserve.
3. Aqueça as duas colheres restantes de azeite na mesma frigideira no fogo médio-alto. Adicione as batatas em cubo, o sal, a páprica e a pimenta-do-reino. Refogue até que as batatas dourem bem, mexendo sempre, por volta de 10 minutos.
4. Adicione a cebola, o pimentão e a salsinha; cozinhe por mais um minuto ou até que todos os ingredientes estejam bem aquecidos.
5. Ajuste o tempero e sirva quente.

Rendimento: 4 porções

VITAMINAS DE FRUTAS E VEGETAIS

As vitaminas são refeições rápidas muito populares e uma forma útil de ingerir nutrientes importantes. Temos diversas receitas disponíveis aqui, mas seja criativo e invente sua própria vitamina. Use frutas e vegetais orgânicos sempre que possível. Dê preferência às frutas de época e típicas de sua região. Quando não encontrar as frutas produzidas localmente, considere as opções congeladas, uma vez que elas retêm mais do valor nutritivo do que certas variedades frescas que são colhidas antes de estarem maduras e ficam estocadas durante longos períodos antes de chegarem aos supermercados e quitandas.

Veja algumas dicas e truques para uma vitamina maravilhosa.

1. O segredo para uma vitamina perfeita é usar a proporção certa de fruta fresca, fruta congelada e suco (veja nas receitas as proporções.)
2. Para equilibrar os sabores, use uma mistura de frutas ácidas e frutas doces.
3. Quanto mais fruta congelada você usar, mais grossa ficará a vitamina. Você pode deixá-la mais rala adicionando cubos de gelo, leite de soja ou suco de laranja.
4. Se você não quiser que a vitamina fique aguada, escolha suco ou leite de soja para aumentar a consistência.
5. Fruta fresca e suco se misturam mais facilmente, deixando a vitamina mais leve.
6. Linhaça triturada é uma excelente fonte de fibra e não altera o sabor da vitamina.
7. Invista num bom liquidificador se planeja fazer vitaminas com frequência.
8. Se você planeja adicionar algum suplemento de proteína à sua vitamina, certifique-se de checar os ingredientes para ver se não contêm leite e derivados, açúcar ou substâncias químicas. Acrescente o suplemento de proteína por último ou a vitamina pode ficar com muita espuma.
9. Depois de bater, acrescente uvas congeladas cortadas para servirem de "cubos de gelo doce".
10. Sirva a vitamina com um punhado de castanhas para um café da manhã rápido e nutritivo.

Um café da manhã saudável é a refeição mais importante do dia, e é fundamental iniciá-lo bem. Use sua criatividade e transforme-se num especialista em vitaminas!

A seguir, algumas combinações saborosas para começar:

Tropical: Banana e manga com suco de abacaxi
Frutas vermelhas: Mirtilo, amora e morango (frescos ou congelados) com suco de romã
Pêssego: Morango e pêssego com suco de laranja

Depois, experimente com outras combinações ou ingredientes:

Tente usar mirtilo, frutas vermelhas, pêssego ou amora em vez de morango. Abacaxi, romã ou suco de uva são alternativas saborosas ao suco de laranja. Substitua a banana por pêssegos maduros, mangas ou abacaxi.

Por que as vitaminas são permitidas?

A única bebida aceitável no Jejum de Daniel é água (ver Daniel 1). Porém, as vitaminas são permitidas visto que são consideradas muito mais como uma "refeição líquida" e não como uma bebida.

Vitamina de Fruta Individual

Esta receita de vitamina de fruta é uma ótima opção de café da manhã com sua fruta sazonal favorita.

Ingredientes
- 1 xícara de leite de soja sem açúcar ou tofu em pasta
- 1 banana madura, cortada em rodelas
- ½ xícara de sua fruta favorita ou de fruta congelada (morango, pêssego, cereja sem caroço)
- Uma pitada de canela
- 2-3 cubos de gelo

1. Coloque todos os ingredientes (exceto os cubos de gelo) no liquidificador e bata até obter uma mistura homogênea.
2. Adicione um cubo de gelo por vez até obter a consistência desejada.
3. Sirva gelado.

Rendimento: uma porção

Vitamina de Morango com Aveia

Acrescentar leite de soja e aveia à sua vitamina é uma maneira criativa de adicionar ainda mais proteína e fibra à sua refeição, tão importantes para uma dieta saudável.

Ingredientes
- 1 xícara de leite de soja sem açúcar
- ½ xícara de aveia
- 1 banana cortada em rodelas
- 14 morangos frescos ou congelados
- ½ colher (chá) de essência de baunilha
- 2 colheres (sopa) de suco de maçã ou abacaxi

1. Bata no liquidificador o leite de soja, a aveia, a banana e o morango.
2. Adicione a baunilha e suco suficiente para atingir a consistência desejada; bata até misturar bem.
3. Despeje em copos e sirva gelado.

Rendimento: 2 porções

Vitamina de Banana e Mirtilo

Esta vitamina é leve, mas ainda assim sacia bastante a fome. Para nutrientes adicionais, você pode adicionar espinafre fresco ou congelado. A boa notícia é que você não vai sentir o gosto do espinafre, e a cor escura do mirtilo disfarça o verde do espinafre.

Ingredientes
- 1 banana madura cortada em rodelas
- 1 xícara de mirtilo congelado

- 1 xícara de leite de amêndoa, de arroz ou de soja sem açúcar
- 1 colher (sopa) de linhaça triturada
- ½ colher (chá) de canela (opcional)
- ½ xícara de espinafre fresco ou congelado (opcional)
- 2-3 cubos de gelo

1. Coloque a banana, o mirtilo, o leite de amêndoa, a linhaça, a canela e o espinafre (se quiser) no liquidificador; bata tudo até misturar bem.
2. Acrescente o gelo até atingir a consistência desejada e sirva gelado.

Rendimento: 1 porção

Vitamina Tropical com Tofu

Esta é outra opção de vitamina de fruta para um café da manhã em família. Fique à vontade para mudar os ingredientes de acordo com suas preferências.

Ingredientes
- 1 xícara de fruta (manga, mamão ou abacaxi)
- 3 xícaras de suco de maçã, pronto ou feito a partir da polpa concentrada
- 1 xícara de tofu em pasta
- ¼ de xícara de suco de limão
- 12 cubos de gelo (ou o número necessário para obter a consistência desejada)

1. Coloque a fruta, o suco de maçã, o suco de limão e alguns cubos de gelo no liquidificador. Bata até ficar bem cremoso.
2. Adicione os cubos de gelo até atingir a consistência desejada.

Rendimento: 4 porções

Vitamina Mango Lassi do Leste da Índia

Mango Lassi é um tipo de vitamina muito comum na Índia. Porém, o ingrediente principal é o iogurte. Esta receita fica bem parecida com a original se você usar tofu, manga, suco de laranja e um pouco de suco de limão para simular a acidez típica do iogurte. Você também pode usar abacaxi ou outras frutas tropicais para essa saudável refeição líquida.

Ingredientes

- 1 xícara de manga madura cortada em pedaços
- 3 xícaras de suco de laranja sem açúcar
- 1 xícara de tofu em pasta
- 3 colheres (sopa) de suco de limão
- 12 cubos de gelo (ou o número necessário para atingir a consistência desejada)

1. Coloque a manga, o suco de laranja, o tofu, o suco de limão e 6 cubos de gelo no liquidificador; bata até ficar bem cremoso e com bastante espuma.
2. Adicione mais cubos de gelo para chegar à consistência desejada. Sirva imediatamente.

Rendimento: 4 porções

PRATOS PRINCIPAIS

Os almoços e os jantares vão exigir maior tempo de planejamento e preparação. Mas você pode otimizar seus esforços preparando porções duplas e congelando uma parte para uma refeição posterior ou separando um "dia de cozinhar" para preparar e armazenar diversas refeições de uma só vez.

Você vai poupar inúmeras horas se planejar suas refeições com pelo menos uma semana de antecedência e também se usar seu tempo na cozinha de maneira sábia, preparando refeições e fazendo outras tarefas ao mesmo tempo. Seu tempo na cozinha também é uma ótima oportunidade para ouvir CDs com mensagens e estudos bíblicos de seu pastor favorito. Tenho um toca-CDs portátil em minha cozinha que sempre uso enquanto estou preparando as refeições ou fazendo a limpeza. Não só a hora passa rapidamente como também estou aprendendo e alimentando meu espírito ao mesmo tempo. Ouço as mesmas mensagens diversas vezes para deixar que a verdade penetre e se enraíze profundamente em meu espírito.

Pimentão Recheado com Arroz Integral, Milho e Feijão Preto

Estamos tão acostumados a comer carne e frango como prato principal que pode ser muito desafiador no Jejum de Daniel preparar algo que pareça tão substancioso. Esta receita definitivamente dá conta do recado! Adoro grãos, e o arroz e o feijão formam uma combinação tão completa e além do mais agrada a todos os gostos! Esta também é uma das receitas que fica ainda melhor no dia seguinte porque o sabor se mistura mais aos ingredientes.

Ingredientes

- 2 latas (400 g cada) de feijão preto drenado
- 3 xícaras de arroz integral cozido, separadas
- 1 xícara de milho cozido
- 2 cebolinhas picadas
- ¼ de xícara de coentro fresco picado
- 2 colheres (sopa) de azeite de oliva extravirgem
- 2 colheres (sopa) de suco de limão fresco
- 1 dente de alho picado
- Sal e pimenta moída na hora para temperar
- 2-3 pimentões grandes, cortados ao meio no comprimento e sem sementes
- 2 xícaras de suco de tomate ou 100% legumes

1. Pré-aqueça o forno a 180 graus.
2. Numa vasilha grande misture cuidadosamente o feijão, uma xícara de arroz integral, o milho, o coentro, o azeite, o suco de limão e o alho. Tempere com sal e pimenta a gosto.
3. Coloque as metades dos pimentões num refratário grande e recheie-os com a mistura.
4. Com uma colher, regue cada pimentão com o suco, tentando não romper os pimentões. Despeje o restante do suco no prato. Cubra com papel-alumínio e asse por 45-60 minutos.

5. Para servir, coloque cerca de ½ xícara de arroz integral em cada prato, com uma colher, despeje um pouco do caldo do refratário sobre o arroz e depois coloque um pimentão recheado em cima do arroz.
6. Sirva quente.

Rendimento: 4 porções

Paella[11] de Feijão e Legumes

Adoro *paella*! É uma ótima invenção feita com arroz para aproveitar as sobras da geladeira, e a variedade dos sabores torna este prato uma excelente opção para o jantar!

Há uma lenda muito bonita sobre o nome deste prato. A história é que na Espanha do século quinze, durante um período de grande escassez, as famílias tinham muito pouca comida. Então, quando acontecia um casamento, todos levavam um pouco de comida para "adicionar à panela" com a refeição que a família da noiva estava oferecendo.

Os presentes eram um pouco de arroz, um pouco de legumes, frango ou qualquer outra coisa que a família pudesse doar. Os convidados da cerimônia de casamento entregavam a doação aos pais da noiva, dizendo: "Por ella", que significa "para ela", isto é, "este presente é para a noiva". Todos os "presentes" eram misturados num panelão e todos comiam!

Existem outras histórias sobre a origem da palavra *paella*, mas essa é tão linda que gosto de pensar nela sempre que preparo o prato.

Siga a receita à risca ou seja criativo acrescentando ingredientes que você e sua família apreciam. Se for substituir algum item, tente manter a cor, a textura e os sabores do prato original.

Ingredientes
- 3 colheres (sopa) de azeite
- 1 xícara de cebola cortada fininha
- 1 xícara de arroz integral, grão médio ou longo
- 2 dentes de alho picados

---

[11] Prato da cozinha espanhola que consiste em arroz, frutos do mar, frango etc.

- 1 colher (chá) de cominho moído
- 1 lata (420 g) de tomate cozido (com suco)
- 1 ½ xícara de caldo de legumes
- 1 xícara de tomates secos, cortados em tiras
- 1 lata (420 g) de feijão rajado, enxaguado e drenado
- 1 lata (420 g) de feijão vermelho, enxaguado e drenado
- 1 lata (420 g) de grão-de-bico, enxaguado e drenado
- 1 xícara de abobrinha cortada em cubos de meio centímetro
- 1 xícara de milho cozido
- Sal a gosto
- ¼ de xícara de folhas de coentro picadas
- 2 colheres (sopa) de pimenta vermelha cortada fininha
- 2 colheres (chá) de pimenta jalapeño sem sementes cortada fininha

1. Aqueça o azeite numa frigideira no fogo médio; refogue a cebola por 5 minutos ou até que esteja dourada.
2. Abaixe o fogo (médio-baixo); junte o arroz, o alho, o cominho e mexa por 1 minuto para que todos os ingredientes misturem bem e comecem a cozinhar.
3. Adicione os tomates cozidos, o caldo de legumes e os tomates secos; deixe no fogo até ferver. Mexa para misturar bem todos os ingredientes; cubra e deixe no fogo médio-baixo por 15 minutos.
4. Misture o feijão, o grão-de-bico, a abobrinha e o milho numa tigela. Acrescente essa mistura à frigideira e mexa cuidadosamente. Abaixe o fogo, cubra e cozinhe por 10 a 15 minutos ou até que o arroz esteja macio.
5. Ajuste o tempero com sal antes de passar para a vasilha que irá para a mesa; espalhe coentro, a pimenta vermelha e a pimenta jalapeño por cima imediatamente antes de servir.

Rendimento: 6 porções

Charutos de Repolho

Esta receita tem sabor, é nutritiva e interessante! Pode ser o prato principal servido com Arroz Amarelo Favorito da Kirsten e com uma salada verde formando uma apetitosa refeição.

Ingredientes
- 12 folhas grandes de repolho (ou acelga)
- 2 colheres (sopa) de azeite
- 225 g de cogumelo fatiado
- 1 xícara de cebola picada
- 1 xícara de arroz integral cozido
- 1 lata (420 g) de feijão branco pequeno, enxaguado e drenado
- 1 xícara de cenoura cortada em tiras
- 2 colheres (sopa) de salsinha picada
- 1 colher (chá) de orégano moído
- ½ colher (chá) de sal
- ¼ de colher (chá) de pimenta
- óleo vegetal para preparar a assadeira
- 1 lata (420 g) de molho de tomate
- 1 colher (chá) de ervas finas italianas

1. Pré-aqueça o forno a 180 graus.
2. Ferva uma panela grande com água; cozinhe o repolho, colocando poucas folhas de cada vez, por cerca de 2 minutos ou até que fiquem macias. Escorra e deixe esfriar.
3. Aqueça o azeite numa frigideira no fogo médio; refogue o cogumelo e a cebola até ficarem macios.
4. Adicione o arroz, o feijão, a cenoura, a salsinha, o orégano, o sal e a pimenta; mexa cuidadosamente até que fique tudo bem misturado.
5. Prepare uma assadeira rasa de dois litros untando-a com óleo vegetal.
6. Distribua a mistura nas folhas de repolho; enrole cada uma e coloque-as viradas com a junção da folha para baixo na assadeira.
7. Cubra com alumínio e asse por 30 minutos no forno a 180 graus.
8. Aqueça o molho de tomate e as ervas italianas numa panela pequena, mexendo sempre para não grudar.
9. Sirva os charutos com o molho quente.

Rendimento: 6 porções

Dica: Esta é uma daquelas refeições que incluem muitos passos de preparação. Use bem o tempo enquanto prepara os charutos, aproveitando para orar, memorizar versículos, meditar na Bíblia ou ouvir algum CD de mensagem ou ensino bíblico. Você verá que o tempo vai passar rápido, a experiência será enriquecedora e todo o trabalho será gratificante!

Legumes com Tofu ao Curry

Saboreie esta deliciosa refeição nutritiva, colorida, cheia de sabor e textura! O tofu adiciona muitas proteínas a este prato principal.

Ingredientes
- 2 colheres (sopa) de óleo de coco
- 1 cebola vermelha, cortada em rodelas grossas
- 3 dentes de alho picados
- 12 tomates cereja cortados ao meio
- 2 cebolinhas cortadas na diagonal em pedaços de 0,5 cm
- 2 cenouras descascadas e cortadas na diagonal em pedaços de 0,5 cm
- 2 beterrabas douradas descascadas e cortadas em cubos de 0,5 cm
- 1 peça de tofu firme cortado em cubos de 2,5 cm
- 2 colheres (chá) de *curry* em pó
- ½ colher (chá) de flocos de pimenta vermelha moída
- 1 pimenta jalapeño, cortada fininha (opcional)
- Sal e pimenta-do-reino a gosto
- 1 abobrinha pequena cortada na diagonal em fatias de 1 cm
- 2 vidros (400 g) de leite de coco sem açúcar
- ¼ de xícara de água
- 1 pacote (100 g) de cogumelos Enoki arrumados e distribuídos em feixes pequenos
- 1 colher (sopa) de suco de limão espremido na hora
- ¼ de xícara de coentro picado
- 3 xícaras de arroz integral cozido e quente

1. Aqueça o óleo numa frigideira grande e funda no fogo médio; adicione a cebola, o alho, o tomate, a cebolinha, a cenoura e a beterraba e refogue por 3-5 minutos ou até que comecem a ficar macios.
2. Adicione o tofu, o *curry*, os flocos de pimenta vermelha, a pimenta jalapeño, o sal e a pimenta-do-reino e mexa para temperar bem os legumes com o óleo e os condimentos. Cubra e cozinhe por 15 minutos, mexendo algumas vezes até que a cebola fique macia e os legumes soltem um pouco de caldo.
3. Acrescente a abobrinha, o leite de coco, a água, os cogumelos e o suco de limão. Cubra e continue cozinhando por 10 minutos, mexendo às vezes, até que a beterraba esteja macia. Misture o coentro.

4. Monte cada prato colocando o arroz no meio e em toda a volta espalhe os legumes com tofu ao curry, regando com um pouco do caldo.

Rendimento: 6 porções

Cuidado com a jalapeño!
Só depois que minhas mãos ficaram ardendo por ter cortado pimenta jalapeño foi que pensei num jeito de protegê-las do óleo que essa pimenta solta ao ser cortada. Eu não sabia, mas quando aconteceu, não foi nada divertido! O óleo penetra na pele e não sai, mesmo que você lave! Fica ardendo muito. Por isso, agora eu protejo minhas mãos com luvas apropriadas para a culinária sempre que uso pimenta jalapeño fresca no preparo de pratos. Isso evita que o óleo penetre na pele, o que causa muita dor.

Legumes Moo Shu

A carne de porco é a fonte de proteína básica deste prato originário do norte da China, mas a versão vegetariana funciona bem para o Jejum de Daniel como mais uma ótima alternativa ao seu planejamento de refeições. Sirva com *chapati* de trigo integral ou pão chato indiano (ver página 207).

Ingredientes
- 2 colheres (chá) de óleo de gergelim
- 3 cebolinhas cortadas finas
- 3 xícaras de *bok choy* (acelga chinesa) cortada fina
- 1 pimentão vermelho cortado em tiras finas
- 2 cenouras cortadas finas
- ¾ xícara de cogumelo cortado fino
- ¾ xícara de broto de feijão
- 1 tofu esmigalhado
- 3 colheres (chá) de gengibre fresco ralado
- 2 dentes de alho picados
- 2 colheres (sopa) de tamari ou molho de soja
- 1 receita de Molho Hoisin feito em casa (ver a próxima receita)
- 6 *chapatis*

1. Aqueça o óleo de gergelim numa panela ou frigideira grande no fogo médio-alto; adicione a cebolinha, a *bok choy*, o pimentão vermelho, a cenoura e o cogumelo; mexa bem fritando os legumes por 3-4 minutos até que estejam cozidos, mas crocantes.
2. Adicione o broto de feijão, o tofu, o gengibre e o alho e continue a cozinhar por 2-3 minutos até que o broto esteja macio. Misture o molho tamari.
3. Para servir, regue o centro de cada *chapati* com uma colher de molho Hoisin. Ponha uma porção generosa do refogado no *chapati* e enrole ao estilo de burrito.

    Rendimento: 6 porções

Molho Hoisin

Este é o molho para Legumes Moo Shu. Você pode fazer uma quantidade maior e guardar o restante na geladeira para usar em outra receita.

   Ingredientes
   - 4 colheres (sopa) de molho de soja
   - 2 colheres (sopa) de pasta de amendoim ou feijão preto 100% cremosa
   - 1 colher (sopa) de suco de maçã concentrado
   - 2 colheres (chá) de vinagre branco
   - ⅛ de colher (chá) de alho em pó
   - 2 colheres (chá) de óleo de gergelim
   - 20 gotas de molho apimentado chinês
   - ⅛ de colher (chá) de pimenta-do-reino moída na hora

1. Coloque todos os ingredientes numa vasilha e misture bem.
2. Sirva com Legumes Moo Shu e *chapati*. Guarde o restante do molho num pote bem fechado na geladeira.

    Rendimento: 4 porções de condimento

SOPAS E GUISADOS

Sopas e guisados são a base dos almoços e jantares do Jejum de Daniel. A maioria das receitas é fácil e rápida de preparar e muito nutritiva, saborosa e saudável. Acho muito útil preparar sempre o dobro da receita para poder congelar a metade para uma refeição posterior. Também costumo congelar porções individuais de sopas e guisados para usar em cada refeição.

Você pode seguir à risca as receitas desta seção ou adaptá-las com ingredientes adicionais que você e sua família preferirem.

A propósito, você sabia que comer sopa nas refeições também serve como uma estratégia para perder peso? A sopa leva mais tempo para ser consumida e contém mais água do que as comidas sólidas. O nosso corpo está equipado com um sistema de sinalização que diz ao cérebro quando ingerimos comida suficiente, mas leva cerca de 20 minutos para essa mensagem chegar até lá. Então, quando comemos lentamente, permitimos que esse sistema criado por nosso Deus tenha o tempo de que necessita para funcionar bem. Quando comemos muito rápido, sobrecarregamos o sistema e ingerimos calorias demais. A sopa pode satisfazer nossa "vontade de comer" e ao mesmo tempo permitir que o nosso corpo funcione como Deus idealizou.

Por falar nisso, quando normalmente comemos demais, nossos sentidos podem ficar "surdos" aos sinais enviados pelo cérebro de que já comemos o suficiente e é hora de parar de comer. O Jejum de Daniel também ajuda a consertar esse sistema de controle que existe no nosso corpo.

> **Dica:** O *mixer* é um ótimo utensílio para preparar essas sopas. Muitas receitas ensinam a bater a sopa em liquidificadores ou processadores de alimentos, mas esse processo pode se transformar numa bagunça, além de ser perigoso, especialmente se você estiver transferindo líquidos quentes ou fervendo da panela para o liquidificador. O *mixer* é um utensílio muito prático porque é como se você tivesse um liquidificador preso a um bastão! Você simplesmente insere a extremidade do *mixer* dentro da sopa e liga. Bata pelo tempo que quiser (prefiro deixar alguns feijões inteiros na minha sopa de feijão preto), depois desligue o aparelho, tire-o da sopa e lave-o imediatamente com água e detergente, enxágue bem e enxugue. O meu veio com um copo grande com tampa que é ótimo para fazer vitaminas.

Sopa de Legumes Prática de Panela Elétrica

Esta é uma ótima receita que você pode preparar antes de sair de casa e ter pronta para comer quando voltar. Sirva a sopa com pão chato feito em casa ou *crackers* e salada verde e você terá uma refeição saborosa e nutritiva.

Ingredientes
- 2 latas (420 g cada) de tomates cortados em cubo ou esmagados com suco
- 1 lata pequena (170 g) de massa de tomate
- 1 lata (420 g) de molho de tomate
- 1 lata (420 g) de milho drenada
- 1 lata (420 g) de vagem drenada
- 1 lata (420 g) de batata drenada
- 1 lata (420 g) de ervilha drenada
- 1 lata (420 g) de cenoura picada drenada
- 2 cebolas médias cortadas em cubo
- 1 dente de alho picado
- 1 colher (sopa) de ervas finas italianas
- 4-5 folhas de louro
- Sal e pimenta-do-reino moída na hora a gosto

1. Cuidadosamente misture os tomates, a massa de tomate, o molho de tomate, o milho, o feijão, a batata, a ervilha, a cenoura, a cebola, o alho, as ervas finas e as folhas de louro numa panela elétrica grande ou sopeira.
2. Se necessário, adicione água para cobrir os ingredientes; cozinhe no nível baixo por 3-4 horas ou cozinhe lentamente no fogão na panela adequada para fazer sopa.
3. Ajuste o tempero com sal e pimenta antes de servir.

Rendimento: 4-6 porções

Sopa Dourada de Cenoura

Cenouras adocicadas dão uma sopa deliciosa que toda a família vai gostar. Esta sopa também pode ser congelada. Depois que a sopa estiver fria, distribua porções em saquinhos *ziplock* e coloque-os no *freezer*. Utilize-os mais tarde para as refeições que quiser.

Ingredientes
- 2 colheres (sopa) de azeite
- 1 cebola grande picada
- 3 talos de aipo picados
- 2 colheres (chá) de alho picado
- 4 xícaras de cenoura picada
- 1 colher (chá) de ervas finas
- 1 colher (chá) de manjericão seco
- 1 litro de caldo de legumes
- ½ colher (chá) de pimenta-do-reino moída na hora
- Salsinha italiana para decorar

1. Aqueça o azeite numa panela grande no fogo médio; adicione a cebola, o aipo, o alho, a cenoura, as ervas e o manjericão; refogue por cerca de 10 minutos.
2. Coloque o caldo de legumes, cubra e ajuste a temperatura para cozinhar lentamente por volta de 25 minutos ou até que a cenoura fique macia.
3. Para deixar a sopa cremosa, bata metade do líquido quente no liquidificador. Faça o mesmo com o restante da sopa. Ou então use um *mixer* para bater a sopa na própria panela.
4. Ajuste o tempero com sal e pimenta, despeje em cumbucas individuais, decore com a salsinha e sirva.

Rendimento: 6 porções

Sopa de Feijão Vila Toscana

Adoro esta sopa porque está borbulhando de sabores e texturas toscanas. Além disso, é colorida e apetitosa. Sirva com uma salada colorida e você terá uma refeição maravilhosa.

Ingredientes
- 1 colher (sopa) de azeite
- 1 xícara de cebola picada
- ½ xícara de aipo em fatias
- 3 dentes de alho picados
- 1 colher (sopa) de farinha de trigo integral
- 1 colher (chá) de alecrim seco
- ¼ de colher (chá) de tomilho seco
- 2 folhas de louro
- 1 cravo
- ¼ de colher (chá) de pimenta
- 4 latas (420 g cada) de caldo de legumes
- 1 lata (420 g) de feijão-de-lima [N.T.] drenado e enxaguado
- 1 lata (420 g) de grão-de-bico drenado e enxaguado
- 1 lata (420 g) de feijão vermelho drenado e enxaguado
- 2 colheres (sopa) de massa de tomate
- 1 ½ xícara de cevada cozida
- 1 batata grande, descascada, cortada em pedaços de 1 cm
- 1 xícara de cenoura em rodelas
- 1 xícara de folhas de espinafre picadas

1. Aqueça o azeite numa panela grande no fogo médio; refogue a cebola, o aipo e o alho por 2-3 minutos; acrescente a farinha, as ervas, a pimenta, mexa bem e refogue por 2-3 minutos ou até que a cebola fique macia.
2. Adicione o caldo de legumes, os feijões e a massa de tomate; deixe no fogo até ferver, mexendo para não grudar.
3. Abaixe o fogo e deixe cozinhando lentamente, sem tampa, por 10-15 minutos.
4. Acrescente a cevada, a batata, a cenoura e o espinafre e cozinhe por mais 10 minutos até que todos os ingredientes estejam bem quentes.
5. Tire as folhas de louro antes de servir.

Rendimento: 6 porções

[N.T.] Também conhecido como fava-belém ou fava-de-lima.

Massa de tomate em tubo (N.T.)
Eu costumava abrir uma lata de massa de tomate quando uma receita pedia apenas duas colheres de sopa do ingrediente. Depois eu guardava o restante num pote bem fechado na geladeira e esquecia que estava lá até o dia em que eu limpava a geladeira, semanas mais tarde! Eca! Foi então que descobri massa de tomate em tubo. É mais caro, mas acaba sendo mais econômico se considerar o desperdício que evita! Você pode encontrar massa de tomate em tubo em supermercados grandes, na mesma seção de molhos e massas de tomate.

Sopa Clássica de Feijão Marinha ao Estilo Jejum de Daniel

Minha mãe costumava fazer sopa de feijão marinha (branco de grão pequeno) quando eu era criança, mas ela sempre adicionava um osso de pernil à receita. Esta versão do Jejum de Daniel também é saborosa e pode ficar guardada por uma semana na geladeira; além disso, pode ser congelada. Sirva esta substanciosa sopa com uma simples salada e pão indiano chato e você terá uma deliciosa refeição.

Ingredientes
- 450 g de feijão marinha seco, enxaguado e escolhido
- 6 xícaras de caldo de legumes
- 4 xícaras de água
- 1 cebola amarela cortada fina
- 2 talos de aipo picados
- 1 cenoura cortada em cubos
- 4 dentes de alho picados
- 1 folha de louro
- 3 colheres (sopa) de massa de tomate
- 1 ½ colher (chá) de sal
- ½ colher (chá) de pimenta-do-reino moída na hora
- ¼ de xícara de salsinha italiana picada
- ¼ de xícara de salsinha italiana picada para decorar

1. Deixe o feijão de molho na noite anterior por pelo menos 8 horas. Coloque numa vasilha grande com mais ou menos 5 cm de água cobrindo o feijão.
2. Escorra e enxágue bem o feijão, depois coloque numa panela grande com o caldo de legumes, a água, a cebola, o aipo, a cenoura, o alho e o louro.

N.T. Infelizmente, no Brasil, não há esse tipo de embalagem para extrato de tomate.

3. Deixe no fogo alto até ferver, depois abaixe para o fogo médio-baixo. Cubra parcialmente e ajuste o fogo para deixar cozinhando por cerca de 1 hora ou até que o feijão esteja quase macio.
4. Adicione a massa de tomate e o sal e continue a cozinhar na panela parcialmente tampada até que o feijão esteja macio, por 30-45 minutos.
5. Tire a folha de louro. Bata metade da mistura no liquidificador, processador ou *mixer* e coloque de volta na panela. Acrescente a pimenta e a salsinha; esquente de novo até a temperatura desejada para servir e ajuste o tempero com sal e pimenta.
6. Sirva em cumbucas individuais e decore com salsinha.

Rendimento: 8 porções

O feijão está cozido?
Tire grãos de feijão de diferentes lugares da panela (fundo, meio, em cima) porque eles cozinham a temperaturas diferentes. Misture bem várias vezes também para garantir um cozimento por igual.

Sopa Básica de Feijão Preto

Esta receita é uma excelente escolha para o almoço ou o jantar e pode ser congelada para refeições futuras. Geralmente faço a receita com feijão em lata porque é mais prático e fácil. Mas você pode usar feijão seco cozido, se preferir. Se você começar a fazer muitas sopas encorpadas, talvez seja uma boa ideia investir num *mixer* para facilitar seu trabalho tanto no preparo como na limpeza.

Ingredientes
- 1 colher (sopa) de azeite
- ¾ xícara de cebola picada
- 1 colher (chá) de alho picado
- ¾ xícara de aipo picado
- 2 colheres (chá) de pimenta jalapeño bem picada (proteja suas mãos ao manuseá-la)
- 2 latas (420 g cada) de feijão preto, enxaguado e drenado
- 1 lata (420 g) de tomate em cubo[N.T.] com o líquido

N.T. Não é comum no Brasil. Se não encontrar, substitua por tomate fresco.

- 2 xícaras de água
- 1 colher (chá) de cominho moído
- Sal, pimenta-do-reino moída na hora e pimenta vermelha em flocos para temperar

1. Aqueça o azeite na panela em fogo médio; adicione a cebola e o alho e refogue por 2 minutos.
2. Acrescente o aipo e a pimenta jalapeño e deixe no fogo por 1 a 2 minutos. Tire do fogo e reserve.
3. Coloque uma lata de feijão preto e meia lata de tomates cortados em cubos com toda a água numa panela grande (se for usar um *mixer*) ou no liquidificador. Bata até a mistura ficar cremosa.
4. Acrescente a esta mistura o restante do feijão, o tomate com a cebola, o alho, o aipo e a jalapeño e coloque tudo numa panela grande. Misture e acrescente o cominho e tempere com sal, pimenta-do-reino e pimenta vermelha até chegar ao ponto que preferir.
5. Cubra a panela e cozinhe lentamente no fogo médio até que esteja bem quente; abaixe o fogo e ajuste a tampa para liberar o vapor enquanto deixa cozinhar por 20 minutos. Sirva quente.

Rendimento: 6 porções

Sopa de Feijão Preto com Pimenta Chipotle (Chilena)

O feijão seco tende a cozinhar de forma desigual, portanto, no passo 1, experimente sempre diversos grãos para verificar se ele está realmente cozido. Prepare os ingredientes da sopa enquanto cozinha o feijão e a guarnição, ao mesmo tempo que a sopa cozinha. Você não precisa oferecer todas as guarnições, mas escolha duas; as guarnições aumentam não só o sabor, mas também a textura e o colorido do prato. A parte da sopa que sobrar pode ser guardada na geladeira num pote bem fechado por 3 ou 4 dias; reaqueça numa panela no fogo médio até que esteja bem quente; se a sopa engrossou demais, adicione um pouco mais de caldo de legumes e mexa bem. A pimenta chipotle no molho adobo – jalapeños defumadas e em conserva numa mistura de vinagre com tomate – faz desta sopa uma variação mais picante e quente da Sopa de Feijão Preto.

Ingredientes
- 2 xícaras de feijão preto seco deixado de molho na noite anterior, enxaguado e escolhido
- 2 folhas de louro
- 5 xícaras de água
- 1 colher (chá) de sal
- 3 colheres (sopa) de azeite
- 3 xícaras de cebola cortada fina
- ½ xícara de cenoura cortada fina
- 1 xícara de aipo cortado fino
- ½ colher (chá) de sal
- 5-6 dentes de alho médios picados
- 1 ½ colher (sopa) de cominho moído
- 1 colher (sopa) de pimenta chipotle no adobo (ver a próxima receita)
- 2 colheres (sopa) de molho adobo
- 6 xícaras de caldo de legumes
- 2 colheres (sopa) de amido de milho
- 2 colheres (sopa) de água
- 2 colheres (sopa) de suco de limão feito com 1-2 limões

Guarnições
- casca de limão
- folhas de coentro picado na hora
- cebola vermelha cortada fina
- abacate médio cortado em cubos

1. **Cozinhe o feijão.** Coloque o feijão, as folhas de louro e a água numa panela grande com tampa que feche bem firme. Deixe ferver no fogo médio-alto; com uma colher grande tire a espuma que se formar na superfície. Adicione o sal, misture, abaixe o fogo, cubra e deixe cozinhar lentamente até que o feijão fique macio, por uma hora e quinze a uma hora e meia (se necessário, adicione outra xícara de água e continue a cozinhar até o feijão ficar macio); não drene o feijão. Descarte as folhas de louro.
2. **Cozinhe a sopa.** Aqueça o azeite numa panela grande no fogo médio-alto; acrescente a cebola, a cenoura, o aipo e o sal; refogue e vá mexendo por 12-15 minutos ou até que os legumes estejam macios ou levemente dourados.

Diminua o fogo para médio-baixo; adicione o alho e o cominho e continue a cozinhar até que esteja cheirando gostoso, por cerca de 3 minutos. Acrescente o feijão, o líquido em que o feijão cozinhou, as pimentas chipotle, o molho adobo e o caldo de legumes e misture. Aumente o fogo para médio--alto e deixe ferver; abaixe o fogo e cozinhe, sem tampa, mexendo de vez em quando por 30 minutos até que se misturem os sabores.

3. **Como servir.** Tire uma concha e meia de feijão e duas xícaras do caldo da sopa e bata no liquidificador até ficar cremoso. Devolva para a panela (você também pode usar um *mixer*). Mexa numa vasilha pequena o amido de milho e a água até que misturem bem, depois vá colocando aos poucos e mexendo essa mistura na sopa; deixe ferver no fogo médio-alto para engrossar a sopa e mexa de vez em quando. Acrescente mais amido de milho diluído na água se quiser a sopa um pouco mais grossa. Retire a panela do fogo, adicione o suco de limão e mexa antes de servir as cumbucas com a concha; sirva imediatamente e ofereça as guarnições separadamente.

Rendimento: 6 porções

Pimenta Chipotle no Molho Adobo

- 3 xícaras de água
- ½ cebola cortada em rodelas de 1 cm
- 5 colheres (sopa) de vinagre de maçã
- 2 dentes de alho fatiados
- ¼ de xícara de molho de tomate
- 1 colher (chá) de suco de maçã concentrado
- ¼ de colher (chá) de sal
- 7-10 pimentas chipotle secas de tamanho médio sem talo e cortadas no comprimento

1. Coloque todos os ingredientes numa panela de tamanho médio e aqueça no fogo médio-alto até ferver.
2. Abaixe o fogo, cubra a panela e cozinhe por 60-90 minutos ou até que a pimenta fique macia e o líquido evapore e se reduza a cerca de 1 xícara.

Rendimento: 7-10 pimentas

Sopa de Abóbora ao Curry

Espalhe semente de abóbora tostada em cada cumbuca de sopa para um interessante contraste na textura.

Ingredientes
- 1 abóbora grande sem casca, sem sementes, cortada em cubos de 2,5 cm
- ¼ de xícara de cebolas picadas
- 2 colheres (sopa) de *curry* em pó
- 3 colheres (sopa) de azeite de oliva
- Sal e pimenta a gosto
- 1 tablete de caldo de legumes dissolvido em 2 xícaras de água quente

1. Numa panela média ferva a abóbora até que fique macia.
2. Drene a maior parte da água, deixando 2,5 cm na panela.
3. Use um espremedor de batata ou *mixer* para bater a abóbora até que fique cremosa.
4. Acrescente a cebola, o curry e o azeite e mexa. Tempere com sal e pimenta a gosto.
5. Adicione o caldo de legumes em quantidades pequenas até chegar à consistência desejada.
6. Cozinhe por 15 minutos e sirva quente.

Rendimento: 4 porções

Sopa Rica de Legumes

Gosto de fazer uma panelada desta sopa e servir no jantar e depois servir as sobras no almoço. Pode ser guardada na geladeira por 2-3 dias e aquece rapidamente no fogão ou no micro-ondas.

Ingredientes
- 2 colheres (sopa) de azeite
- 3 cenouras grandes descascadas e cortadas em cubos de 2 cm
- 2 pastinacas grandes descascadas e cortadas em cubos de 1 cm
- 2 cebolas pequenas descascadas e cortadas em cubos de 1 cm

- 6 dentes de alho picados
- 8 xícaras de caldo de legumes
- 2 batatas inglesas médias descascadas e cortadas em cubos de 2,5 cm
- 2 colheres (chá) de folhas de tomilho fresco picadas
- 1 galho de alecrim fresco
- 1 folha de louro
- 2 xícaras de espinafre fresco sem o talo e picado
- 1 lata (420 g) de feijão branco drenado e enxaguado (você pode usar também feijão vermelho)
- 1 pacote (280 g) de feijão-de-lima ou ervilha congelada
- 1 colher (sopa) de vinagre balsâmico
- Sal e pimenta-do-reino moída na hora

1. Aqueça o azeite numa panela grande no fogo médio-alto. Adicione a cenoura, a pastinaca e a cebola e cozinhe até que dourem e fiquem macias, durante 5 a 7 minutos.
2. Acrescente o alho e cozinhe até ficar cheiroso, por 30 segundos. Adicione o caldo de legumes, a batata, o tomilho, o alecrim e a folha de louro; quando levantar fervura, abaixe o fogo no mínimo. Cubra e deixe cozinhando até que os legumes estejam macios, por volta de 15 minutos.
3. Tire e descarte o alecrim e o louro. Transfira 3 xícaras das partes sólidas e 1 xícara de caldo para um liquidificador e bata até ficar cremoso.
4. Coloque a sopa batida de volta na panela antes de adicionar o espinafre, o feijão branco e o feijão-de-lima; cozinhe no fogo médio até que o espinafre esteja macio e o feijão esteja bem quente, por volta de 8 minutos.
5. Acrescente uma colher de sopa de vinagre e mexa e tempere com sal e pimenta a gosto. Sirva com azeite e vinagre à disposição na mesa.

Rendimento: 6-8 porções

Guisado Vegetariano Marroquino

Uma dica para refrear o apetite é garantir que a comida servida satisfaça. Uma das melhores maneiras de fazer isso é preparar receitas saborosas. Comida marroquina dá conta do recado! Além de muito saborosa, é rica em texturas e cores, tornando este prato muito atraente.

Ingredientes
- 2 colheres (sopa) de azeite
- 1 cebola média picada
- 4 dentes de alho picados
- 2 colheres (chá) de cominho moído
- 1 canela em casca
- Sal e pimenta-do-reino moída na hora
- 450 g de abóbora cortada em cubos de 2,5 cm
- 300 g de batata Asterix cortada em cubos de 2,5 cm
- 2 xícaras de caldo de legumes
- 2 xícaras de grão-de-bico enlatado drenado
- 1 lata (400 g) de tomate em cubos com o líquido
- Uma pitada de açafrão, opcional
- 1 colher (sopa) de raspas de limão
- 1 xícara de azeitonas verdes gregas
- 6 xícaras de farinha de trigo integral esquentado no vapor para servir
- Coentro fresco picado para decorar
- Lascas de amêndoas tostadas para decorar

1. Aqueça o azeite no fogo médio numa panela de ferro (forno holandês) ou sopeira com tampa que feche bem firme. Adicione a cebola, o alho, o cominho, a canela; tempere com sal e pimenta-do-reino moída na hora. Cozinhe, mexendo de vez em quando, até que o tempero esteja aromático e a cebola fique macia e transparente, por cerca de 5 minutos.
2. Acrescente a abóbora e a batata e mexa; ajuste o tempero com sal e pimenta-do-reino, se necessário; cozinhe por 3 minutos até que fiquem macias.
3. Adicione o caldo, o grão-de-bico, o tomate e o açafrão, se for usar. Levante fervura e abaixe o fogo no mínimo. Cubra e deixe cozinhando até que a abóbora esteja macia no garfo, por 10 minutos.
4. Tire a panela do fogo e misture as raspas de limão e as azeitonas.
5. Sirva com farinha enfeitada com coentro e amêndoas.

Rendimento: 6 porções

Chili Vegetariano da Susan

Já faz mais de vinte anos que faço esta receita e ainda gosto. O *chili* é fácil de fazer, colorido e cheio de sabor. Dá para conservar na geladeira, então, quando for fazer, considere a possibilidade de dobrar a receita para servir várias vezes durante a semana ou congelar para servir posteriormente.

Ingredientes
- 2 pimentões verdes médios picados
- 1 cebola média picada
- 2 colheres (sopa) de óleo vegetal
- 1 abobrinha picada
- 1 abóbora picada
- 2 colheres (sopa) de pimenta *chili* em pó
- ¾ colher (chá) de sal
- ¼ de colher (chá) de pimenta vermelha moída
- 2 xícaras de milho verde cozido (fresco ou congelado)
- 2 latas (450 g cada) de tomate com o líquido
- 2 latas (450 g cada) de feijão rajado com o líquido
- 2 latas (450 g cada) de feijão preto com o líquido
- 1 lata (110 g) de *chili* verde com o líquido
- 1 lata (110 g) de massa de tomate

1. Pique e refogue o pimentão e a cebola no óleo. Adicione a abobrinha e a abóbora picadas, a pimenta *chili* em pó, o sal, a pimenta vermelha moída e o milho.
2. Quando tudo estiver macio, mas ainda firme, adicione o tomate, os feijões, o *chili* verde e a massa de tomate. Mexa até misturar bem.
3. Levante fervura e depois abaixe o fogo. Deixe cozinhar por 20 minutos, mexendo de vez em quando para não grudar.

Rendimento: 6 porções

Dica: Todo feijão, tanto o seco como o enlatado, é rico em proteína, fibra, vitaminas e minerais. Se você usar feijão enlatado, leia a embalagem para certificar-se de que o fabricante não adicionou açúcar. O feijão seco também tem menos sódio. Além disso, custa a metade dos feijões em lata! Se você for cozinhar feijão, faça uma quantidade grande e congele porções em sacos *ziplock*. Eles podem ser armazenados por até um ano no *freezer*.

Tirando o Chapéu para o Cozido de *Chili* com Tofu

O *chili* é um prato que sacia, por isso é perfeito para o Jejum de Daniel. O tofu garante ao prato a proteína e realmente parece carne moída. Faça o dobro ou o triplo desta receita para congelar. Prepare alguns saquinhos *ziplock*, congele e use em refeições posteriores.

Ingredientes
Condimentos para o *chili*
- 2 colheres (sopa) de *chili* em pó
- 2 colheres (chá) de cominho moído
- 1 colher (chá) de orégano seco, esmigalhado
- ½ colher (chá) de mostarda em pó
- ¼ de colher (chá) de canela
- ¼ de colher (chá) de cravo moído
- ¼ de colher (chá) de noz-moscada
- ¼ de colher (chá) de gengibre ralado

Chili
- 2 colheres (sopa) de azeite
- 3 cebolas picadas
- 2 dentes de alho picados
- 1 pimentão verde cortado em cubos
- 2 colheres (chá) de sal Kosher (sal grosso refinado, sem aditivos [como o iodo, por exemplo], com excelente capacidade de absorver líquidos)

Molho de Pimenta *Chili*
- 900 g de tofu extrafirme drenado e esmigalhado
- 2 latas grandes (800 g cada) de tomate italiano cortado em cubo com o suco
- 2 tabletes de caldo de legumes (ou 1 colher [sopa] de base vegetal)
- 1 xícara de água
- 1 lata (420 g) de feijão vermelho com o líquido
- 1 lata (420 g) de feijão rajado com o líquido
- 450 g de macarrão de trigo integral
- ½ xícara de cebola cortada fino para servir

1. Misture os condimentos do *chili* numa vasilha pequena e reserve.
2. Aqueça o azeite numa panela ou frigideira grande no fogo médio-alto. Adicione a cebola e o alho; refogue por 5 minutos.
3. Acrescente o pimentão, o sal, os condimentos para o *chili* e o tofu esmigalhado. Refogue por 5 minutos mexendo sempre para que o tofu absorva bem os sabores. Acrescente os tomates com o suco e misture.
4. Enquanto isso, numa panela pequena dilua os tabletes de caldo de legumes na água; aqueça e vá mexendo até que esteja bem dissolvido. Adicione à panela do *chili* e deixe cozinhando no fogo médio-baixo por até 2 horas, adicionando água se necessário. O cozimento lento e longo faz com que os sabores penetrem em todos os ingredientes.
5. Misture devagar o feijão vermelho, o feijão rajado e os líquidos. Deixe esquentando enquanto cozinha o macarrão.
6. Cozinhe o macarrão de trigo integral de acordo com as instruções da embalagem.
7. Sirva o *chili* por cima do macarrão em pratos individuais. Cubra com cebola, se preferir.

Rendimento: 12 porções

Chili à Moda Mexicana

Este *chili* com baixas calorias e alto teor de proteína tem muita fibra e mais: é rápido e fácil de fazer. Prepare esta deliciosa refeição em apenas 30 minutos; sirva com uma salada verde e frutas frescas e você terá uma bela refeição "*fast--food*", só que saudável. O *Chili* à Moda Mexicana também pode ser congelado, então é uma ótima opção de prato para se fazer com antecedência.

Ingredientes
- 2 colheres (sopa) de azeite
- 1 colher (sopa) de alho
- 1 alho-porro picado (descarte as folhas duras primeiro)
- 1 colher (sopa) de *chili* em pó
- 1 colher (chá) de cominho moído
- 1 pimentão vermelho cortado em cubos
- 1 cenoura cortada em cubos

- 2 abobrinhas ou abóbora cortada em cubos de 1 cm
- 4 xícaras de caldo de legumes
- 1 lata (420 g) de feijão preto enxaguado e drenado
- 1 lata (420 g) de feijão rajado enxaguado e drenado
-1 lata (420 g) de feijão branco enxaguado e drenado
- ¼ de xícara de coentro fresco picado

1. Aqueça o azeite no fogo médio-alto; adicione o alho, o alho-porro, o *chili* em pó e o cominho e refogue por 3 minutos.
2. Adicione o pimentão, a cenoura, a abobrinha ou a abóbora e cozinhe por mais 5 minutos.
3. Acrescente o caldo, misture e aumente o fogo até levantar fervura. Abaixe o fogo no médio e coloque os feijões lavados e drenados. Cozinhe por 10 minutos até que esteja bem quente.
4. Coloque o coentro fresco e sirva.

Rendimento: 8 porções

Sopa de Lentilha

A lentilha está se tornando cada vez mais popular à medida que as pessoas descobrem seu sabor delicioso e valor nutricional. Você vai gostar desta receita, especialmente se for servida com salada e bolachas salgadas (*crackers*) feitas em casa.

Ingredientes
- 2 litros de água
- 3 xícaras de lentilha deixadas de molho por 2-3 horas
- 2 colheres (sopa) de sal
- 2 colheres (chá) de azeite
- 1 cebola grande picada
- 2 talos de aipo picados
- 3 cenouras em rodelas
- 2 dentes de alho picados
- 2 latas (420 g cada) de tomates em cubos com o suco
- 2 colheres (sopa) de suco de limão

- 2 colheres (sopa) de vinagre de vinho tinto
- Pimenta-do-reino moída na hora a gosto
- Ervas secas a gosto

1. Esquente a água numa panela grande no fogo médio-alto; coloque a lentilha, abaixe o fogo e cozinhe por 20 minutos; adicione o sal.
2. Enquanto as lentilhas estiverem cozinhando, esquente o azeite numa frigideira grande no fogo médio; coloque a cebola, o aipo, a cenoura e o alho. Refogue até ficar macio, por cerca de 10 minutos.
3. Coloque a mistura dos legumes refogados na panela com a lentilha e mexa. Adicione o tomate, o suco de limão e o vinagre; tempere com a pimenta.
4. Espere levantar fervura e deixe a lentilha cozinhando lentamente na panela sem tampa até ficar macia, por mais ou menos 30 minutos. Se a sopa ficar muito grossa, coloque mais um pouco de água.
5. Antes de servir, experimente o tempero e acrescente as ervas picadas.

Rendimento: 6-8 porções

Sopa de Repolho do Jejum de Daniel

Todos já ouvimos falar da "dieta da sopa de repolho". Mas não é esta receita! Porém, os nutrientes e sabores desta sopa são muito ricos; além disso é fácil de fazer e tem poucas calorias.

Ingredientes
- ½ xícara de azeite
- 1 cebola picada
- 4-5 dentes de alho picados
- 1 pimentão vermelho cortado em cubos grandes
- 4 talos de aipo picados
- 1 repolho sem o miolo fatiado
- 2 litros de caldo de legumes
- 3 cenouras cortadas em pedaços de 1 cm
- 2 xícaras de vagem cortadas em pedaços de 1 cm
- 1 lata (420 g) de tomates em cubos com o suco
- 1 xícara de arroz integral

- 2 colheres (sopa) de ervas italianas
- Sal e pimenta-do-reino moída na hora

1. Aqueça o azeite numa panela grande no fogo médio; coloque a cebola, o alho, o pimentão e o aipo; refogue até que o pimentão e o aipo comecem a ficar macios.
2. Adicione o repolho, o caldo de legumes, a cenoura, a vagem, o tomate em cubos, o arroz e as ervas. Ajuste o fogo para o cozimento lento da sopa.
3. Ajuste o tempero com o sal e a pimenta a gosto. Cozinhe por mais ou menos 40 minutos ou até que o arroz fique cozido e a cenoura esteja macia.
4. Ajuste o tempero mais uma vez e sirva.

Rendimento: 8-10 porções

Sopa de Ervilha Partida

Esta sopa é maravilhosa e também pode ser congelada.

Ingredientes
- 2 xícaras de ervilhas partidas secas (lave, mas não deixe de molho)
- 8 xícaras de caldo de legumes
- 2 batatas cortadas em cubos grandes
- 2 cenouras em rodelas
- ½ repolho picado desigualmente
- 1 cebola picada
- 2 dentes de alho picados
- 2 colheres (sopa) de azeite
- 1 colher (chá) de cominho
- 1 colher (chá) de sálvia
- 1 colher (chá) de tomilho
- 3 folhas de louro
- Sal e pimenta-do-reino a gosto
- Salsinha italiana picada para decorar

1. Misture a ervilha, o caldo de legumes, a batata, a cenoura, o repolho, a cebola, o alho, o azeite, o cominho, a sálvia, o tomilho e as folhas de louro numa

crock pot (panela elétrica de cozimento lento, comum nos EUA). Cubra e cozinhe no nível baixo por no mínimo 4 horas ou até que a ervilha esteja macia.
2. Tire as folhas de louro e tempere com sal e pimenta.
3. Sirva com salsinha picada por cima.

HAMBÚRGUERES VEGETARIANOS

Muita gente realmente sente falta de carne no Jejum de Daniel. Eu costumava usar cogumelos Portobello como substitutos da carne, mas eles custam muito caro! Os únicos hambúrgueres vegetarianos que consegui encontrar no supermercado continham açúcar ou ovos, então, eles estão fora de cogitação.

Foi quando descobri receitas para preparar meus próprios hambúrgueres em casa. Eles são fáceis de fazer, econômicos, nutritivos e saborosos. Faça-os em grande quantidade e congele para usar posteriormente. Separe-os com uma folha de papel-manteiga e embale-os num saquinho *ziplock*. Você pode assá-los como esfihas, mas em temperaturas mais baixas.

Hambúrgueres de Feijão Marinha

Depois de experimentar essa delícia, é provável que você a incorpore em seu menu diversas vezes por semana. O feijão é muito mais barato do que a carne moída, e a gordura que contém é quase zero. Esses hambúrgueres são uma excelente opção para o seu Jejum de Daniel.

Ingredientes
- 1 xícara (420 g) de feijão marinha (branco pequeno), drenado
- ¾ xícara de *matzo* (pão ázimo que os judeus comem na Páscoa) de trigo integral esmigalhado
- ½ xícara de cebola picada
- 2 dentes de alho picados
- ¼ de salsinha italiana picada
- 2 colheres (sopa) de azeite

1. Use um processador e misture todos os ingredientes. Bata apenas 4 ou 5 vezes.

2. Divida a mistura em 4 montinhos. Umedeça as mãos e transforme cada montinho num hambúrguer.
3. Grelhe ou frite os hambúrgueres numa panela antiaderente com um pouquinho de óleo durante 4 a 5 minutos, virando apenas uma vez.
4. Sirva com *chapati* ou com um molho.

Rendimento: 4 porções

Hambúrguer de Feijão Básico

Esses hambúrgueres com certeza suprem suas necessidades de proteína. E mais: são uma ótima opção como prato principal. Sirva-os com arroz e salada e você está pronto para uma refeição completa!

Ingredientes
- 1 xícara de Proteína Vegetal Texturizada (PVT), um produto de soja disponível na maioria das lojas de produtos naturais
- 1 colher (sopa) de massa de tomate ou *ketchup*
- 1 xícara (faltando um dedo) de água fervendo
- 1 lata (420 g) de feijão rajado, vermelho ou outro drenado
- ¼ de xícara de *matzo* (pão ázimo que os judeus comem na Páscoa) de trigo integral esmigalhado
- 2 dentes de alho bem picados
- ½ colher (chá) de orégano
- 1 colher (sopa) de tamari ou molho de soja
- Sal e pimenta-do-reino a gosto
- Farinha de trigo integral para empanar

1. Coloque a PVT e a massa de tomate numa vasilha grande. Despeje a água fervendo por cima e misture; deixe descansar por 10 minutos enquanto a PVT se reconstitui.
2. Use um processador e misture bem a PVT com os demais ingredientes, exceto a farinha. Bata até que a mistura tenha a consistência quase de purê.
3. Passe farinha nas mãos e modele seis hambúrgueres com a massa. Empane-os na farinha. Coloque os hambúrgueres separados por folhas de papel-manteiga e deixe na geladeira por no mínimo 1 hora.

4. Cozinhe os hambúrgueres num *grill* coberto com alumínio ou numa frigideira antiaderente bem untada por cerca de 10 minutos de cada lado.

Rendimento: 6 porções

Super-Hambúrguer Vegetariano

Esta receita é muito saborosa. A maçã verde combina bem com todos os legumes!

Ingredientes
- 100 g de vagem
- ½ xícara de trigo integral triturado (ou *bulgur*)
- 1 abobrinha pequena
- 1 cenoura pequena descascada
- ½ maçã verde descascada
- ½ xícara de grão-de-bico enlatado, lavado e drenado
- 1 colher (sopa) de cebola picada
- 1 colher (sopa) de pasta de gergelim ou de amendoim
- ½ colher (chá) de *curry* em pó
- ½ colher (chá) de *chili* em pó
- ½ colher (chá) de sal
- Pimenta-do-reino moída a gosto
- ½ colher (sopa) de óleo de canola
- ½ xícara de migalhas de *matzo* (pão ázimo que os judeus comem na Páscoa)

1. Cozinhe a vagem na água fervendo até que esteja entre macia e crocante. Escorra e corte fininho.
2. Enquanto isso, cozinhe o trigo integral em uma xícara de água fervendo por 1 minuto. Tire do fogo e cubra.
3. Rale a abobrinha, a cenoura e a maçã. Coloque as tiras raladas numa toalha de papel absorvente ou guardanapo e esprema o excesso de umidade e depois misture com a vagem picada.
4. Bata o grão-de-bico, a cebola, o alho, a pasta de gergelim, o *curry*, a *chili*, o sal, a pimenta e o óleo num processador até que fique uma mistura homogênea.

Adicione essa mistura na vasilha com os legumes ralados e misture de novo.
5. Drene o trigo integral numa peneira, retirando o máximo de líquido possível.
6. Adicione à vasilha com os legumes; acrescente as migalhas de pão *matzo* até que todos os ingredientes estejam bem misturados. Cubra e deixe na geladeira por 1 hora.
7. Umedeça as mãos e molde 4 hambúrgueres. Cozinhe 3 minutos de cada lado numa grelha ou frigideira levemente untada com óleo.

Rendimento: 4 porções

Hambúrguer Vegetariano Caseiro

Dá para fazer hambúrgueres deliciosos com batata! Ela absorve bem os temperos e tem uma textura agradável, por isso esta receita dá muito certo, assim como as panquecas de batata. Você também pode adaptar os condimentos de acordo com o seu gosto.

Ingredientes
- 1 xícara de feijão preto enlatado drenado
- 1 cenoura ralada
- ½ cebola picada
- 3 batatas médias raladas
- 4 cebolinhas picadas
- 1 xícara de milho
- Sal e pimenta-do-reino moída na hora a gosto
- Óleo para fritar

1. Coloque o feijão numa vasilha grande e amasse com um garfo ou espremedor de batatas. Adicione a cenoura, a cebola, a batata, a cebolinha e o milho; misture bem. Tempere com sal e pimenta.
2. Umedeça as mãos e molde a mistura formando 4 hambúrgueres.
3. Esquente 2 colheres de sopa de azeite e frite cada hambúrguer por cerca de 3 minutos de cada lado, até que esteja bem passado.

Rendimento: 4 porções

Hambúrguer do Popeye

Suponho que as novas gerações não conheçam o marinheiro Popeye. Tudo bem, estou entregando a minha idade! Mas o espinafre é o ingrediente que dá a esta receita o nome de Popeye. Esses hambúrgueres são muito nutritivos e fáceis de fazer.

Ingredientes
- 1 caixa (280 g) de espinafre congelado picado
- 1 batata grande ralada
- 1 cebola média cortada fina
- 1 colher (sopa) de alho em pó
- 1 colher (sopa) de cebola seca picada
- ½ colher (chá) de páprica
- ½ xícara de *ketchup* feito em casa (ver na página 223)
- ½ xícara de pão *matzo* esmigalhado
- ½ xícara de aveia
- ½ xícara de farinha de milho
- 1 colher (chá) de sal Spike (tempero natural sem sódio) ou outro sal para temperar
- 1 colher (chá) de mostarda Dijon

1. Misture todos os ingredientes numa vasilha grande, adicionando mais farinha de milho, se a mistura estiver muito úmida, ou um pouco mais de água, se estiver muito seca.
2. Forme bolinhos finos (quanto mais fino, melhor) e frite numa panela antiaderente levemente untada com óleo no fogo médio.
3. Você também pode congelar os bolinhos embrulhados em papel-manteiga ou filme plástico e dentro de saquinho *ziplock*.

Rendimento: em torno de 12 hambúrgueres

Hambúrguer Mexicano Apimentado de Feijão

Delicioso é o melhor adjetivo que encontro para descrever este hambúrguer vegetariano! Sirva-o com salada ou com um prato de arroz e feijão.

Ingredientes
- 1 lata (420 g) de feijão vermelho drenado e amassado
- ½ cebola picada
- ½ pimentão verde picado
- 1 cenoura cozida a vapor e amassada
- 2 colheres (sopa) de molho picante (apimentado ou mais suave, a gosto)
- 1 xícara de bolo de arroz esmigalhado ou pão *matzo* de trigo integral esmigalhado
- ½ xícara de farinha de trigo integral
- ½ colher (chá) de sal (ou a gosto)
- ½ colher (chá) de pimenta-do-reino (ou a gosto)
- Uma pitada de *chili* em pó

1. Pré-aqueça o forno a 230 graus.
2. Misture todos os ingredientes numa vasilha grande. Adicione mais farinha se quiser uma mistura mais firme ou mais molho, se a mistura estiver muito dura.
3. Forme bolinhos e amasse-os para tomarem a forma de hambúrgueres.
4. Coloque os hambúrgueres numa assadeira untada.
5. Asse-os por 15 a 20 minutos até que estejam bem cozidos e morenos.

Rendimento: 8 a 10 hambúrgueres

ACOMPANHAMENTOS

Estas receitas podem ser usadas como acompanhamentos de um prato principal ou você pode servi-las com salada e terá uma refeição completa. Há uma variedade delas aqui e muitas receitas permitem que você dê asas à sua imaginação culinária.

Feijão Branco com Legumes

Embora os legumes desta receita sejam "tecnicamente" legumes de inverno e ótimos para aquecê-lo nos dias frios, adoro fazer este prato o ano todo.

Ingredientes
- 450 g de feijão branco seco escolhido e lavado
- 1 cebola grande descascada e cortada ao meio na vertical
- 4 dentes de alho descascados
- 1 folha de louro
- 1 colher (chá) de sal
- ¼ de azeite de oliva extravirgem para a receita e à vontade para servir à mesa
- 2 cenouras médias cortadas em cubos
- 2 aipos médios cortados em cubos
- 2 alhos-porro com a parte branca e a verde-clara fatiadas em pedaços de 1 cm
- 1 cebola pequena cortada em cubos
- 3 dentes de alho picados
- 3 xícaras de folhas de couve galega (repolho crespo) rasgadas
- 3 xícaras de folhas de escarola rasgadas
- 2 batatas fervidas cortadas em cubos
- 1 lata (420 g) de tomates em cubo drenados
- 1 galho de alecrim fresco
- Sal e pimenta-do-reino moída na hora
- Salsinha italiana para decorar

1. Coloque 12 xícaras de água numa panela de ferro com fundo grosso (forno holandês) e adicione o feijão, a cebola, o alho descascado, a folha de louro e uma colher de chá de sal até levantar fervura no fogo médio-alto.
2. Cubra a panela parcialmente e abaixe o fogo; deixe cozinhar por cerca de 1 hora, até que o feijão esteja quase macio e mexa de vez em quando.
3. Tire a panela do fogo e cubra; deixe tampada até que o feijão fique macio, por cerca de 30 minutos.
4. Escorra e reserve o caldo; descarte a cebola, o alho e a folha de louro e espalhe o feijão por igual numa assadeira rasa para esfriar.
5. Na mesma panela (forno holandês), esquente o azeite no fogo médio; adicione a cenoura, o aipo, o alho-porro e a cebola picada; cozinhe até que os legumes estejam macios, mas não dourados, por cerca de 7 minutos, mexendo de vez em quando.
6. Coloque o alho picado, mexa e cozinhe por 30 segundos. Adicione 9 xícaras do caldo do feijão reservado (acrescente mais água se for preciso) e depois

acrescente a couve galega e a escarola e mexa. Aumente o fogo para médio-alto até ferver.
7. Cubra a panela, abaixe o fogo e deixe cozinhando por 30 minutos.
8. Coloque a batata e o tomate, cubra e cozinhe até que a batata fique macia, por volta de 20 minutos.
9. Agora coloque o feijão frio e o alecrim e continue cozinhando até que o feijão esteja bem quente, por 5 minutos.
10. Tire a panela do fogo, cubra e deixe descansar por 15 a 20 minutos. Descarte o galho de alecrim e tempere com sal e pimenta a gosto.
11. Sirva a sopa em cumbucas individuais, regue com um pouco de azeite de oliva extravirgem e decore com salsinha.

Rendimento: 10 porções

Vagem com Tomate ao Estilo Italiano

Esta receita leva molho de tomate simples temperado com cebola e alho refogado. Acrescente salsinha (ou manjericão) no final para dar colorido.

Ingredientes
- 2 colheres (sopa) de azeite
- 1 cebola pequena picada
- 2 dentes de alho pequenos picados
- 1 xícara de tomate picado em lata
- 450 g de vagem sem as extremidades
- Sal e pimenta-do-reino moída na hora
- 2 colheres (sopa) de salsinha fresca picada

1. Esquente o azeite numa panela grande no fogo médio. Coloque a cebola; refogue por 5 minutos até ficar macia.
2. Adicione o alho e continue refogando por mais um minuto. Adicione o tomate; cozinhe até que o suco engrosse um pouco, por cerca de 5 minutos.
3. Coloque a vagem, ¼ de colher (chá) de sal e algumas pitadas de pimenta. Mexa bem, cubra e cozinhe. Mexa de vez em quando até que a vagem esteja macia, mas um pouco crocante, por cerca de 20 minutos. Adicione a salsinha, mexa e ajuste o tempero. Sirva imediatamente.

Rendimento: 4 porções

Aspargo Assado à Moda Romana

Não tenho certeza se esta receita é consumida com frequência em Roma, mas remete definitivamente ao Mediterrâneo. Mesmo que você não goste de aspargo, experimente esta receita para ver se seu gosto muda. Os sabores são deliciosos e as cores apetitosas. Talvez você nunca mais queira servir aspargo de outra maneira depois de experimentar esta receita!

Ingredientes
- 450 g de brotos de aspargos lavados e aparados nas extremidades
- 10 tomates cereja cortados ao meio
- ½ xícara de azeitonas kalamata picadas

Escabeche de alho e ervas

- 1/3 xícara de água
- 1/3 xícara de vinagre
- 1/3 xícara de óleo vegetal
- 3 dentes de alho picados
- 1 colher (chá) de tomilho seco
- 1 colher (chá) de ervas italianas secas
- 1 colher (chá) de alecrim seco
- 1 colher (chá) de sal
- 1 colher (chá) de pimenta-do-reino moída

1. Prepare o forno colocando a bandeja da grelha na posição mais alta e esquentando o forno a 450 graus.
2. Misture todos os ingredientes do escabeche numa vasilha pequena.
3. Coloque o aspargo numa forma ou refratário grande de borda alta. Espalhe o escabeche sobre o aspargo até que esteja bem coberto. Reserve o restante do escabeche para outras receitas ou use como molho para salada.
4. Espalhe o tomate e a azeitona por cima do aspargo e asse por 5 a 10 minutos ou até que os brotos estejam macios. Cuidado para não cozinharem demais.

Rendimento: 4 porções

Arroz Integral com Legumes Crocantes

Dá para preparar esta receita em menos tempo do que levaria para você pedir uma pizza e esperar o rapaz fazer a entrega. Além disso, este prato é muito saboroso e saudável. Também é uma ótima maneira de aproveitar sobras da geladeira ou adicionar ingredientes que você gosta muito.

    Ingredientes
- 2 colheres (sopa) de azeite, divididas
- 1 cebola picada
- 2 dentes de alho picados
- 1 pacote (450 g) de legumes pré-cozidos
- 4 xícaras de arroz integral cozido
- Molho de soja a gosto
- ¼ de amendoim torrado

1. Numa frigideira grande esquente 2 colheres de sopa de azeite no fogo médio; acrescente a cebola e o alho; refogue por 5 minutos ou até que a cebola fique macia.
2. Coloque os legumes congelados na frigideira; mexa e jogue para cima para que fiquem cozidos e aqueçam por igual.
3. Acrescente o arroz integral, mexa e tempere com molho de soja a gosto.
4. Continue a cozinhar até que tudo esteja aquecido por igual.
5. Antes de servir decore com amendoim torrado.

    Rendimento: 4 porções

Batata-Doce Assada com Ervas

Se você pesquisar um pouco, logo descobrirá que a batata-doce é muito melhor para sua saúde do que a batata comum. Essas batatas são saborosas e divertidas de comer. São um ótimo complemento para saladas, sopas e guisados; ou podem ser servidas como um aperitivo. Talvez você nunca mais volte para "a batata frita normal"!

Ingredientes
- 450 g de batatas-doces pequenas ou inhame
- 2 colheres (chá) de azeite
- ½ colher (chá) de tomilho seco
- ½ colher (chá) de alecrim seco
- ¼ de colher (chá) de sal
- ⅛ de colher (chá) de pimenta-do-reino moída na hora

1. Pré-aqueça o forno a 220 graus. Unte uma forma de borda alta com *spray* de óleo de cozinha ou espalhe óleo vegetal com pincel.
2. Corte todas as batatas pela metade na transversal. Coloque as metades viradas para baixo na tábua de cortar e corte cada metade em 4 palitos.
3. Misture o azeite, o tomilho, o alecrim, o sal e a pimenta numa vasilha grande. Coloque a batata picada e mexa para a mistura cobrir bem cada pedaço.
4. Transfira os pedaços para a forma untada, espalhando-os numa única camada. Asse por 35 minutos, virando 2 ou 3 vezes, até que a batata esteja macia ou levemente morena.
5. Sirva quente.

Rendimento: 4 porções

Picles de Legumes ao Estilo Mexicano

Há mais de 20 anos comecei a viajar pelo México e quando ia para lá ficava num lugarejo na costa do Oceano Pacífico. Volto lá quase todos os anos e fiz muitas amizades com outros viajantes e com alguns nativos. Também aprendi a apreciar a boa comida mexicana. Esta receita é bastante comum no México, e o sabor é maravilhoso. Experimente!

Ingredientes
- ¾ de xícara de azeite de oliva extravirgem
- 12 dentes de alho descascados
- 1 cebola descascada e cortada em pedaços
- 4 cenouras descascadas e cortadas em rodelas na diagonal
- 1 colher (chá) de grãos de pimenta-do-reino inteiros
- 1 colher (chá) de tomilho seco

- 1 colher (chá) de orégano seco
- 1 colher (chá) de manjerona seca
- 8 folhas de louro
- Sal
- 1 couve-flor sem miolo e cortada em floretes
- 4 pimentas jalapeño sem sementes e picadas (cuidado ao manuseá-las)
- 1 ½ xícara de vinagre branco
- 1 xícara de água
- 3 abobrinhas fatiadas na diagonal
- 1 jicama grande descascada e cortada em cubos de 1 cm

1. Aqueça o azeite numa panela ou frigideira grande no fogo médio-alto; adicione o alho e a cebola e refogue por 3 minutos, mexendo sem parar.
2. Abaixe o fogo (médio) e coloque a cenoura, os grãos de pimenta, o tomilho, o orégano, a manjerona e as folhas de louro. Tampe e cozinhe por 2 minutos. Tempere a gosto com sal.
3. Adicione a couve-flor, a pimenta jalapeño, o vinagre e 1 xícara de água. Misture delicadamente, cubra e deixe cozinhar no fogo médio por 5 minutos.
4. Acrescente a abobrinha e a jicama e mexa delicadamente. Cubra e deixe cozinhar por mais 5 minutos, o suficiente para que os legumes ainda estejam crocantes.
5. Descarte as folhas de louro e transfira a mistura para uma vasilha bem fechada; deixe na geladeira por no mínimo 12 horas ou até 1 semana.
6. Sirva em temperatura ambiente como condimento ou aperitivo.

Rendimento: 6-8 porções de condimentos

Tomate, Cogumelo e Ervas com Arroz

Este é outro prato delicioso e fácil de preparar. Use esta receita como acompanhamento ou prato principal. Você também pode variar substituindo o arroz por macarrão de trigo integral. Fica ótimo!

Ingredientes
- 3 colheres (sopa) de azeite
- 2-3 dentes de alho picados

- 3 colheres (sopa) de vinagre balsâmico
- Sal e pimenta-do-reino moída na hora
- 1 xícara de manjericão fresco cortado em tiras finas
- 450 g de cogumelos fatiados
- 3-5 tomates rasteiros cortados em cubos
- 4 porções de arroz integral cozido ou de macarrão de trigo integral cozido (quente para servir)

1. Aqueça o azeite, o alho, o vinagre, o sal e a pimenta numa panela média no fogo médio; adicione o cogumelo picado e refogue levemente por 3 a 4 minutos.
2. Acrescente os tomates e continue a cozinhar até que estejam levemente cozidos e bem quentes.
3. Adicione o manjericão pouco antes de servir e cozinhe por mais 1 minuto.
4. Para servir, divida o arroz integral ou o macarrão integral em porções individuais e depois coloque o molho de cogumelo, tomate e ervas por cima. Sirva quente.

Rendimento: 4 porções

Purê de Batata-Doce

Muitos de nós crescemos comendo purê de batata com manteiga derretida ou molho de carne feito em casa. O sabor é ótimo, mas o valor nutricional deixa a desejar se comparado ao da batata-doce, que tem carboidratos complexos, ajuda a controlar o nível de açúcar no sangue e é imbatível como anti-inflamatório vegetal. Esta receita é um complemento saudável para qualquer refeição e se misturada com tofu aumenta a proteína sem alterar o sabor.

Ingredientes
- 1 kg de batata-doce; lave e corte as extremidades
- 3 colheres (sopa) de tofu em pasta
- 1 colher (sopa) de leite de soja sem açúcar

1. Pré-aqueça o forno a 200 graus.

2. Coloque a batata-doce num refratário grande que vai ao forno para manter o açúcar durante o cozimento. Asse as batatas com a casca por 40 a 60 minutos ou até que estejam macias, dependendo do tamanho delas.
3. Quando as batatas tiverem esfriado, tire a casca e coloque-as numa vasilha grande. Adicione o tofu e o leite de soja e amasse com um garfo ou espremedor de batatas.
4. Tempere como desejar e sirva quente.

Seja criativo com os temperos!
1. Coloque ½ colher (chá) de canela numa vasilha, amasse as batatas-doces e sirva.
2. Coloque ½ colher (chá) de canela, ½ colher (chá) de noz-moscada e ½ colher (chá) de baunilha numa vasilha; amasse as batatas-doces e sirva.
3. Antes de assar as batatas, corte a ponta de uma cabeça de alho para expor a ponta de cada dente; coloque na mesma assadeira junto com as batatas e regue com azeite. Asse o alho por volta de 45 minutos. Esprema os dentes para fora das cascas e amasse-os. Adicione-os às batatas e misture. Tempere com cebolinha ou salsinha picada.

Rendimento: 4 porções

Ervilha Estilosa

Cozinhar ervilhas em água e sal é o padrão (desculpe-me por bocejar), mas com um pouco de criatividade é possível transformar a ervilha fervida básica num prato interessante. Siga a próxima receita e acrescente seu toque especial. Veja ideias na próxima página.

Ingredientes
- 2 colheres (sopa) de azeite
- 4 xícaras de ervilhas descongeladas e bem drenadas
- Sal e pimenta-do-reino moída na hora

1. Aqueça o azeite numa frigideira grande no fogo médio. Acrescente a ervilha e cozinhe por 8 a 10 minutos até que fique bem quente, mexendo sempre.
2. Adicione sal e pimenta-do-reino a gosto.

Agora, incremente sua receita!
1. No último minuto do cozimento adicione ¼ de colher (chá) de pimenta limão, 1 colher (chá) de raspa de limão e ¼ de colher (chá) de endro seco para ervilhas. Aqueça tudo e ajuste o tempero com sal. Sirva quente.
2. Adicione 1-2 colheres (sopa) de hortelã fresca picada nas ervilhas no último minuto de cozimento. Tempere com sal e pimenta-do-reino moída na hora; decore com noz-pecã picada e sirva.
3. Antes de colocar a ervilha na frigideira, refogue por 2 minutos 1 cebola picada e 2 dentes de alho. Adicione a ervilha e cozinhe por mais 4 minutos; acrescente 1 xícara de cogumelo fresco fatiado e ¼ de colher (chá) de tomilho seco e cozinhe por mais 2 minutos ou até que todos os ingredientes estejam bem quentes. Tempere com sal e pimenta-do-reino moída na hora. Sirva quente.
4. Adicione 8-10 brotos de aspargos cortados em pedaços de 2,5 cm às ervilhas enquanto cozinham. Antes de servir, adicione 5-6 tomates cereja (cortados ao meio). Aqueça por mais 1 minuto. Tempere a gosto com sal e pimenta-do-reino moída na hora.

Rendimento: 4 porções

ARROZ E GRÃOS INTEGRAIS

Os grãos integrais são como "burros de carga" para nossa saúde. Eles não apenas estão cheios de nutrientes saudáveis, mas também ajudam a manter o colesterol baixo e a melhorar a digestão. Eu como cereais integrais no café da manhã quase todos os dias e também sirvo arroz integral algumas vezes por semana.

Você também já deve ter notado que a maioria das lojas agora vende diversos tipos de macarrão de trigo integral. É importante ler o rótulo para ter certeza de que o fabricante não adicionou açúcar como um dos ingredientes. Eu preparo meu próprio molho de tomate, uma vez que ainda não encontrei no mercado um molho pronto que não contenha açúcar.

Uma estratégia que poupa muito tempo e que costumo usar é ter sempre arroz integral cozido no vapor. Tenho uma panela elétrica que comprei por menos de vinte dólares. Ela cozinha até duas xícaras de arroz. Coloco o arroz junto com a água (a proporção é de duas partes de arroz e uma de água) e uma colher de chá de molho de soja ou de pimenta e deixo o arroz cozinhar até que o botão automático desligue a panela. O resultado são quatro xícaras de arroz perfeitamente cozido que está pronto para ser consumido ou guardado para outras refeições. Uso arroz integral em muitos pratos e também adoro comer arroz no café da manhã com maçã picada, passas e óleo de coco.

Arroz Amarelo Preferido da Kirsten

Minha filha Kirsten poderia comer esse arroz no café da manhã, no almoço e no jantar! A doçura da maçã e das passas contrasta com as raspas de limão e a cúrcuma.

Ingredientes
- 4 xícaras de água
- 1 xícara de maçã doce picada (sem casca – eu como a casca enquanto preparo este prato)
- ½ colher (chá) de cúrcuma
- 1 colher (sopa) de sal
- 2 colheres (sopa) de óleo de canola
- 1 casca de canela
- 1 xícara de passas
- 1 colher (chá) de raspas de limão
- 2 xícaras de arroz integral de grão longo

1. Aqueça a água numa panela grande no fogo alto; adicione a maçã, a cúrcuma, o sal, o óleo, a canela, as passas e as raspas de limão. Espere levantar fervura.
2. Adicione o arroz, abaixe o fogo, cubra e deixe cozinhar por 20 minutos ou até que o arroz esteja macio.
3. Tire a casca de canela antes de servir.

Rendimento: 6 porções

Arroz Doce com Abacaxi

A combinação de sabores deste acompanhamento faz você ter vontade de repetir! Além disso, as cores deixam o prato muito apetitoso.

> Ingredientes
> - 3 xícaras de água
> - 1 colher (chá) de sal
> - 1 ½ xícara de arroz integral de grão pequeno
> - 1 pimenta jalapeño sem sementes e cortada fina (cuidado ao manuseá-la)
> - 1 xícara de abacaxi em lata picado e drenado
> - 1/3 xícara de castanha-de-caju torrada triturada
> - ¼ de xícara de coentro fresco picado
> - Sal e pimenta-do-reino moída na hora a gosto

1. Ferva a água com sal no fogo alto; adicione o arroz e a pimenta jalapeño; abaixe o fogo (médio), cubra e deixe cozinhar por 20 minutos ou até que o arroz fique macio.
2. Tire do fogo, acrescente o abacaxi, a castanha-de-caju e o coentro e misture. Ajuste o tempero com sal e pimenta antes de servir.

> Rendimento: 6 porções

Pilaf de Arroz Mexicano

Esta é uma das minhas receitas favoritas porque é excelente para qualquer refeição e as sobras também podem ser servidas no dia seguinte.

> Ingredientes
> - 2 ½ xícaras de água
> - 1 ½ colher (chá) de sal, dividida
> - ½ colher (chá) de pimenta-do-reino moída na hora
> - 1 colher (sopa) de azeite
> - 1 cebola pequena cortada fina
> - 2 pimentas jalapeño sem o talo, sem sementes e picada (cuidado ao manuseá-las)

- 1 colher (sopa) de massa de tomate
- 2 dentes de alho picados
- 1 ½ xícara de arroz integral de grão longo
- ¼ de xícara de coentro fresco picado
- 1 tomate médio partido ao meio, sem semente e picado em cubos
- 1 colher (sopa) de suco de limão fresco

1. Aqueça a água numa panela pequena no fogo médio-alto. Adicione 1 colher (chá) de sal e a pimenta-do-reino; espere levantar fervura e abaixe o fogo. Cubra para manter a temperatura. Reserve para mais tarde.
2. Enquanto isso, aqueça o azeite no fogo médio-baixo numa panela ou frigideira grandes; acrescente a cebola, a pimenta e ½ colher (chá) de sal e misture. Cubra e cozinhe mexendo de vez em quando até que a cebola esteja macia, de 8 a 10 minutos.
3. Aumente o fogo para médio e adicione a massa de tomate e o alho. Cozinhe por 30 segundos mais ou menos.
4. Adicione o arroz integral e mexa para cobrir os grãos com o azeite. Cozinhe até que as extremidades dos grãos comecem a ficar transparentes, por cerca de 3 minutos. Agora adicione a água quente que você preparou antes e deixe a mistura ferver.
5. Abaixe o fogo, cubra e deixe cozinhar até que o arroz absorva toda a água e esteja cozido, por 16-18 minutos.
6. Tire a panela do fogo e espalhe o coentro e o tomate por cima, mas sem misturar.
7. Coloque um pano de prato limpo por cima da panela destampada e depois coloque a tampa por cima. Deixe o arroz descansar por 10 minutos.
8. Acrescente o suco de limão e mexa suavemente soltando o arroz com um garfo; ajuste o tempero com sal e pimenta a gosto.

Rendimento: 6 porções

Pilaf Azedinho de Arroz com Nozes

Gosto muito de ouvir de homens e mulheres que acabam mudando seus hábitos alimentares depois de perceber os benefícios do Jejum de Daniel para sua saúde. Esta é uma receita que muita gente gosta de manter em seu cardápio ao longo do ano, seja como acompanhamento, seja como prato principal de um almoço com salada e frutas.

Ingredientes
- ½ xícara de nozes picadas
- 2 colheres (chá) de azeite
- 1 pimentão amarelo cortado em tiras
- ½ cebola vermelha cortada em tiras
- 2 dentes de alho picados
- 2 xícaras de arroz integral cozido
- ¼ de xícara de salsinha picada
- ½ colher (chá) de raspas de limão
- 2 colheres (sopa) de suco de limão
- Sal a gosto

1. Toste as nozes aquecendo-as numa frigideira no fogo médio-alto por 3 a 5 minutos, mexendo sem parar. Reserve para usar mais tarde.
2. Esquente o azeite numa frigideira no fogo médio; acrescente o pimentão, a cebola e o alho; refogue por 5 minutos, mexendo sem parar. Acrescente o arroz cozido e misture bem.
3. Adicione as nozes, a salsinha, as raspas de limão e o suco de limão e mexa até que todos os ingredientes estejam bem quentes.
4. Tempere a gosto com sal. Sirva.

Rendimento: 4 porções

Falso Arroz Frito

Esta receita demora um pouco mais para ser preparada, mas vale a pena o esforço por causa de todos os sabores, as cores e os nutrientes!

Ingredientes
- 2 colheres (sopa) de azeite mais uma quantidade adicional se necessário enquanto prepara a receita
- 1 pacote (450 g) de tofu extrafirme cortado em cubos
- 3 colheres (sopa) de molho de soja

- 2 colheres (sopa) de mostarda chinesa
- 2 colheres (sopa) de massa de *chili*
- 2 colheres (sopa) de óleo de gergelim (disponível na seção de comida asiática na maioria dos supermercados)
- 4 cebolinhas picadas
- 2 cenouras descascadas e cortadas em cubos
- 2 dentes de alho picados
- 3 xícaras de arroz integral de grão pequeno cozido
- 1 xícara de ervilha congelada (descongelada)

1. Aqueça o azeite numa panela no fogo médio-alto; adicione o tofu e doure-o em todos os lados.
2. Enquanto isso, misture o molho de soja, a mostarda chinesa, a pasta de *chili* e o óleo de gergelim numa vasilha média.
3. Quando o tofu estiver moreno, coloque-o na mistura de molho de soja e reserve.
4. Se necessário, adicione um pouco mais de azeite na panela antes de colocar a cebolinha, a cenoura e o alho; cozinhe por 2 a 3 minutos, mexendo sempre.
5. Acrescente o arroz e as ervilhas e mexa até que todos os ingredientes fiquem aquecidos.
6. Abaixe o fogo no médio e acrescente a mistura de tofu e molho de soja, mexendo; continue a mexer até que todos os ingredientes estejam bem quentes e o líquido seja absorvido. Sirva quente.

Rendimento: 4 porções

Arroz Integral Doce com Molho Picante

Quase sempre tenho arroz integral de grão pequeno cozido no vapor pronto em casa. Adoro o sabor e a textura. Além do mais, é nutritivo e saudável. O molho picante desta receita é fácil de fazer e transforma o arroz integral simples num prato de destaque para sua mesa. Sirva-o com legumes refogados e uma salada simples ou frutas e você terá uma bela refeição.

Ingredientes
- 1 colher (sopa) de azeite

- 1 cebola picada
- 3 dentes de alho picados
- 2 colheres (sopa) de gengibre fresco ralado
- ⅓ xícara de água
- ¼ de xícara de *ponzu* (molho japonês encontrado na seção de comida asiática dos supermercados)
- ½ colher (chá) de molho de *chili* no alho
- 2 colheres (chá) de óleo de gergelim (também na seção de comida asiática)
- 4 colheres (sopa) de coentro fresco picado, divididas
- 4 xícaras de arroz integral doce de grão pequeno cozido

1. Aqueça o azeite numa frigideira grande no fogo médio-alto; acrescente a cebola, o alho e o gengibre e refogue por 2 minutos ou até que a cebola fique macia.
2. Adicione a água, o molho ponzu, o molho de *chili* no alho, o óleo de gergelim e metade do coentro; mexa bem até misturar tudo e abaixe o fogo para o médio.
3. Adicione o arroz integral e cubra a panela; continue a cozinhar até que o arroz absorva a maior parte do líquido e todos os ingredientes estejam bem quentes, por 5 a 7 minutos.
4. Transfira para uma vasilha ou pratos individuais; espalhe por cima o restante do coentro para decorar.

Rendimento: 4 porções

Nota: O *ponzu* às vezes é chamado de molho de soja japonês, mas o sabor é muito diferente, uma vez que o principal ingrediente é o *yuzu*, uma fruta japonesa cítrica. Se você não conseguir encontrar o *ponzu*, substitua-o por suco de limão, embora o sabor seja muito diferente.

Caçarola de Feijão Preto e Cevada

A cevada é rica em vitaminas e saborosa. Quando combinada ao feijão preto, você cria uma mistura completa de proteína e um excelente substituto para a carne.

Ingredientes
- 1 xícara de cevada granulada crua
- 1 ¼ xícara de caldo de legumes
- 1 ¼ xícara de água
- *Spray* de óleo de cozinha (azeite de oliva)
- 2 xícaras de cogumelo fresco fatiado
- 1 xícara de cebola picada
- ½ xícara de pimentão verde cortado em cubos
- 1 lata (420 g) de feijão preto enxaguado e drenado
- Sal e pimenta-do-reino a gosto
- 3 colheres (sopa) de sementes de girassol

1. Pré-aqueça o forno a 180 graus.
2. Espalhe a cevada na assadeira; asse-a a 180 graus por cerca de 8 minutos até que fique ligeiramente morena. Tire do forno para o próximo passo, mas deixe o forno ligado.
3. Misture a cevada, o caldo e a água numa panela; deixe levantar fervura. Cubra, abaixe o fogo e deixe cozinhar até que a cevada esteja macia e o líquido seja absorvido, por cerca de 20 minutos.
4. Unte uma frigideira antiaderente com o *spray* de óleo; aqueça no fogo médio, depois acrescente o cogumelo, a cebola e o pimentão verde. Refogue até ficarem macios.
5. Adicione a cevada e o feijão; tempere com sal e pimenta a gosto.
6. Unte uma refratária de 1,5 litro com o *spray* de óleo. Espalhe a mistura de cevada e feijão na refratária. Cubra com papel-alumínio e asse a 180 graus por 30 minutos ou até que esteja bem aquecida.
7. Espalhe semente de girassol por cima e asse sem o alumínio por mais 5 minutos.
8. Sirva.

Rendimento: 4 porções

Cevada com Legumes

Os legumes nesta receita dão sabor, e a combinação de feijão e cevada garante a proteína completa. Este prato pode se tornar um favorito. Adicione uma salada e você terá um campeão.

Ingredientes
- 3 colheres (sopa) de óleo de girassol
- 1 cebola vermelha picada
- ½ bulbo de erva-doce picado
- 2 cenouras médias descascadas e cortadas em palito
- 1 pastinaca fatiada
- 1 xícara de cevada granulada
- 4 xícaras de caldo de legumes
- 1 colher (chá) de tomilho seco
- 2/3 xícara de vagem picada
- 1 lata (420 g) de feijão rajado drenado
- 2 colheres (chá) de salsinha picada

1. Aqueça o óleo no fogo médio; refogue delicadamente a cebola, a erva-doce, a cenoura e a pastinaca por cerca de 10 minutos.
2. Acrescente a cevada e o caldo de legumes e mexa. Deixe levantar fervura; acrescente o tomilho; cubra e deixe cozinhar por 40 minutos.
3. Acrescente a vagem e o feijão rajado drenado; continue cozinhando com a panela tampada por mais 20 minutos.
4. Disponha a cevada em cumbucas e espalhe salsinha picada por cima antes de servir.

Rendimento: 6 porções

Arroz Italiano Integral com Tomate, Pimentão e Aspargo

O *orzo* se parece muito com arroz, mas na verdade é uma massa. O *orzo* integral é uma escolha perfeita para o Jejum de Daniel, e os legumes frescos combinados a ele fazem deste prato um saboroso prato principal que sacia a fome. Sirva-o com uma salada verde e fruta picada e você terá uma refeição muito gostosa.

Ingredientes
- 1 xícara de arroz italiano integral (*orzo* ou *risone*) cru
- 4 colheres (sopa) de azeite divididas
- ½ xícara de pimentão vermelho em fatias finas
- ½ xícara de pimentão amarelo em fatias finas

- ½ xícara de pimentão verde em fatias finas
- 2 colheres (sopa) de alho picado
- 450 g de aspargo aparado e cortado em pedaços de 4 cm
- ¼ de xícara de manjericão fresco picado
- ¼ de xícara de salsinha fresca picada
- ¼ de xícara de hortelã fresca picada
- 1 xícara de tomate fresco cortado em cubos

1. Cozinhe o *orzo* seguindo as instruções da embalagem; enxágue, escorra e transfira para uma vasilha; mexa com 2 colheres de sopa de azeite.
2. Aqueça 2 colheres de sopa de azeite numa panela grande no fogo médio-alto. Adicione o pimentão (vermelho, amarelo e verde) junto com o aspargo e o alho. Refogue até ficarem macios.
3. Adicione o manjericão, a salsinha, a hortelã, o tomate e o *orzo* cozido na panela. Misture delicadamente até que fique bem quente. Adicione um pouco mais de azeite se for necessário.
4. Transfira para uma vasilha grande e sirva quente.

Rendimento: 8 porções

Molho Vermelho para Macarrão de Trigo Integral

Esta é uma receita básica de molho vermelho que você pode usar com macarrão integral. Use-a como está aqui ou seja criativo e acrescente os ingredientes que você prefere, tais como azeitonas pretas ou kalamata, alcaparras ou cogumelos.

Ingredientes
- 2 colheres (sopa) de azeite
- 1 pimentão verde cortado em cubos grandes
- 1 cebola cortada em cubos grandes
- 2 dentes de alho picados
- 2 latas (420 g cada) de tomates cortados em cubos
- 2 latas (420 g cada) de molho de tomate
- 1 colher (sopa) de ervas italianas
- Sal e pimenta-do-reino moída na hora a gosto

1. Aqueça o azeite numa frigideira grande no fogo médio-alto. Acrescente o pimentão, a cebola e o alho; refogue até o pimentão ficar macio, por 5 a 7 minutos.
2. Adicione o tomate, o molho de tomate e as ervas. Abaixe o fogo para médio-baixo e deixe cozinhar por 30 minutos. Tempere a gosto com o sal e a pimenta.
3. Sirva por cima do macarrão de sua escolha.

Rendimento: 6 porções

SALADAS

É provável que você vá comer mais saladas do que de costume durante o Jejum de Daniel. Seu corpo vai gostar e sua cintura também! As saladas são uma forma maravilhosa de consumir a fibra de que seu corpo necessita junto com os sabores e texturas que sua boca deseja.

A maioria das receitas nesta seção pode ser usada como acompanhamentos. Outras podem ser o prato principal. Quando estiver criando suas saladas, convide os membros de sua família para ajudar. É uma ótima maneira de motivar as crianças a comer saladas.

Uma ótima dica para ganhar tempo é lavar e preparar todos os ingredientes para as saladas de uma vez. É ótimo abrir a geladeira, pegar três punhados de folhas lavadas, ½ xícara de cebolinha picada, 1 xícara de pimentão vermelho picado, adicionar um molho já preparado e criar uma salada linda com praticamente nenhum trabalho. Para realmente ganhar pontos com a família, ofereça uma ampla variedade de ingredientes adicionais em pequenas tigelas (sementes de girassol, feijão preto, alcaparras, rodelas de cebola vermelha como entrada), assim cada um pode incrementar sua salada do jeito que preferir.

Ideias de Complementos:
- Feijão em lata (vermelho, rajado, preto, grão-de-bico etc.) drenado e enxaguado
- Sementes (girassol, abóbora, papoula)
- Castanhas (amêndoas, nozes, noz-pecã, amendoim, castanha-de-
  -caju etc.)
- Frutas secas (passas, damasco, tâmara, ameixa)

- Coco
- Cebola
- Azeitona
- Alcaparra
- Beterraba
- Ervilha
- Pepino
- Cogumelos

Salada de Feijão Branco com Tomate e Ervas

Adoro os sabores desta receita, e as cores são também muito apetitosas. O contraste entre o feijão branco, o tomate vermelho e a alface verde, a cebola e as ervas é lindo!

Ingredientes
- 2 latas (420 g cada) de feijão marinha ou feijão branco enxaguado e drenado
- 2 xícaras de tomate sem semente e cortado em cubos
- ½ xícara de aipo picado
- ⅓ xícara de cebolinha picada
- ¼ de xícara de salsinha fresca picada
- 1 colher (sopa) de chalota picada
- ¼ de xícara de vinagre de vinho branco
- 2 colheres (sopa) de azeite de oliva extravirgem
- 2 colheres (chá) de mostarda Dijon
- 1 colher (chá) de alecrim fresco picado
- 1 colher (chá) de tomilho fresco picado
- Sal (opcional)
- Pimenta-do-reino moída na hora
- 4 xícaras de alface em tiras

1. Numa vasilha grande junte o feijão, o tomate, o aipo, a cenoura, a cebolinha, a salsinha e a chalota.

2. Numa vasilha pequena, misture o vinagre, o azeite, a mostarda, o alecrim, o tomilho, o sal (se for usar) e a pimenta a gosto.
3. Derrame sobre o acompanhamento para a salada e misture delicadamente. Sirva sobre uma camada de alface em pratos individuais de salada.

Rendimento: 4 porções

Salada de Macarrão Asiático

Você vai querer repetir esta receita. O sabor delicioso do macarrão integral destaca os típicos sabores asiáticos tornando esta salada especial.

Ingredientes
- 230 g de espaguete fino de trigo integral
- 2 colheres (sopa) de óleo de canola
- ¼ de xícara de coentro fresco picado
- 3 colheres (sopa) de molho de soja
- 2 colheres (sopa) de suco de limão fresco
- 1 colher (sopa) de alho picado
- 1 colher (chá) de gengibre fresco ralado
- 1 colher (chá) de óleo de gergelim
- 1 colher (chá) de pasta de amendoim
- ⅛ de colher (chá) de pimenta vermelha em flocos
- 1 xícara de pepino sem casca e sem sementes em fatias
- 1 xícara de ervilha fresca
- ½ xícara de pimentão vermelho cortado em cubos
- ½ xícara de pedaços grandes de abacaxi
- ⅛ de colher (chá) de sal
- ⅛ de colher (chá) de pimenta-do-reino moída

1. Ferva uma panela grande de água. Cozinhe o macarrão de acordo com as instruções da embalagem até ficar *al dente*. Escorra bem (não enxágue), regue com óleo de canola e reserve.
2. Numa vasilha grande, misture o coentro, o molho de soja, o suco de limão, o alho, o gengibre, o óleo, a pasta de amendoim e os flocos de pimenta vermelha. Misture bem.

3. Adicione o pepino, a ervilha, o pimentão, o abacaxi e o macarrão e misture. Deixe coberto em temperatura ambiente por 1 hora, mexendo de vez em quando para que os sabores penetrem bem nos legumes e no abacaxi.
4. Ajuste o tempero com sal e pimenta, mexa de novo e sirva.

Rendimento: 4 porções

Aspargo Assado com Vinagrete de Tomate com Manjericão

Tenho o grande prazer de ter aspargos silvestres crescendo perto de minha casa. Por isso gosto especialmente desta receita que enfeita os brotos com cores e sabores!

Ingredientes
- 1 kg de brotos de aspargo aparados
- 1 colher (sopa) de azeite
- Sal e pimenta-do-reino moída na hora
- 1 tomate médio sem miolo e sem sementes picado
- 1 chalota média picada
- 1 ½ colher (sopa) de suco de limão
- 1 colher (sopa) de folhas de manjericão frescas picadas
- 3 colheres (sopa) de azeite de oliva extravirgem

1. Se usar um forno elétrico, ligue-o na temperatura mais elevada e esquente a grelha.
2. Regue o aspargo com o azeite e tempere com sal e pimenta; distribua os brotos do aspargo em uma camada numa refratária (gosto de forrar a refratária com papel-alumínio para facilitar a limpeza depois).
3. Coloque a refratária na parte alta do forno ou use uma grelha na parte de cima do fogão numa distância de 10 cm da chama, mexendo para virar os aspargos; grelhe até que estejam macios ou levemente dourados, de 8 a 10 minutos.
4. Espere o aspargo esfriar e depois arrume na travessa que vai à mesa.
5. Coloque o tomate, a chalota, o suco de limão, o manjericão e o azeite numa vasilha pequena; tempere a gosto com sal e pimenta e depois regue por cima do aspargo; sirva em temperatura ambiente.

Rendimento: 6-8 porções

Salada de Macarrão e Feijão

Esta salada é muito prática. Pode servir de entrada para o almoço ou acompanhamento para o jantar. A salada é uma ótima opção para levar na marmita para o trabalho ou para a escola.

Ingredientes
- 1 ½ xícara de feijão vermelho ou rosa cozido ou em lata
- 2 xícaras de macarrão conchinha cozido escorrido e regado com uma pequena quantidade de azeite
- 2 xícaras de ervilha e cenoura descongelada e drenada
- ½ xícara de aipo fatiado

Molho
- ¼ de xícara de molho de azeite e vinagre temperado
- ¼ de xícara de maionese de soja
- 2 colheres (sopa) de salsinha
- ½ colher (chá) de sal
- 1/8 de colher (chá) de pimenta-do-reino moída na hora

1. Misture o feijão, o macarrão, a ervilha, a cenoura e o aipo. Acrescente o molho de salada preparado, a maionese de soja, a salsinha, o sal e a pimenta e mexa até misturar bem.
2. Se desejar, deixe na geladeira por no mínimo uma hora antes de servir; ou sirva em temperatura ambiente.

Rendimento: 8 porções

O Truque é um pouquinho de óleo
Regar o macarrão cozido e escorrido com um pouco de óleo ajuda a evitar que a massa grude.

Salada de Repolho, Maçã e Gengibre

Esta salada deliciosa tem sabores interessantes como o gengibre, a semente de aipo e a maçã doce. É fácil de fazer e dá para guardar, então faça com antecedência e tire da geladeira um pouco antes da hora da refeição.

Ingredientes
- 2 colheres (sopa) de vinagre de arroz
- ¼ de xícara de suco de limão
- 1 colher (chá) de gengibre fresco sem casca ralado
- ¼ de óleo vegetal de noz
- ½ colher (chá) de semente de aipo
- ¼ de colher (chá) sal
- ⅛ de colher (chá) de pimenta-do-reino moída na hora
- 4 xícaras (mais ou menos ¼ da peça) de repolho cortado em tiras
- 2 maçãs doces grandes descascadas e cortadas em palito

1. Misture o vinagre, o suco de limão e o gengibre numa tigela grande. Aos poucos adicione o azeite e misture à medida que for acrescentando os outros ingredientes; adicione a semente de aipo, o sal e a pimenta.
2. Adicione o repolho e a maçã e misture suavemente para entrar em contato com o molho.
3. Deixe na geladeira por 30 minutos antes de servir.

Rendimento: 6 porções

Salada de Arroz e Feijão ao Curry

Esta é uma salada nutritiva e saborosa que pode ser servida como prato principal. As cores são convidativas, e o *curry* dá um sabor todo especial.

Ingredientes
- 1 colher (sopa) de óleo de canola
- 1 colher (sopa) de *curry* em pó
- ¾ xícara de caldo de legumes
- ⅓ xícara de arroz integral de grão longo cru
- ¼ de xícara de aipo picado
- 2 colheres (sopa) de cebolinha picada
- 2 colheres (sopa) de pimentão verde picado
- 1 colher (sopa) de suco de limão
- 2 xícaras de feijão vermelho (claro ou escuro) cozido e drenado (você pode substituir pelo feijão enlatado)

- ¼ de xícara de maionese de soja
- 2 colheres (sopa) de amêndoas tostadas em lascas
- ¼ de colher (chá) de sal
- Pimenta-do-reino moída na hora
- 1 tomate cortado em cunhas
- Ramos de salsinha

1. Aqueça o óleo numa panela grande no fogo médio; adicione o *curry* e refogue por alguns segundos, depois acrescente o caldo de legumes e mexa; aumente o fogo até levantar fervura.
2. Adicione o arroz; cubra a panela e ajuste o calor para deixar cozinhando por 20 minutos ou até que todo o líquido seja absorvido e o arroz esteja cozido.
3. Acrescente o aipo, a cebolinha, o pimentão e o suco de limão e misture. Deixe na geladeira por 1 a 2 horas.
4. Antes de servir, adicione o feijão, a maionese de soja e as amêndoas à mistura de arroz. Ajuste o tempero com sal e pimenta.
5. Decore com tomate e salsinha e sirva.

Rendimento: 4 porções

Salada de Laranja, Azeitona e Erva-Doce

Esta deliciosa salada é uma mistura colorida de sabores que é um acompanhamento refrescante para entradas picantes. Sirva em pratos individuais ou numa saladeira para um visual bonito.

Ingredientes
- 3 bulbos de erva-doce com a parte de cima removida
- 1 colher (sopa) de suco de limão fresco
- 450 g de salada verde mista
- 2 laranjas descascadas e partidas com as membranas removidas
- ⅓ xícara de azeitona verde ou Kalamata sem caroço, cortadas ao meio na vertical
- ½ xícara de folhas de salsinha fresca
- ¼ de xícara de suco de laranja fresco
- ¼ de xícara de azeite de oliva extravirgem

- 1 colher (chá) de sal
- ¼ de colher (chá) de pimenta-do-reino moída na hora

1. Corte os bulbos da erva-doce ao meio, depois pique bem fino.
2. Coloque a erva-doce picada na saladeira e regue com o suco de limão fresco.
3. Adicione as folhas verdes da salada, a laranja, a azeitona e a salsinha e mexa delicadamente até misturar bem.
4. Numa vasilha pequena, bata o suco de laranja e o azeite juntos até emulsionar. Tempere com sal e pimenta e bata de novo.
5. Antes de servir, derrame o molho sobre a salada e misture.

Rendimento: 8 porções

Salada de Milho Verde

Esta receita é ótima para a época de milho verde. As cores são lindas, e os sabores dão água na boca. É a preferida de todos e um ótimo complemento para sua refeição.

Ingredientes
- 8 espigas de milho descascadas e prontas para ferver
- ¾ de xícara de cebola vermelha picada fino
- 5 colheres (sopa) de vinagre de maçã
- 5 colheres (sopa) de azeite
- ¾ de colher (chá) de sal Kosher (sal grosso refinado, sem aditivos – como o iodo, por exemplo)
- Pimenta-do-reino moída na hora a gosto
- ¾ de xícara de folha de manjericão picado fino

1. Encha de água uma panela grande e deixe levantar fervura; cuidadosamente coloque as espigas de milho na água e cozinhe por 3 minutos ou até que estejam macias.
2. Escorra e coloque o milho em água gelada para parar de cozinhar; quando estiver frio, corte os grãos bem rente, mas sem cortar o sabugo.
3. Coloque o milho numa vasilha grande; adicione a cebola vermelha, o vinagre, o azeite, o sal Kosher e a pimenta-do-reino a gosto.

4. Antes de servir, acrescente o manjericão fresco e mexa; ajuste o tempero a gosto. Sirva fria ou em temperatura ambiente.

Rendimento: 8 porções

Eca! Milho espalhado por toda a minha cozinha!
Para evitar esta bagunça, corte os grãos do sabugo dentro de uma bacia grande no balcão da pia. Vai ser muito mais fácil fazer a limpeza depois!

Salada Fresca de Feijão

Esta é outra salada especial de feijão que pode ser servida como acompanhamento ou uma saborosa entrada no almoço.

Ingredientes
- 2 latas (420 g cada) de feijão vermelho enxaguado e drenado
- 2 latas (420 g cada) de grão-de-bico enxaguado e drenado
- 2 cenouras raladas
- 1 abobrinha pequena cortada em cubos
- 5 rabanetes em fatias
- $^2/_3$ de xícara de azeite ou óleo vegetal
- $^1/_3$ de xícara de vinagre de vinho tinto ou de maçã
- 1 colher (chá) de tempero italiano
- ½ colher (chá) de sal
- ½ colher (chá) de alho em pó
- ½ colher (chá) de cebola em pó
- 8-10 folhas de alface

1. Numa vasilha grande misture o feijão, o grão-de-bico, a cenoura, a abobrinha e o rabanete.
2. Numa vasilha menor misture o óleo, o vinagre, o tempero italiano, o sal, o alho e a cebola em pó. Derrame esse molho por cima da mistura de legumes e mexa bem.
3. Cubra e deixe a salada na geladeira por no mínimo 2 horas.
4. Sirva a salada em porções individuais no prato forrado com folhas de alface.

Rendimento: 8-10 porções

SALADA GREGA DO JEJUM DE DANIEL

Tudo bem, eu preciso avisá-lo que salada grega sem queijo feta é incompleta. Mas, afinal de contas, estamos num jejum e certos alimentos são restritos. Esta receita é uma excelente maneira de comer uma salada grega, ainda que você sinta falta daquele ingrediente... A boa notícia é que essa salada é cheia de cores, sabores, nutritiva e ainda é gostosa de olhar, boa para sua saúde e agradável ao seu paladar!

Vinagrete

- 3 colheres (sopa) de vinagre de vinho tinto
- 1 ½ colher (chá) de suco de limão
- 2 colheres (chá) de orégano fresco picado
- ½ colher (chá) de sal
- 1/8 de colher (chá) de pimenta-do-reino moída
- 1 dente de alho picado
- 6 colheres (sopa) de azeite

1. Bata os ingredientes do vinagrete numa vasilha grande até misturar bem. Acrescente a cebola e o pepino e mexa; reserve para os sabores misturarem bem (cerca de 20 minutos) ou você pode preparar o vinagrete antes e deixar guardado até quando estiver pronto para fazer a salada.

Salada

- ½ cebola picada fina (cerca de ¾ xícara)
- 1 pepino descascado cortado ao meio no comprimento, sem semente e cortado em fatias de 3 mm de espessura
- 2 pés de alface romana lavada, seca por igual e rasgada em pedaços pequenos
- 2 tomates grandes maduros sem casca e sem sementes cortados em 12 pedaços
- ¼ de xícara de folhas de salsinha fresca rasgadas (soltas, sem compactar)
- ¼ de xícara de folhas de hortelã fresca rasgadas (soltas, sem compactar)

- 170 g de pimentão vermelho tostado cortado em tiras pequenas
- 20 azeitonas kalamata grandes sem caroço cortadas em quatro no comprimento

1. Adicione a alface romana, os pedaços de tomate, a salsinha, a hortelã, o pimentão, a cebola e o pepino na vasilha com o molho de vinagrete pronto; mexa delicadamente para misturar bem.
2. Sirva numa vasilha ou travessa grande ou distribua em pratos individuais; espalhe a azeitona por cima da salada e sirva.

Rendimento: 6-8 porções

Salada Verde com Molho de Nozes

Este molho cheio de vitaminas é muito bom e pode ficar guardado por diversos dias num pote bem fechado na geladeira. O óleo de nozes tem um aroma intenso e o sabor delicado da noz. Deve ser usado apenas em alimentos frios uma vez que o aquecimento desse óleo faz com que ele perca seu sabor característico e pode torná-lo amargo. O óleo de nozes é mais caro, mas acho que vale a pena pagar um pouco mais pelo sabor. Porém, às vezes faço essa mesma receita usando azeite de oliva extravirgem e também fica muito gostoso.

Ingredientes
- 2 xícaras de espinafre bebê (folha lisa e plana, em forma de pá)
- ½ xícara de folhas de salsinha (um pouco compactas)
- 1/3 xícara de endro fresco (um pouco compacto)
- ¼ de xícara de óleo de nozes ou azeite
- 2 colheres (sopa) de caldo de legumes
- 4 colheres (chá) de vinagre de maçã
- ¼ de colher (chá) de sal
- 1/8 de colher (chá) de pimenta-do-reino moída
- 8 xícaras de folhas diversas para salada rasgadas em pedaços pequenos
- ¼ de xícara de nozes picadas para decorar

1. Coloque o espinafre, a salsinha, o endro, o óleo, o caldo, o vinagre, o sal e a pimenta num liquidificador ou processador. Bata até que o molho esteja

cremoso e levemente engrossado (talvez você precise raspar as laterais do copo uma ou duas vezes enquanto bate).
2. Coloque as folhas verdes mistas numa vasilha grande, despeje o molho por cima e misture bem. Use essa vasilha para servir ou transfira para pratos individuais. Espalhe as nozes picadas por cima e sirva.

Rendimento: 4 porções

Um pouco de cor!
Também uso esta salada como um tipo de "tela" e acrescento fruta picada para colorir e dar um sabor adocicado. Você pode colocar morango, uva, laranja ou abacaxi. Também pode usar noz-pecã ou amêndoas em lascas para substituir as nozes.

Salada de Tomate, Pepino e Pimentão - Preferida da Susan

Esta é uma das minhas receitas favoritas porque é muito fácil e muito refrescante. Adoro as cores e a textura da salada e o molho também é maravilhoso!

Ingredientes
- 1 pepino inglês cortado ao meio no comprimento, sem sementes e cortado em fatias de 1 cm
- 1 pimentão vermelho sem miolo e picado em cubos grandes
- 1 pimentão amarelo sem miolo e picado em cubos grandes
- 400g de tomate cereja cortado ao meio
- 1 cebola vermelha pequena cortada em cubos grandes
- ½ xícara de azeitona Kalamata

Molho para a Salada
- ½ xícara de azeite de oliva extravirgem
- ¼ de xícara de vinagre de vinho tinto
- 1 colher (chá) de orégano seco (esfregue nas mãos para soltar o óleo)
- 2 dentes de alho picados
- ½ colher (chá) de mostarda Dijon
- 1 colher (chá) de sal
- ½ colher (chá) de pimenta

1. Emulsione os ingredientes do molho da salada numa vasilha pequena; reserve.
2. Numa vasilha grande, misture delicadamente o pepino, o pimentão vermelho e amarelo, o tomate, a cebola e a azeitona.
3. Bata o molho de novo antes de derramar sobre a salada; misture de novo e sirva;

Rendimento: 6 porções

Salada Mediterrânea de Tofu

Esta é uma de minhas saladas favoritas para o almoço ou o jantar. O tofu adiciona mais de 10 gramas de proteína por porção e absorve bem o sabor do molho.

Ingredientes
- 2 colheres (sopa) de azeite de oliva extravirgem
- 1 colher (sopa) de vinagre balsâmico
- 1 colher (chá) de mostarda Dijon
- ½ colher (chá) de cebolinha-capim seca (ou 1 colher [chá] de cebolinha-capim fresca)
- Sal e pimenta-do-reino a gosto
- 1 pacote (450 g) de tofu firme drenado seco com papel-toalha e cortado em cubos de 2 cm
- 4 xícaras de folhas mistas para salada rasgadas em pedaços pequenos
- 4 tomates secos ao sol, marinados, drenados e picados
- ¼ de xícara de castanhas picadas (nozes, noz-pecã ou amêndoas em lasca)

1. Bata numa vasilha pequena o azeite, o vinagre, a mostarda e a cebolinha-capim. Adicione sal e pimenta a gosto.
2. Coloque o tofu cortado em cubos numa vasilha separada e derrame delicadamente uma colher de sopa do molho por cima e mexa, garantindo que todos os pedaços peguem bem o molho.
3. Coloque as folhas mistas numa vasilha grande e derrame o restante do molho. Distribua as folhas em quatro pratos e espalhe o tofu e os tomates por cima de cada porção. Espalhe as castanhas por cima se quiser.

Rendimento: 4 porções

Salada de Batata-Doce

Esta é uma alternativa maravilhosa para a salada de batata clássica; é mais nutritiva e tem menos calorias. Para aumentar os benefícios, esta salada é cheia de sabor e tem um visual bonito. A receita é campeã em minha casa!

Ingredientes
- 4 inhames amarelos (ou batatas-doces)
- ¼ de xícara de maionese de soja
- 1 colher (sopa) de mostarda Dijon
- 4 talos de aipo, cortados em fatias de 0,5 cm
- 1 pimentão vermelho pequeno sem sementes e cortado em pequenos cubos
- 1 xícara de abacaxi fresco cortado em cubos
- 2 cebolinhas (parte branca e verde) cortadas finas
- Sal e pimenta-do-reino moída na hora
- ½ xícara de noz-pecã tostada e picada
- ¼ de xícara de cebolinha-capim fresca para decorar

1. Pré-aqueça o forno a 200 graus.
2. Embrulhe individualmente as batatas no papel-alumínio e asse por 1 hora ou até que estejam macias.
3. Espere esfriar até que consiga manuseá-las. Descasque-as e corte em pedaços de 2 cm.
4. Numa vasilha grande misture a maionese de soja e a mostarda. Adicione o inhame, o aipo, o pimentão vermelho, o abacaxi e a cebolinha e misture delicadamente, temperando a gosto com sal e pimenta.
5. Cubra e deixe na geladeira por no mínimo 1 hora. Esta salada pode ser feita no dia anterior e ficar guardada na geladeira numa vasilha com tampa. Lembre-se de checar o tempero antes de servir.
6. Antes de servir, acrescente a noz-pecã e decore com a cebolinha-capim. Sirva fria.

Rendimento: 8 porções

Inhame ou batata-doce?
Embora sejam parecidos, tecnicamente o inhame e a batata-doce não são nem aparentados! A batata-doce é o tubérculo de uma ipomeia e o inhame (que é mais doce) é o tubérculo de uma trepadeira tropical. O inhame está se tornando mais popular nos Estados Unidos. Embora esses alimentos não apareçam perto um do outro em tabelas de botânica, geralmente podem ser trocados em receitas.

Salada Verde Completa

Meus amigos Scott e Anna Andrews me convidaram para jantar na casa deles quando eu estava jejuando. Com todo seu carinho, Anna preparou uma refeição maravilhosa que se encaixava para todos, embora eu fosse a única que estivesse em jejum. Esta salada foi o prato principal e a Salada Apimentada de Três Feijões que vem em seguida foi um acompanhamento. O jantar estava tão delicioso, saboroso e saciou tão bem a fome que perguntei a Anna se poderia compartilhar as receitas com você!

Ingredientes
- 3 xícaras de *bok choy* (acelga chinesa), folhas e talos
- 2 xícaras de alface romana
- 1 xícara de repolho vermelho picado
- 2 xícaras de abobrinha picada
- 3 cebolinhas picadas
- ½ xícara de vagem fresca cortada em pedaços de 1 cm
- ¾ de tomate cereja partidos ao meio

Acompanhamentos
- 1 lata (420 g) de feijão preto enxaguado e drenado
- 1 xícara de azeitona preta
- 1 xícara de pinhão ou semente de girassol

1. Numa saladeira grande prepare as folhas de acelga chinesa e de alface romana, cortando os talos da acelga em pedaços de 1 cm. Adicione o repolho, a abobrinha, a cebolinha, a vagem e o tomate; misture delicadamente.

2. Coloque os seguintes ingredientes em pequenas vasilhas individuais: feijão preto, azeitona e pinhão/semente de girassol para que os convivas possam decorar suas próprias porções de salada, conforme desejarem.
3. Sirva a salada com seu molho favorito do Jejum de Daniel (veja Molhos de Salada na página 204).

Rendimento: 6 porções

Salada Apimentada de Três Feijões

Esta é a receita da minha amiga Anna e é muito gostosa! O sabor picante dos legumes em picles é um ótimo contraste para uma salada de alface (ver a página anterior).

Ingredientes
- 1 vidro de vagem ou aspargo em picles
- 1 vidro (200 g) de cenoura/couve-flor em picles
- 1 lata (420 g) de feijão vermelho enxaguado
- 1 lata (420 g) de grão-de-bico enxaguado
- ¼ de xícara de cebola vermelha cortada em cubos

1. Corte a vagem (ou o aspargo) em pedaços de 1 cm e misture com a ce-noura/couve-flor, inclusive o líquido. Adicione o feijão vermelho, o grão--de-bico e a cebola picada; misture delicadamente.
2. Sirva numa vasilha média com uma escumadeira.

Rendimento: 6 porções

Salada de Feijão Preto e Manga

Você e todos que provarem desta salada vão querer repetir. A doçura da manga fresca e o sabor do feijão e do pimentão vermelho vão dar um trabalho muito prazeroso para suas papilas gustativas! Além disso, cada porção está cheia de proteína, fibra e nutrientes. É uma salada perfeita para fazer com antecedência e deixar pronta na geladeira.

Ingredientes
- 1 manga madura descascada, sem caroço, cortada em cubos
- 6 colheres (sopa) de azeite
- 2 colheres (sopa) de vinagre de vinho branco
- 2 colheres (sopa) de salsinha fresca picada
- 1 colher (sopa) de suco de limão
- 2 dentes de alho picados
- 1 colher (chá) de manjericão seco esmigalhado
- ¼ de colher (chá) de pimenta vermelha em flocos
- Uma pitada de orégano seco
- 2 latas (420 g cada) de feijão preto drenado e enxaguado
- 1 lata (420 g) de grão-de-bico drenado e enxaguado
- ½ xícara de cebola vermelha picada
- 1 pimentão vermelho picado
- Sal e pimenta a gosto

1. Meça 1/3 de xícara da manga picada e coloque no liquidificador; adicione o azeite, o vinagre, a salsinha, o suco de limão, o alho, o manjericão, os flocos de pimenta vermelha e o orégano. Bata até ficar cremoso, por 1 minuto.
2. Numa vasilha grande, adicione o restante da manga picada, o feijão preto, o grão-de-bico, a cebola vermelha e o pimentão vermelho. Derrame o molho de manga sobre a mistura e mexa delicadamente. Ajuste o tempero com sal e pimenta.
3. Para melhores resultados, resfrie a salada por no mínimo 1 hora antes de servir.

Rendimento: 4 porções

Salada de Espinafre e Feijão

Sirva esta salada como prato principal ou acompanhamento. Não importa como você vai servi-la, é um prato cheio de cores, textura, sabores e nutrientes.

Ingredientes
- 1 lata (420 g) de feijão rajado ou feijão-de-lima ou 1 ½ xícara de feijão rajado ou feijão-de-lima seco cozido, enxaguado e drenado

- 1 xícara de floretes de couve-flor
- 1 xícara de pimentão vermelho picado
- 1 abacate pequeno sem casca, sem caroço e cortado em cubos
- 2 cebolinhas com ponta, picadas
- ½ xícara de molho de azeite e vinagre
- 4 xícaras de folhas de espinafre bebê
- 1 lata (300 g) de pedaços de tangerina ponkan drenada ou uma *ponkan* fresca descascada e picada
- 2 colheres (sopa) de semente de girassol tostada (opcional)

1. Coloque o feijão, a couve-flor, o pimentão, o abacate e a cebolinha numa saladeira e misture delicadamente.
2. Derrame o molho por cima da salada e misture novamente.
3. Adicione o espinafre e a tangerina e misture levemente.
4. Espalhe semente de girassol antes de servir numa vasilha ou em pratos individuais.

Rendimento: 4 porções de entrada ou 8 porções de acompanhamento

Salada de Tomate com Nozes

Tomates e nozes são uma combinação comum, mas com certeza é gostosa! Esta é uma salada rápida e fácil de fazer e é um ótimo acompanhamento para sopas, *chili* ou qualquer outro prato principal substancioso.

Ingredientes
- ¼ de xícara de óleo de nozes
- 1 ½ colher (sopa) de suco de limão
- 1 dente de alho picado
- 2 colheres (sopa) de estragão fresco picado
- 1/8 de colher (chá) de sal
- 1/8 de colher (chá) de pimenta-do-reino moída na hora
- 4 tomates em rodelas
- 1 cebola vermelha em rodelas
- 2 colheres (sopa) de nozes picadas

1. Bata o óleo, o suco de limão, o alho, o estragão, o sal e a pimenta numa vasilha pequena. Você pode fazer o molho com antecedência, se quiser. Ele pode ficar guardado num pote fechado na geladeira por até 3 dias.
2. Numa travessa ou em pratos individuais distribua o tomate e a cebola alternadamente até que todas as rodelas tenham sido usadas.
3. Regue com a mistura de estragão-alho e depois espalhe as nozes picadas.

Rendimento: 4 porções

Salada Verde sempre Pronta

Adoro aqueles saquinhos de celofane com salada verde pronta para refeições rápidas. Mas na verdade eles são caros e na minha experiência parecem estragar muito mais rápido do que um pé de alface. Por isso, tento fazer minhas próprias saladas verdes comprando diferentes variedades de folhas. Em casa, lavo, rasgo e centrifugo as folhas e depois as guardo num pote grande com tampa bem fechado. Coloco algumas folhas de papel-toalha em cima das verduras para absorver a água que evapora. Isso mantém as verduras frescas por mais tempo. Também preparo as "coberturas" (sementes, castanhas, frutas secas) de salada para vários dias e guardo em potes individuais na geladeira. Quando preciso de uma salada, posso pegar um punhado de verduras já lavadas e picadas, alguns legumes, um molho feito em casa e *voilà!*, minha salada está pronta!

Ingredientes
- 1 pé de alface
- 1 pé de alface vermelha
- 1 pé de outro tipo de alface
- 1 maço de cebolinha aparada e picada
- 1 maço de rabanete aparado e fatiado
- 1 pepino inglês em fatias
- 1 cenoura ralada ou em fatias finas
- 1 pimentão vermelho picado ou em lascas
- 1 cebola vermelha partida ao meio e cortada em meias rodelas
- 1 lata (300 g) de tangerina ponkan
- 1 xícara de amêndoas em lascas ou fatias

1. Lave e rasgue todas as verduras; centrifugue-as numa centrífuga de salada, retirando o máximo de água possível. Guarde as verduras numa vasilha plástica grande com tampa, colocando duas camadas de papel-toalha por cima para absorver a umidade, antes de tampar.
2. Apare e corte todos os outros vegetais para a salada e guarde em potes com tampa reservando-os.
3. Durante a semana, use as verduras e adicione dois ou três ingredientes para preparar saladas saborosas e criativas rapidamente. Adicione seu molho caseiro favorito antes de servir.
4. Use todos os ingredientes durante a semana para evitar o desperdício.

Rendimento: 8-10 porções

Salada Espanhola de Abacate, Laranja, Azeitona e Amêndoas

Saladas coloridas, ricas em sabores e textura são mais apetitosas, além de saciar a fome. Esta salada é uma excelente escolha para uma mistura interessante de doce e salgado. Use uma variedade de azeitona com sabor intenso, do tipo Kalamata, por exemplo, uma vez que ela acrescenta um toque especial que se encaixa muito bem nesta receita.

Ingredientes
Molho
- 4 colheres (sopa) de azeite de oliva extravirgem
- 2 colheres (sopa) de suco de limão espremido na hora
- 1 colher (sopa) de salsinha picada fina

Salada
- 2 abacates sem casca, sem caroço e cortado em pedaços
- 2 tomates descascados, sem sementes e cortados em pedaços pequenos
- Sal e pimenta a gosto
- 2 laranjas-lima descascadas e cortadas em pedaços grossos
- 1 cebola pequena cortada em rodelas
- ¼ de xícara de amêndoas fatiadas
- 1 xícara de azeitona Kalamata sem caroço

1. Numa vasilha pequena, bata o azeite, o suco de limão e a salsinha até misturar bem.
2. Coloque os pedaços de abacate numa vasilha separada e despeje metade do molho até cobrir bem. Isso manterá a cor do abacate, evitando que os pedaços oxidem; adicione o tomate e tempere com sal e pimenta; misture delicadamente.
3. Disponha os pedaços de laranja numa travessa redonda ou oval grande, em seguida espalhe as rodelas de cebola sobre as laranjas.
4. Coloque o abacate e o tomate no meio do prato. Espalhe as amêndoas e decore com azeitonas.
5. Bata o restante do molho e regue a salada imediatamente antes de servir.

Rendimento: 4 porções

Salada Delícia Vermelha, Preta e Amarela

Você já fez alguma receita tão gostosa que continuou experimentando várias vezes antes de servir para sua família? Bem, essa é uma dessas maravilhas. Você pode preparar o dobro desta deliciosa receita para garantir que terá o suficiente para várias refeições... e para todas as vezes que for provar o tempero!

Ingredientes
- 1 lata (420 g) de feijão preto enxaguado e drenado
- 2 xícaras de milho verde congelado
- 1 pimentão vermelho pequeno sem sementes e picado
- ½ cebola vermelha picada
- 2 talos de aipo cortados em cubos pequenos
- 1 ½ colher (chá) de cominho moído
- 1-2 colheres (chá) de molho picante (recomendo os da marca Tabasco)
- 1 limão espremido
- 2 colheres (sopa) de óleo vegetal ou azeite de oliva
- Sal e pimenta
- 4 folhas de alface para servir (opcional)

1. Coloque todos os ingredientes (exceto as folhas de alface) numa vasilha grande e misture levemente.

2. Deixe a salada descansar em temperatura ambiente por no mínimo 15 minutos para o sabor pegar enquanto o milho descongela e os outros ingredientes são mantidos frios.
3. Mexa delicadamente a salada antes de servir nos pratos forrados com a folha de alface.

Rendimento: 4 porções

Salada Persa

Esta salada simples é fácil de preparar e um delicioso complemento para seu almoço ou jantar durante o Jejum de Daniel. Prepare o tomate, o pepino e a cebola com antecedência, assim quando for a hora da refeição você ganhará tempo e conseguirá montar a salada em poucos minutos.

Ingredientes
- 4 tomates sem sementes e cortados em pequenos cubos
- ½ pepino sem casca, sem sementes e cortado em pequenos cubos
- 1 cebola cortada fina
- 1 pé de alface rasgada em pedaços pequenos

Molho
- 2 colheres (sopa) de azeite
- 1 limão espremido
- 1 dente de alho espremido e picado fino
- Sal e pimenta a gosto

1. Coloque o tomate, o pepino, a cebola e a alface numa travessa e misture tudo delicadamente.
2. Numa vasilha pequena bata o azeite, o suco de limão e o alho. Bata até emulsionar e depois tempere com sal e pimenta a gosto.
3. Antes de servir, despeje o molho sobre a salada e mexa levemente para misturar. Polvilhe com um pouco mais de pimenta-do-reino moída na hora.

Rendimento: 4 porções

Salada Turca

Esta salada é uma deliciosa combinação de sabores, texturas e cores. Os legumes saborosos ficam ainda mais gostosos com o molho de ervas.

Ingredientes
- 1 pé de alface rasgada em pedaços pequenos
- 1 pimentão verde cortado em tiras finas
- 1 pimentão vermelho cortado em tiras finas
- ½ pepino sem casca, sem sementes e em fatias
- 4 tomates sem sementes cortados em cubos pequenos
- 1 cebola vermelha partida ao meio e fatiada em meias rodelas
- 1 xícara de azeitonas pretas sem caroço (do tipo kalamata) inteiras ou fatiadas

Molho
- 3 colheres (sopa) de azeite extravirgem
- 3 colheres (sopa) de suco de limão espremido na hora
- 1 dente de alho espremido e cortado fino
- 1 colher (sopa) de salsinha fresca picada fina
- 1 colher (sopa) de hortelã fresca picada fina
- Sal e pimenta a gosto

1. Coloque a alface, o tomate, o pimentão verde, o pimentão vermelho, o pepino e a cebola numa saladeira. Misture delicadamente todos os ingredientes.
2. Em outra vasilha bata o azeite e o suco de limão até emulsionar. Adicione o alho, a salsinha e a hortelã e mexa de novo até misturar bem. Tempere a gosto com sal e pimenta.
3. Imediatamente antes de servir, bata o molho de novo, despeje sobre a salada e misture. Adicione as azeitonas e misture delicadamente. Sirva.

Rendimento: 4 porções

Adicione 1 xícara de eficiência e mexa – Para poupar tempo, faça o dobro ou até mesmo o triplo desta salada para usar mais tarde durante a semana. Guarde num pote bem fechado na geladeira por vários dias.

Salada Asiática

Sirva esta salada com o Falso Arroz Frito (página 174) e você terá uma refeição divertida e saborosa. Você também pode fazer o dobro do molho e guardar na geladeira para usar em outras refeições.

Ingredientes
- 1 pé de alface rasgada em pedaços pequenos
- 1 lata (300 g) de tangerina ponkan cortada em pedaços drenada ou 1 laranja descascada e cortada em pedaços pequenos
- 1 lata (140 g) de castanha-d'água [N.T.] fatiada
- 1 cebola vermelha pequena fatiada e separada em rodelas
- ½ xícara de amêndoas em lascas ou ¼ de xícara de semente de gergelim tostado

Molho
- 2 colheres (sopa) de azeite de oliva extravirgem
- 1 colher (sopa) de molho de soja
- 2 colheres (sopa) de óleo de amendoim
- 2 colheres (chá) de massa de tomate
- 1-2 colheres (chá) de suco de maçã (concentrado congelado)
- 2 colheres (sopa) de cenoura picada
- 2 colheres (sopa) de aipo picado
- 2 colheres (sopa) de cebola picada
- 2 colheres (chá) de gengibre picado (tire a casca antes de fatiar)

1. Coloque a alface, os pedaços de laranja, a castanha-d'água e a cebola numa vasilha; mexa.
2. Coloque todos os ingredientes do molho no liquidificador e bata até ficar cremoso.
3. Ajuste o tempero com molho de soja ou sal; ajuste o sabor adocicado com suco de maçã.
4. Imediatamente antes de servir bata o molho e depois misture-o à salada, colocando o suficiente para cobrir bem.
5. Decore a salada com amêndoas ou semente de gergelim e sirva.

Rendimento: 4 porções

[N.T.] Vegetal originário da China. O produto enlatado pode ser encontrado em lojas de artigos importados.

MOLHOS PARA SALADA

Encontrar molhos prontos para salada adequados ao Jejum de Daniel é uma missão quase impossível. A maioria deles tem açúcar e muitos contêm substâncias químicas além de leite e derivados.

O único molho que encontrei que é perfeito para o jejum é o Newman's Own Oil and Vinegar Salad Dressing (Molho de Salada com Azeite e Vinagre do Newman). Ainda assim, fazer seu próprio molho é fácil e rápido, desde que você aprenda alguns princípios básicos:

1. Seu molho de salada deve complementar os sabores dos ingredientes da salada.
2. Há duas categorias principais de molhos: vinagretes e molhos cremosos. Os vinagretes têm azeite e um agente ácido misturado até que emulsionem (emulsão é a mistura de dois ingredientes que normalmente não se misturam, tais como azeite e vinagre). Os molhos cremosos geralmente incluem maionese (no caso do Jejum de Daniel, maionese de soja) e também são emulsionados.
3. Os vinagretes normalmente usam a proporção de uma parte de vinagre ou suco ácido para três partes de azeite, sua variação estando na adição de ervas e condimentos. Primeiro misture o líquido com as ervas, condimentos e sal e depois lentamente derrame o azeite na mistura enquanto vai batendo até que o molho esteja emulsionado e grosso. Sirva imediatamente ou reserve e bata de novo antes de colocar na salada.

Molho Básico de Azeite, Vinagre e Ervas

Ingredientes
- ¼ de xícara de vinagre de vinho tinto
- 1 colher (chá) de orégano seco (esfregue nas mãos para soltar o óleo)
- 2 dentes de alho picados
- ½ colher (chá) de mostarda Dijon
- 1 colher (chá) de sal
- ½ colher (chá) de pimenta
- ½ xícara de azeite de oliva extravirgem

1. Despeje o vinagre, o orégano, o alho, a mostarda, o sal e a pimenta numa vasilha pequena.
2. Bata os ingredientes e vá derramando o azeite até que a mistura emulsione.

Rendimento: mais ou menos 1 xícara de molho

Vinagrete com Mostarda

Ingredientes
- 1 dente de alho picado fino
- 1 colher (sopa) de mostarda Dijon
- 3 colheres (sopa) de vinagre balsâmico
- 1 colher (chá) de molho de soja ou tamari
- Sal e pimenta-do-reino moída na hora a gosto
- ½ xícara de azeite de oliva extravirgem

1. Misture todos os ingredientes, exceto o azeite, numa vasilha pequena.
2. Bata os ingredientes e vá derramando o azeite na vasilha até emulsionar.

Rendimento: mais ou menos 1 xícara de molho

Molho Cremoso de Maionese de Soja

Ingredientes
- ½ xícara de maionese de soja
- 1 pimentão vermelho médio picado
- ¼ de xícara de passas picadas
- 1 colher (sopa) de vinagre de maçã
- ¼ de colher (chá) de *curry* em pó

1. Misture todos os ingredientes numa vasilha pequena. Bata até misturar bem.
2. Sirva por cima de alface rasgada ou repolho picado.

Rendimento: mais ou menos ½ xícara de molho

Molho de Mostarda e Alho

Ingredientes
- ½ cabeça de alho
- ½ colher (chá) de mostarda Dijon
- ¼ de xícara de suco de maçã
- ¼ de xícara de vinagre balsâmico
- 2 colheres (sopa) de azeite de oliva *extralight*
- ½ colher (chá) de sal
- ⅛ de colher (chá) de pimenta-do-reino moída na hora

1. Pré-aqueça o forno a 200 graus.
2. Corte 1 cm da parte de cima da cabeça do alho para que os dentes fiquem expostos; embrulhe o alho em papel-alumínio e asse até que esteja macio e aromático, de 40-45 minutos.
3. Deixe o alho esfriar um pouco e depois esprema os dentes num minicortador ou processador.
4. Adicione os outros ingredientes; bata até ficar cremoso, adicionando mais suco de maçã, se necessário.
5. Guarde na geladeira por até 7 dias.

Rendimento: mais ou menos ½ xícara de molho

Molho Clássico de Azeite e Limão

Considere esta receita como uma "tela" em branco na qual você criará sua própria obra de arte. Adicione as ervas e os condimentos que você gosta a esse molho básico e guarde na geladeira num pote bem fechado. Você terá molho pronto para salada por alguns dias.

Ingredientes
- 6 colheres (sopa) de azeite de oliva extravirgem
- 1 ½ colher (sopa) de suco de limão fresco
- Sal e pimenta-do-reino moída na hora
- Ervas e condimentos de sua escolha (opcional)

1. Bata o azeite e o suco de limão até emulsionar.
2. Adicione as ervas frescas ou secas e os condimentos que quiser e bata de novo. Tempere com sal e pimenta a gosto.
3. Despeje por cima da salada e misture.

Rendimento: 4 porções

CRACKERS (BISCOITO SALGADO) E PÃO CHATO

Não é permitido consumir fermento no Jejum de Daniel. Porém, pães sem fermento tais como *matzo*, *chapatis* ou *tortillas* podem ser desfrutados e são um ótimo complemento para sopas e saladas.

Você também encontrará receitas para salgadinhos de milho e *crackers* nesta seção. Uma boa ideia é fazer uma quantidade grande dessas receitas e armazenar os alimentos em potes bem vedados para uso posterior. Fazer *crackers* e pães chatos pode ser uma atividade muito divertida para toda a família.

Pão Indiano ou *Chapati*

O *chapati* é parecido com a tortilha e não leva fermento. São fáceis de fazer e têm boa validade se conservados em potes bem vedados. Os *chapatis* são comuns no sudeste da Ásia e na África.

Ingredientes
- 2 ½ xícaras de farinha de trigo integral (você encontra esse tipo de farinha na seção de comidas naturais do supermercado ou em lojas especializadas)
- 1 pitada de sal
- 2 xícaras de água (ou o suficiente para fazer uma massa macia)

1. Misture a farinha e o sal numa vasilha grande.
2. Faça um furo na farinha, adicione a água e use suas mãos para misturar e fazer uma massa macia.
3. Sove por 5 minutos, devolva à vasilha, cubra com um pano úmido e deixe na geladeira por 1 hora.
4. Aqueça uma frigideira ou chapa de ferro no fogo médio-alto até que esteja bem quente.

5. Pegue um punhado da massa com a medida da mão e faça uma bolinha. Achate e coloque na frigideira cozinhando por 1 minuto de cada lado.
6. Depois de virar, pressione delicadamente com uma toalha, até que o pão fique moreno.
7. Repita o procedimento até usar toda a massa.

Rendimento: 10 *chapatis*

Pão sem Fermento

Em minha busca por receitas de pães permitidos no Jejum de Daniel encontrei e testei esta receita de pão sem fermento. Este tipo de pão tem sido consumido por milhares de anos, e alguns eruditos relatam que um pão muito parecido era assado em pedras sob o sol quente, muito antes do nascimento de Cristo. Esta receita exige um pouco de tempo extra, mas o pão é tão saudável que é provável que você queira usá-lo o ano todo!

Ingredientes
- ½ xícara de azeite
- ½ xícara de água
- Sal
- 2 xícaras de farinha de trigo integral

1. Pré-aqueça o forno a 180 graus.
2. Numa vasilha grande, bata o azeite, a água e o sal até que a mistura esteja com espuma.
3. Vá colocando pequenas porções de farinha, misturando bem até a massa ter a consistência de massa de bolacha. Coloque a massa numa superfície enfarinhada e vá sovando com movimentos de dobra de um quarto da massa por cerca de 5 minutos. Cubra a massa com um pano de prato e deixe descansar por 5 minutos.
4. Enfarinhe a superfície de novo e abra a massa até ter a espessura de massa de torta. Faça furos com um garfo em toda a massa para que o ar possa sair durante o cozimento. Corte a massa em quadrados do tamanho que quiser (eu gosto de 5 cm, mas também dá certo com pedaços maiores).
5. Transfira os pedaços para assadeiras antiaderentes ou assadeiras forradas com papel vegetal.

6. Asse por cerca de 8 a 10 minutos ou até que os pães estejam dourados. Ajuste o tempo para obter um pão mais crocante ou mais macio.

Rendimento: 6 porções

Que formato você quer?
Esta massa pode ser aberta e cortada em quadrados ou você também pode formar morrinhos e abrir cada um no formato de círculo, como uma torta. Não se esqueça de furar a massa com um garfo para o ar escapar durante o cozimento.

Pão sem Fermento Estilo *Matzo* Simples

Esta receita é parecida com pão *matzo*, mas a culinária *kosher* envolve muitos outros elementos além dos ingredientes. Porém, esta receita de farinha e água é fácil e serve como um bom acréscimo a todas as suas refeições.

Ingredientes
- 2 xícaras de farinha de trigo integral para confeitaria
- Água morna

1. Pré-aqueça o forno a 230 graus e forre duas assadeiras grandes com papel vegetal.
2. Meça a farinha numa vasilha grande; vá adicionando a água aos poucos e misture até obter uma massa macia.
3. Coloque a massa numa superfície enfarinhada e vá sovando com movimentos de dobra de um quarto da massa por cerca de 5 minutos. Cubra a massa com um pano de prato e deixe descansar por 5 minutos.
4. Divida a massa em porções do tamanho de um ovo e estique o máximo que conseguir antes de abrir a massa em pedaços ovais, o mais fino possível. Fure os pedaços com um garfo.
5. Passe os pedaços para uma assadeira e coloque no forno; asse até os pães ficarem crocantes e curvos, por cerca de 3 minutos.
6. Espere esfriar e coma.

Rendimento: 6 porções

Salgadinhos Caseiros de Milho

As famílias do sudoeste (dos EUA) sentem falta especialmente dos salgadinhos de milho durante o Jejum de Daniel. É porque a maioria dos salgadinhos dos mercados é frita, por isso estão definitivamente excluídos da dieta do Jejum de Daniel. Mas esta é uma receita de salgadinhos caseiros que você pode preparar num instante. São fáceis de fazer... mas um aviso: talvez você precise expulsar da cozinha os membros de sua família que vão querer devorar os salgadinhos, assim que eles saírem do forno.

Ingredientes
- 1 xícara de Milharina, Polentina ou Kipolenta (ou farinha de milho em flocos batida no liquidificador ou processador até ficar com a consistência de farinha de polenta)
- 1 colher (sopa) de óleo
- ½ colher (chá) de sal
- ¾ xícara de água fervente (mais o suficiente para dar à massa a consistência certa)

1. Pré-aqueça o forno a 200 graus.
2. Misture a Polentina, o óleo, o sal e a água numa vasilha grande.
3. Vá colocando porções da mistura (use a medida de uma colher de chá bem cheia) numa assadeira bem untada. (Use bastante óleo senão o salgadinho vai grudar.)
4. Umedeça os dedos e amasse até ficar bem fina ou use o fundo de um copo (enfarinhe ou umedeça para não grudar).
5. Asse por 10 minutos depois polvilhe com sal.

Rendimento: mais ou menos 500 g de salgadinho

Crackers Caseiros

Fazer *crackers* é rápido, fácil e divertido. Eles podem ser feitos com diferentes temperos e diversos tipos de grão. Tente Polentina com *chili* em pó, centeio com alcaravia ou semente de endro ou ainda trigo integral com pó de alho. Experimente! Se forem feitos com Polentina, trigo-mouro ou outros grãos sem glúten, os *crackers* podem ser consumidos por pessoas alérgicas a glúten. Esta receita é de um *cracker* meio crocante e compacto.

Ingredientes
- 1 ¼ xícara de trigo integral dividida (centeio, trigo-mouro ou Polentina podem ser substitutos)
- ½ colher (chá) de sal
- 2 colheres (sopa) de óleo de canola ou azeite de oliva; adicione mais conforme precisar
- 4 colheres (sopa) de água; adicione mais conforme precisar
- 1 colher (chá) de condimento tais como ervas secas, *chili* em pó, alho em pó, cebola em pó etc. (opcional)

1. Pré-aqueça o forno a 200 graus.
2. Bata num processador 1 xícara de farinha, o sal e temperos ou ervas (opcionais) e óleo.
3. Adicione 3 colheres (sopa) de água e misture bem. Aos poucos, vá adicionando água, misturando bem após cada adição, até que a mistura forme uma bola compacta. Se estiver muito grudenta para manusear, adicione um pouco mais de farinha.
4. Polvilhe sua superfície de trabalho (ou um pedaço de papel vegetal do tamanho da assadeira) com um pouco da farinha restante; depois aperte e abra a massa tentando deixá-la uniforme com uma espessura de 3-5 mm. Se a massa estiver muito dura para abrir, coloque-a de volta no processador e adicione um pouco mais de água. Se necessário, para evitar que grude, enfarinhe suas mãos e o rolo de macarrão com um pouco mais de farinha.
5. Coloque a massa aberta numa assadeira polvilhada com farinha ou Polentina. (Se você usou o papel vegetal, transfira a massa e o papel para a assadeira.)
6. Asse por 10 a 15 minutos, até que fique marrom-claro.
7. Esfrie e quebre em pedaços. Se estiver fazendo uma grande quantidade, prepare outra massa enquanto a primeira assa. Você pode usar o mesmo papel vegetal diversas vezes.

Rendimento: mais ou menos 500 g de crackers

PATÊS E MOLHOS

Aperitivos e lanches são uma boa forma de lutar contra a vontade desesperadora de comer e um jeito prático de nutrir seu corpo com alimentos saudáveis. Sirva patês com *crackers* caseiros, torradas ou salgadinhos ou ainda com legumes frescos picados.

Faço muito *hummus* e adoro comer esse patê com aipo, pimentão vermelho em tirinhas ou cenoura picada. Também gosto de fazer molhos saborosos e servi-los com salgadinhos de milho feitos em casa ou com hambúrgueres de feijão.

Hummus Básico

Hummus é um patê de grão-de-bico com *tahine* (pasta de semente de gergelim), alho e suco de limão, muito comum na Grécia e no Oriente Médio. É o patê padrão que tem em minha casa durante o Jejum de Daniel. Sirvo-o com legumes picados, *chapatis* ou *crackers* caseiros. Há muitas alternativas para criar sabores interessantes! Esta é a receita básica.

Ingredientes
- 1 lata (420 g) de grão-de-bico drenado, mas reserve o líquido
- 3-5 colheres (sopa) de suco de limão (dependendo do gosto)
- 1 ½ colher (sopa) de *tahine* (pasta de gergelim)
- 2 dentes de alho picados
- ½ colher (chá) de sal
- 2 colheres (sopa) de azeite

1. Coloque o grão-de-bico, o suco de limão, a pasta de gergelim, o alho e o sal no liquidificador ou processador. Adicione ¼ de xícara do líquido reservado da lata de grão-de-bico. Bata por 3-5 minutos na velocidade mínima até obter uma pasta homogênea.
2. Passe a mistura para uma vasilha e crie um buraco no centro do *hummus*. Adicione 1-2 colheres (sopa) de azeite no buraco e misture delicadamente.
3. Enfeite com salsinha (opcional). Sirva imediatamente com legumes crus, *crackers* caseiros ou pão sem fermento.

Rendimento: mais ou menos 4 porções

Hummus Estilo Restaurante

Esta receita tem algumas variações e leva grão-de-bico em lata, o que torna possível preparar este patê em poucos minutos. Mas você também pode usar grão-de-bico seco se preferir, seguindo as instruções da embalagem para o cozimento. A pimenta caiena confere certo calor ao sabor, que normalmente é moderado.

>Ingredientes
>- 3 colheres (sopa) de suco de limão fresco
>- ¼ de xícara de água
>- 6 colheres (sopa) de *tahine*, bem misturado
>- 2 colheres (sopa) de azeite de oliva extravirgem, mais um pouco para regar
>- 1 lata (420 g) de grão-de-bico drenado e enxaguado
>- 1 dente de alho picado
>- ½ colher (chá) de sal
>- ¼ de colher (chá) de cominho em pó
>- Uma pitada de pimenta caiena
>- 1 colher (sopa) de coentro fresco picado

1. Numa vasilha pequena misture o suco de limão e a água.
2. Em outra vasilha, bata o *tahine* com 2 colheres de sopa de azeite.
3. Separe 2 colheres de sopa de grão-de-bico para decorar e bata o restante do grão-de-bico, o alho, o sal, o cominho e a pimenta caiena no processador até ficar quase homogêneo, por 15 segundos.
4. Raspe o recipiente com uma espátula de borracha. Com o processador ainda ligado, adicione a mistura de água e suco de limão num jato constante pela abertura do recipiente do processador. Raspe as laterais do recipiente e continue a bater por um minuto.
5. De novo, com o processador ainda ligado, adicione a mistura de *tahine* e azeite num jato constante pela abertura do recipiente do processador; continue o processo até que o *hummus* esteja homogêneo e cremoso, por volta de 15 segundos, raspando o recipiente conforme for necessário.
6. Transfira o *hummus* para uma vasilha, espalhe o grão-de-bico e o coentro por cima para decorar, cubra com filme plástico e deixe descansar para que os sabores se misturem bem, por no mínimo 30 minutos.
7. Regue com azeite de oliva e sirva.

>Rendimento: cerca de 2 xícaras

Dica para economizar tempo
Você também pode fazer esta receita com cinco dias de antecedência. Coloque o *hummus* na geladeira e os enfeites separadamente; depois, imediatamente antes de servir, adicione uma colher (sopa) de água morna se a textura estiver grossa demais. Decore com os enfeites e sirva.

Patê de Feijão Branco

Este patê vai bem com legumes picados, *crackers* ou salgadinhos. É fácil de fazer e dura vários dias sob refrigeração.

Ingredientes
- 2 latas (420 g cada) de feijão branco enxaguado e drenado
- 2 colheres (sopa) de alho tostado
- 3 colheres (sopa) de azeite de oliva extravirgem
- 3 colheres (sopa) de suco de limão espremido na hora
- Sal e pimenta
- ¼ de xícara de folhas de salsinha para decorar

1. Coloque o feijão, o alho, o azeite e o suco de limão num processador e bata até a mistura ficar homogênea.
2. Tempere com sal e pimenta a gosto.
3. Decore com as folhas de salsinha e sirva com seus legumes favoritos.

Rendimento: 6-8 porções

Patê de Feijão Preto

Parecido com o patê de feijão branco, este patê de feijão preto também é maravilhoso como aperitivo e dá para servir com legumes picados, *crackers* ou salgadinhos caseiros.

Ingredientes
- 1 tomate rasteiro picado
- 2 colheres (sopa) de cebola vermelha picada
- 1 colher (sopa) de coentro picado mais alguns galhinhos para decorar
- 2 latas (420 g cada) de feijão preto drenado
- 1 colher (sopa) de cominho moído

- 2 colheres (chá) de molho picante
- Sal

1. Coloque o tomate, a cebola e o coentro no recipiente do processador e bata até que estejam bem picados.
2. Adicione o feijão preto, o cominho, o molho picante e sal a gosto e bata até que a mistura fique bastante homogênea.
3. Despeje numa vasilha raspando a lateral e decore com o coentro. Sirva com legumes ou salgadinhos caseiros.

Rendimento: cerca de 2 xícaras de patê

Molho de Manga e Feijão Preto

Este molho é de inspiração caribenha e é ótimo para ser servido com *chapatis* ou salgadinhos de milho como aperitivo ou lanche, ou ainda vai bem como acompanhamento no cardápio do jantar. Você também pode servir o molho para acompanhar folhas de alface transformadas em cumbucas comestíveis.

Ingredientes
- 1 xícara de feijão preto, cozido em casa ou enlatado
- 2 mangas sem casca, sem caroço e cortadas em cubos pequenos
- ½ pimentão vermelho médio sem sementes picadinho
- ½ pimentão verde médio sem sementes picadinho
- ½ cebola vermelha média picadinha
- ¾ xícara de suco de abacaxi
- ½ xícara de suco de limão fresco
- ½ xícara de coentro fresco picado
- 2 colheres (sopa) de cominho moído
- 1 pimenta jalapeño pequena sem sementes e picada (cuidado ao manuseá-la)
- Sal e pimenta-do-reino moída na hora

1. Ao preparar os ingredientes, vá colocando-os todos numa vasilha média; misture delicadamente e ajuste o tempero com sal e pimenta a gosto.
2. Cubra com filme plástico e deixe na geladeira para misturar bem os sabores, por no mínimo 1 hora e no máximo 4 dias.

Rendimento: 5 xícaras

Guacamole Caseira

Um dos meus favoritos no departamento de patês é a *guacamole*. O suave sabor adocicado do abacate combina muito bem com os outros ingredientes.

Ingredientes
- 3 abacates maduros
- 2 colheres (sopa) de cebola picada
- 1 dente de alho picado
- 1 pimenta jalapeño pequena picada (cuidado ao manuseá-la)
- ¼ de xícara de coentro fresco picado
- ½ colher (chá) de sal de mesa
- ½ colher (chá) de cominho moído (opcional)
- 2 colheres (sopa) de suco de limão
- Sal a gosto

1. Prepare os ingredientes picados primeiro, assim eles estarão prontos para misturar com o abacate logo que estiverem cortados.
2. Parta ao meio um abacate, tire o caroço e com uma colher tire a polpa colocando-a numa vasilha média. Junto com a cebola, o alho, a jalapeño, o coentro, o sal e o cominho (se for usar) amasse a polpa de leve com os dentes de um garfo até misturar bem.
3. Parta ao meio os dois abacates restantes e tire o caroço, picando-os com a casca. Regue os pedaços de abacate picado com o suco de limão antes de adicioná-los à mistura de abacate amassado.
4. Mexa levemente os pedaços inteiros na mistura da vasilha com um garfo até que se misturem bem, mas sem amassá-los. Ajuste o tempero com sal, se necessário, e sirva. (A *guacamole* pode ser coberta com filme plástico, em contato direto com a superfície da mistura e refrigerada por um dia. Coloque a *guacamole* em temperatura ambiente e só retire o filme plástico no último momento antes de servir.)

Rendimento: cerca de 3 xícaras

Molho de Tomate Picante

Você pode fazer esta receita com antecedência e servi-la várias vezes durante a semana. Gosto de servi-la acompanhando legumes crus, inclusive cenoura, pepino ou jicama. Também gosto de preencher talos de naipo com o molho para um lanchinho crocante.

Ingredientes
- 3 tomates grandes cortados em cubos pequenos
- ½ xícara de suco de tomate
- 1 pimenta chipotle (chilena) picada
- 1 cebola vermelha picadinha
- ½ dente de alho picado
- ½ xícara de folhas de coentro fresco picadas (sem compactar)
- ½ xícara de suco de limão fresco
- Sal e pimenta-do-reino

1. Misture o tomate, o suco de tomate, a pimenta chipotle, a cebola e o alho numa vasilha média.
2. Adicione o coentro, o suco de limão, o sal e a pimenta aos poucos até chegar ao tempero desejado.
3. Cubra e deixe na geladeira para pegar bem o sabor, por no mínimo 1 hora e no máximo 5 dias.

Rendimento: cerca de 5 xícaras

Pimenta chipotle?
Se você não estiver acostumado com a culinária mexicana, é provável que não conheça a pimenta chipotle. Esses deliciosos "aquecedores" são pimentas jalapeño defumadas e dão um sabor marcante a esta receita. Você pode substituí-la por outras pimentas, se preferir.

Molho de Milho e Feijão Preto

Adoro esta receita, não somente pelos sabores, mas também por causa do colorido tão vivo e apetitoso. Use este molho com torradas, salgadinhos ou legumes. Gosto mais de saboreá-la com migalhas de tofu porque dá um toque especial.

Ingredientes
- 1 lata (420 g) de feijão preto enxaguado e drenado
- 1 lata (420 g) de milho drenado
- 1 colher (chá) de pimenta jalapeño fresca picada (cuidado ao manuseá-la)
- 2 tomates sem sementes picados

- 1 pimentão vermelho sem sementes picadinho
- 1/3 xícara de coentro fresco picado
- ¼ de xícara de cebola vermelha picada
- ¼ de xícara de suco de limão fresco
- 1 colher (chá) de sal
- 1 abacate picado
- Salgadinhos caseiros de milho (ver receita na página 210)

1. Misture todos os ingredientes numa vasilha grande exceto o abacate e o salgadinho; mexa levemente até misturar bem.
2. Cubra e resfrie por no mínimo 2 horas, depois adicione o abacate imediatamente antes de servir.
3. Sirva com salgadinhos caseiros de milho ou com legumes picados.

Rendimento: 4-6 porções

Patê de Azeitona Preta

Este patê é fácil de fazer e um excelente acompanhante para seu aperitivo. Você pode servi-lo com torradas, *crackers* ou salgadinhos caseiros, mas comer com fatias de jicama (jicama é um tubérculo que tem a consistência de batata crua ou pera) é uma ótima maneira de consumir mais legumes e ingerir menos calorias.

Ingredientes
- 20 azeitonas katamata sem caroço picadas
- 1 colher (sopa) de alcaparras enxaguadas, drenadas e picadas
- 1 colher (chá) de suco de limão fresco
- 2 colheres (chá) de azeite de oliva extravirgem
- Pimenta-do-reino moída na hora a gosto

1. Misture a azeitona, a alcaparra, o suco de limão e o azeite numa vasilha.
2. Tempere a gosto com pimenta-do-reino.
3. Sirva com jicama picada, salgadinho ou *crackers*; guarde num pote bem vedado na geladeira no máximo por 30 dias.

Rendimento: 4 porções

LANCHES

Fazer dois lanches rápidos durante o dia não apenas alivia a sensação intensa de fome, mas pesquisas mostram que ajuda a perder peso e favorece a digestão. O truque é comer a proporção certa no lanche (não a mesma quantidade que se come numa refeição). Por exemplo, uma porção adequada de amêndoas para um lanche é de ¼ de xícara ou cerca de dez amêndoas.

Eu preparo porções de castanhas para lanches em saquinhos *ziplock*. Guardo alguns em meu carro para aquelas horas quando a fome ataca e estou a caminho de casa.

Grão-de-bico Assado

Este é um lanche crocante e uma ótima alternativa para salgadinhos oleosos que engordam.

Ingredientes
- 4 xícaras de grão-de-bico cozido ou enlatado
- ½ colher (chá) de sal
- 4 colheres (sopa) de azeite

1. Pré-aqueça o forno a 190 graus.
2. Drene e enxugue o grão-de-bico com papel-toalha. Misture o sal e o azeite numa vasilha grande; adicione o grão-de-bico e mexa até misturar bem.
3. Espalhe o grão-de-bico numa assadeira grande numa única camada.
4. Asse por 45 minutos, mexendo a cada 15 minutos, tomando cuidado para não queimar o grão-de-bico.
5. O grão-de-bico está pronto quando estiver moreno-dourado e completamente seco. Se ainda não estiver pronto, deixe assar mais um pouco, checando a cada 5 minutos e mexendo.
6. Deixe esfriar e guarde num pote bem fechado.

Rendimento: 4-6 porções

Feijão Vermelho Assado

A maioria das pessoas nem imagina comer feijão como lanchinho. Mas esta é outra receita muito interessante que serve como exemplo de alternativa para castanhas e salgadinhos que engordam.

Ingredientes
- 6 xícaras de feijão vermelho seco, deixado de molho por no mínimo 8 horas
- 1 cebola grande cortada em quatro
- 2 talos de aipo, cortados em pedaços grandes
- 3 colheres (sopa) de azeite
- Sal e condimentos

1. Depois de deixar o feijão de molho, coloque numa panela grande e cozinhe em água limpa com a cebola e o aipo. Drene e descarte a cebola e o aipo.
2. Cubra uma forma com o azeite; depois coloque o feijão e mexa para o azeite pegar bem.
3. Asse o feijão lentamente no forno a 90 graus por 4 a 8 horas. Tire do forno quando estiver crocante e salpique com sal e condimentos.

Rendimento: 6 xícaras

Como os produtores de feijão cozinham feijão
Coloque o feijão lavado numa panela grande ou forno holandês (panela de ferro) e cubra com 3 xícaras de água para cada xícara de feijão ou mais ou menos 2,5 cm de água cobrindo o feijão. Adicione 1 a 2 colheres (sopa) de azeite (para não derramar durante a fervura) e tempere como desejar. Ferva com a tampa enviesada até ficar macio, de 1 ½ a 2 horas. Adicione água quente se necessário, para manter o feijão coberto com líquido. A melhor regra é provar sempre durante o cozimento e chegar à sua própria conclusão se o feijão está macio e cozido no ponto. – Companhia Central de Feijão (ver http://www.centralbean.com/cooking.html)

Salgadinho de Couve-Galega Crocante

Encontrei esta receita e fiquei maravilhada com o prazer sem culpa que esses salgadinhos proporcionam. Leve, crocante e salgado, este salgadinho é uma ótima alternativa para os salgadinhos cheios de gordura que se acumulam no nosso quadril e de colesterol que vai para nosso sangue.

Ingredientes
- 6 xícaras de couve-galega, cerca de 2 maços lavados (sem os talos)
- 1 colher (sopa) de vinagre de maçã
- 2 colheres (sopa) de azeite
- 2 colheres (chá) de sal (essa quantidade deixa bem salgado. Se preferir, reduza a quantidade e depois polvilhe o salgadinho com sal)

1. Pré-aqueça o forno a 180 graus.
2. Corte as folhas de couve em pedaços de 5 a 8 cm.
3. Misture o vinagre, o azeite e o sal numa vasilha grande; adicione a couve e mexa bem com a mão até cada folha ficar coberta com o molho.
4. Coloque as folhas em camada única numa assadeira (gosto de usar papel vegetal para facilitar a limpeza) e asse até ficarem crocantes, por cerca de 20 minutos. Se as folhas não estiverem ficando crocantes, aumente a temperatura para 200 graus.
5. O tempo de cozimento varia dependendo do tamanho dos salgadinhos e da crocância desejada. As partes externas da folha cozinham mais rápido do que as que ficam mais perto do talo.

Rendimento: 8 porções

Como cortar a couve-galega
Acho mais fácil usar faca de cozinha para tirar o talo da folha. Faço um corte em forma de V e retiro os talos mais duros. É um método fácil e rápido!

CONDIMENTOS E EXTRAS

Outro desafio durante o Jejum de Daniel é encontrar condimentos que se encaixem nos critérios do que é permitido. De novo, preparar seus próprios condimentos muitas vezes é a melhor solução, além de ser mais econômico.

Você encontrará receitas de maionese de soja e *ketchup* sem açúcar nesta seção. Eles ficam bem saborosos, e a melhor parte é que cada porção tem poucas calorias.

Maionese de Soja

É tão fácil fazer esta maionese com leite de soja que nunca mais comprei pronta. Use-a da mesma maneira que você costuma usar a tradicional.

Ingredientes
- ½ xícara de leite de soja
- 2 colheres (sopa) de suco de limão fresco
- Sal marinho a gosto (comece com uma pitada e acrescente mais se necessário)
- 1 colher (sopa) de vinagre de maçã
- ½ xícara de óleo de canola ou azeite de oliva

1. Coloque o leite de soja, o suco de limão, o vinagre e o sal no liquidificador e bata bem.
2. Enquanto estiver batendo, adicione o óleo lentamente, num fluxo contínuo.
3. Continue a bater até que a maionese fique cremosa, por cerca de 5 minutos.
4. Ajuste o tempero e seja criativo adicionando ervas e condimentos neste estágio. Bata somente até misturar bem.
5. Guarde num pote bem fechado na geladeira.

Rendimento: mais ou menos 1 xícara

Mais ou menos...
Você pode aumentar ou diminuir esta receita, mas mantenha a mesma proporção na quantidade de leite de soja e de óleo: 1 xícara de leite de soja para 1 xícara de óleo. Os outros ingredientes podem ser alterados de acordo com o seu gosto.

Maionese de Tofu

Como você sabe, a maionese comum é feita com ovos, que não são permitidos no Jejum de Daniel. Esta maionese é ótima para o jejum e para o ano todo.

Ingredientes
- 1 xícara de tofu macio em cubos
- 4 colheres (sopa) de azeite de oliva

- 3 colheres (chá) de suco de limão fresco
- 1 colher (chá) de suco de maçã concentrado
- ¼ de colher (chá) de sal

1. Coloque o tofu, o azeite, o suco de limão, o suco de maçã e o sal no liquidificador. Tampe e bata até ficar cremoso.
2. Guarde numa vasilha bem fechada na geladeira.

Rendimento: 1 xícara

Molho de Salada ou Patê de Maionese de Morango

Sirva esta maionese de morango como um patê para legumes ou frutas. Experimente com palitos de cenoura, brócolis escaldado, aspargo levemente cozido, morangos inteiros, rodelas de bananas e pedaços de abacaxi. Para um sabor mais forte, adicione um pouco de alho picado.

Ingredientes
- ½ xícara de maionese de soja
- ¼ de xícara de morangos esmagados

1. Misture a maionese com o morango esmagado e sirva como patê ou molho.

Rendimento: ¾ xícara

Ketchup do Jejum de Daniel

Esta é uma receita rápida de *ketchup* caseiro sem açúcar.

Ingredientes
- 1 xícara de massa de tomate
- 2 xícaras de molho de tomate
- 2 colheres (sopa) de suco de maçã
- 1 colher (chá) de sal Kosher
- ¼ de colher (chá) de cravo moído
- ⅛ de colher (chá) de pimenta-da-jamaica moída

1. Coloque a massa de tomate, o molho de tomate, o suco de maçã, o sal, o cravo e a pimenta numa panela grande e misture. Deixe ferver no fogo médio; depois abaixe o fogo e deixe cozinhar destampado até engrossar, por cerca de 20 minutos.
2. Coloque num pote bem fechado e guarde na geladeira.

Rendimento: cerca de 3 xícaras

Ketchup do Jejum de Daniel com Tomates Frescos

Ingredientes
- 2 kg de tomate maduro sem sementes picado
- 2 colheres (sopa) de suco de maçã (ou mais para dar o sabor desejado)
- 2 cebolas amarelas picadas
- ½ xícara de folhas de aipo (sem compactar)
- ½ xícara de vinagre branco destilado
- 1 colher (chá) de sal Kosher
- 1 folha de louro
- ¼ de colher (chá) de cravo moído
- 1/8 de colher (chá) de pimenta-da-jamaica moída

1. Coloque o tomate, o suco de maçã, a cebola, as folhas de aipo, o vinagre, o sal, a folha de louro, o cravo e a pimenta numa panela grande e misture. Deixe ferver no fogo médio; depois abaixe o fogo e cozinhe, sem tampa, até engrossar, por cerca de 3 horas.
2. Ajuste o tempero e o sabor adocicado. Descarte a folha de louro e coloque 1/3 do Ketchup no liquidificador ou processador; tampe e bata até ficar uma mistura homogênea. Passe na peneira e repita o procedimento com todo o Ketchup.
3. Coloque em potes bem fechados e guarde na geladeira.

Rendimento: cerca de 4 xícaras

CARDÁPIOS PARA O JEJUM DE DANIEL

Amostras de cardápios

Dia	Café da Manhã	Almoço	Jantar	Lanche
1	*Müsli* com leite de soja Fruta picada	Legumes no vapor com arroz integral Maçã	*Chili* vegetariano da Susan Salada de verdura Laranja	1 prato de legumes com *hummus*
2	Café da manhã com burritos do Drew	*Chili* vegetariano da Susan Palitos de cenoura e aipo	Hambúrguer de feijão com Molho de feijão preto e manga Salada de verdura Maçã	1 prato de frutas Amêndoas
3	Torta de maçã e aveia com leite de soja Pedaços de maçã	Sopa de legumes Salada de verdura com vinagrete	*Chili* à moda mexicana Salada delícia vermelha, preta e amarela Prato de fruta	Patê de feijão branco com cenoura e aipo

Dia	Café da Manhã	Almoço	Jantar	Lanche
4	Vitamina de banana e mirtilo Amêndoas cruas	Guisado vegetariano marroquino Salada verde Maçã picada	Salada de espinafre e feijão Arroz amarelo favorito da Kirsten Maçã picada	Espetinho de frutas sortidas
5	Frutas secas e amêndoas Granola com leite de soja Banana em rodelas	Sopa de lentilha Aipo com pasta de amendoim	Charutos de repolho Espetinho de frutas	Patê de feijão preto com cenoura crua picada
6	Refogado de tofu e legumes para o café da manhã Laranja	Sopa clássica de feijão marinha Salada verde Laranja	Salada turca Sopa de legumes	Batata-doce assada com ervas
7	Aveia com leite de soja Banana em rodelas	*Chili* à moda mexicana Salada verde Maçã	Legumes com tofu ao *curry* Salada verde Travessa de frutas	Prato de legumes com *hummus*
8	Arroz integral delicioso com maçã Frutas cítricas	Pimentão recheado com arroz integral, Milho e feijão preto Palitos de aipo e cenoura	Sopa de legumes prática de panela elétrica Laranja	Prato de legumes com maionese de soja com tofu
9	*Frittata* de batata com cebolinha Pomelo vermelho fresco em pedaços	Sopa dourada de cenoura Arroz-doce integral com molho apimentado	Arroz integral com legumes crocantes Prato de frutas	Prato de frutas
10	*Müsli* de quatro grãos com leite de soja Maçã picada	Legumes no vapor com arroz integral Maçã	Hambúrguer de feijão com molho Salada de feijão e arroz ao *curry* Laranja	Patê de feijão branco com cenoura e aipo

Dia	Café da Manhã	Almoço	Jantar	Lanche
11	Vitamina de banana e mirtilo Amêndoas ou nozes	*Chili* vegetariano Cenoura e aipo em palito	Sopa de feijão Vila Toscana Salada verde mista com guarnição	Espetinho de frutas
12	Cereal de trigo integral e banana com leite de soja Maçã picada	Legumes Moo Shu Pão indiano Maçã	*Chili* vegetariano da Susan Salada de milho verde	Prato de legumes Amêndoas ou nozes
13	Refogado de tofu ao *curry* Laranja	Sopa de repolho do Jejum de Daniel Frutas	Legumes com tofu ao *curry* Prato de frutas	Batata-doce assada com ervas
14	Refogado de tofu com pimentão verde e tomate Fruta picada	Sopa de legumes Salada verde com vinagrete	Arroz integral com legumes crocantes Salada verde Laranja	Prato de frutas
15	Vitamina de morango com aveia Banana em rodelas	Guisado vegetariano marroquino Salada verde	*Chili* vegetariano da Susan Salada verde Laranja	Patê de feijão branco com cenoura e aipo
16	*Müsli* de quatro grãos com leite de soja Maçã picada	Sopa de lentilha Aipo com pasta de amendoim	Hambúrguer de feijão com molho de feijão preto e Manga Salada verde Maçã picada	Espetinho de frutas
17	Vitamina *Mango Lassi* do leste da Índia Amêndoas ou nozes	Sopa clássica de feijão marinha Salada verde Laranja	*Chili* à moda mexicana Salada delícia vermelha, preta e amarela Prato de fruta	Feijão vermelho assado Fruta fatiada

Dia	Café da Manhã	Almoço	Jantar	Lanche
18	Refogado de tofu ao *curry* Laranja	*Chili* à moda mexicana Salada verde Uva	Salada de espinafre e feijão Arroz amarelo favorito da Kirsten Maçã picada	Prato de legumes com *hummus*
19	Café da manhã com burritos do Drew Laranja	Pimentão recheado com arroz integral, Milho e feijão preto Palitos de aipo e cenoura	Charuto de repolho do Jejum de Daniel Espetinho de frutas	Prato de legumes com maionese de soja e tofu
20	Cereal de trigo integral e banana com leite de soja Maçã picada	Sopa básica de feijão preto Salada de tomate com nozes	Salada turca Sopa de legumes	Prato de frutas
21	*Frittata* de batata com cebolinha Pomelo vermelho fresco em pedaços	Salada de batata-doce Maçã picada	Hambúrguer do Popeye Travessa de frutas	Batata-doce assada com ervas Maionese de soja e tofu

Planejamento de cardápio

Esta é uma planilha de cardápio para você planejar suas refeições. Lembre-se de que é um jejum espiritual. Simplicidade e moderação fazem parte do menu. Visite http://www.Daniel-Fast.com para imprimir planilhas adicionais.

Dia	Café da Manhã	Almoço	Jantar	Lanche

Dia	Café da Manhã	Almoço	Jantar	Lanche

CARDÁPIOS PARA O JEJUM DE DANIEL

Dia	Café da Manhã	Almoço	Jantar	Lanche

Dia	Café da Manhã	Almoço	Jantar	Lanche

DEVOCIONAL DE VINTE E UM DIAS PARA O JEJUM DE DANIEL

Estudos indicam que há 2,1 bilhões de cristãos na Terra hoje. É muita gente! O cristianismo é a maior de todas as religiões do mundo e inclui mais de 20.800 denominações. Isto significa muitas igrejas! Porém, eu me pergunto quantos desses indivíduos que se intitulam cristãos também se consideram *discípulos* de Jesus Cristo.

Por que fazer esta distinção? Muitas pessoas frequentam a igreja; vamos chamá-las de "frequentadoras da igreja". Mas ser discípulo é algo diferente. Um discípulo de Cristo é alguém que segue os ensinamentos do Mestre e vive de acordo com o seu caminho. Quando alguém segue a Cristo, não significa que essa pessoa irá considerar ou obedecer a algumas partes selecionadas de seus ensinamentos e irá ignorar outras. Não, um discípulo aceita seus ensinamentos como a verdade completa e, então, molda sua vida segundo essa verdade.

Eu posso dizer sem hesitar que sou cristã; é o meu rótulo. Mas a embalagem que me protege é o fato de eu ser uma discípula de Jesus Cristo. Jesus e seus ensinamentos moldam a minha vida, determinam meu futuro e servem como base na qual estou firmada em todas as coisas.

Como discípula, aprendo e estudo a Palavra de Deus para que eu possa descobrir mais sobre como devo viver, servir e comportar-me. É um processo ao longo da vida com os tesouros da alegria, do conhecimento, da paz e do poder sobrenatural, que são imensuráveis.

Meu desejo é que você também possa se autointitular discípulo de Jesus Cristo. Minha oração é que estas devocionais possam despertar sua fé e fortalecer seu caminhar com seu Pai à medida que você experimenta o Jejum de Daniel. E é por esta razão que oro incessantemente por você...

> *Por essa razão, desde o dia em que o ouvimos, não deixamos de orar por vocês e de pedir que sejam cheios do pleno conhecimento da vontade de Deus, com toda a sabedoria e entendimento espiritual. E isso para que vocês vivam de maneira digna do Senhor e em tudo possam agradá-lo, frutificando em toda boa obra, crescendo no conhecimento de Deus e sendo fortalecidos com todo o poder, de acordo com a força da sua glória, para que tenham toda a perseverança e paciência com alegria, dando graças ao Pai, que nos tornou dignos de participar da herança dos santos no reino da luz. Pois ele nos resgatou do domínio das trevas e nos transportou para o Reino do seu Filho amado, em quem temos a redenção, a saber, o perdão dos pecados. Ele é a imagem do Deus invisível, o primogênito de toda a criação, pois nele foram criadas todas as coisas nos céus e na terra, as visíveis e as invisíveis, sejam tronos ou soberanias, poderes ou autoridades; todas as coisas foram criadas por ele e para ele. Ele é antes de todas as coisas, e nele tudo subsiste. Ele é a cabeça do corpo, que é a igreja; é o princípio e o primogênito dentre os mortos, para que em tudo tenha a supremacia.* – Colossenses 1.9-18

DIA 1

OFERTA DOS PRIMEIROS FRUTOS

O melhor de todos os primeiros frutos e de todas as contribuições que vocês fizerem, pertencerá aos sacerdotes. Vocês darão a eles a primeira porção de sua refeição de cereal moído, para que haja bênçãos sobre as suas casas. – Ezequiel 44.30

Hoje é o seu primeiro dia de jejum. Você está iniciando uma experiência diferente de alimentar sua alma, fortalecer seu espírito e renovar seu corpo. Ao entrar neste período especial, você está consagrando-se (separando-se) para enfocar mais especificamente no Senhor e em seus caminhos.

Não ouvimos mais falar sobre a oferta das primícias. Porém, elas faziam parte da vida dos crentes no Antigo Testamento e há muitas maneiras de se fazer a oferta dos primeiros frutos nos dias de hoje. Em Ezequiel 44.30 vemos que os primeiros frutos eram destinados ao sacerdote. Portanto, neste primeiro dia de consagração de oração e jejum, você pode dizer a Jesus, seu Sumo Sacerdote: "Senhor, dou-lhe o meu melhor. Eu o coloco em primeiro lugar na minha vida".

Devemos também oferecer as primícias dos nossos recursos, assim como Deus instruiu os israelitas a fazerem com a sua produção. A recompensa prometida era "uma bênção sobre as suas casas". Você deve lembrar-se de que tanto Caim quanto Abel fizeram ofertas ao Senhor. Abel ofereceu as primícias do seu rebanho e isso agradou ao Senhor. Mas o coração de Caim não estava correto diante do Senhor. Estudiosos concluem que ele não ofereceu o melhor que podia, mas sim as sobras. Deus rejeitou a sua oferta.

Deus não quer o nosso tempo livre ou as sobras dos nossos esforços. Ele quer estar em primeiro lugar em nossa vida. Ele quer o melhor de nós. Em toda a Bíblia somos ordenados a colocar Deus em primeiro lugar. Êxodo 20.5 diz: "Não te prostrarás diante dele nem lhes prestarás culto, porque eu, o Senhor, o teu Deus, sou Deus zeloso...". E Mateus 6.33 diz: "Busquem, pois, em primeiro lugar o Reino de Deus e a sua justiça, e todas essas coisas lhes serão acrescentadas".

Quando colocamos Deus em primeiro lugar em nossa vida, quando Ele é a primeira e última autoridade em tudo o que fazemos, então Deus se agrada de nós e temos acesso a tudo o que Ele tem para nós. Salmos 103.1-2 diz de forma maravilhosa: "Bendiga o Senhor a minha alma! Bendiga o Senhor todo o meu ser! Bendiga o Senhor a minha alma! Não esqueça nenhuma de suas bênçãos!".

Deus quer posição de prioridade porque Ele anseia por nossa atenção e precisa da nossa admiração? Talvez, em parte. Eu creio que a razão por trás disso é que Deus quer que o coloquemos em primeiro lugar em nossa vida por causa do amor maravilhoso, poderoso e imensurável que Ele tem por nós. Ele quer derramar a sua misericórdia, graça, bondade, sabedoria e bênçãos sobre nós em abundância. Ele quer que sejamos tudo aquilo que Ele nos criou para ser, para que experimentemos uma vida maravilhosa e realizemos as boas obras que Ele já designou a nós.

O que Ele planejou para cada um de nós é tão grandioso que a única forma de cumprirmos esse propósito completamente em nossa vida é nos mantendo próximos a Ele. Da mesma forma, Seu amor e cuidado são tão profundos e amplos e Ele deseja ter um relacionamento tão íntimo e amoroso conosco que precisamos estar próximos a Ele para podermos compartilhar esta união. Por fim, sabemos que o nosso adversário, o diabo, anda em derredor bramando como leão buscando a quem possa tragar. Seu objetivo é roubar, matar e destruir-nos, por isso precisamos da proteção, conselho e forças do nosso Pai, que está pronto a nos defender e a nos dar a vitória.

Você está ouvindo a voz mansa do Espírito Santo convidando-o a um relacionamento íntimo? Será que Deus está dizendo para você reorganizar a sua vida de forma que Ele possa ocupar o primeiro lugar em todas as áreas? Seu período de jejum e oração é o momento perfeito para ouvir o Senhor e descobrir o quanto Ele deseja estar com você em todos os aspectos da sua vida. Abra o seu coração a Ele e busque a Sua sabedoria e conselho. Ele o instruirá e o conduzirá à medida que você se aproximar d'Ele e de seus caminhos. Seus braços estão abertos, portanto responda ao seu convite terno e gracioso e venha.

DIA 2

SANTIFICADO PELA VERDADE

Eles não são do mundo, como eu também não sou. Santifica-os na verdade; a tua palavra é a verdade. Assim como me enviaste ao mundo, eu os enviei ao mundo. – João 17. 16-18

Pouco antes de Jesus ter iniciado sua jornada em direção à crucificação, Ele conversou com o Pai a nosso respeito. Como nosso Defensor, Ele orou por nós mesmo antes de sentar-se à direita de Deus. Ele orou por nós pedindo ao Criador que nos abençoasse e guardasse. Uma dessas orações foi: "Santifica-os na verdade".

A palavra grega para "santificar" é *hagiazo*, que significa "tornar santo, purificar ou consagrar". *Consagrar* significa "tornar completo, cumprir o chamado e separar para uma causa santa".

Portanto, em João 17.16-18 Jesus está dizendo ao nosso Pai: "Estas pessoas são diferentes agora, Pai. Elas se parecem mais comigo e não como o resto do mundo. Então, por favor, torne-as santas, puras e capazes de cumprir o Seu chamado em sua vida por meio da Tua verdade. Porque, assim como o Senhor me enviou ao mundo para realizar a Tua obra, eu os enviei ao mundo para realizar a Tua obra".

Você e eu somos pessoas comissionadas por Cristo para realizar a obra de Deus, isto é, reconciliar o mundo com Ele. Deus nos equipou com poderes e ferramentas invisíveis para realizarmos esta tarefa. Ele nos deu tudo de que precisamos. Somos o seu exército, o seu povo escolhido.

Um dos elementos importantes do jejum é a consagração. Estamos consagrando este tempo e nossa vida ao Senhor. É algo diferente da nossa vida normal, rotineira. Estamos nos separando. Na Igreja Católica os padres, as freiras e os monges são consagrados ao serviço religioso. Os templos são consagrados ou dedicados para propósitos espirituais, semelhantes aos tabernáculos para os judeus. Os móveis do tabernáculo eram consagrados, separados para práticas espirituais. Belsazar, o rei da Babilônia, quando Daniel ainda estava cativo, inconscientemente colocou sua vida em risco quando bebeu de uma taça que Deus ordenara para um propósito sagrado:

> *Então trouxeram as taças de ouro que tinham sido tomadas do templo de Deus em Jerusalém, e os reis e seus nobres, as suas mulheres e as suas concubinas beberam nas taças. Enquanto bebiam o vinho, louvavam aos deuses de ouro, de prata, de bronze, de ferro, de madeira e de pedra. Mas, de repente apareceram dedos de mão humana que começaram a escrever no reboco da parede, na parte mais iluminada do palácio real. O rei observou a mão enquanto ela escrevia.* – Daniel 5.3-5

Por causa do ato imprudente do rei, Daniel foi convocado a ler a inscrição na parede e a advertir sobre a condenação que estava por vir ao rei e à sua nação. O rei foi morto naquela noite, e o reinado da Babilônia logo começou a desmoronar.

Outra palavra intimamente associada à consagração é *santificação*, que significa "separado para propósitos santos, espirituais". Quando Deus tirou os israelitas da escravidão no Egito, Ele lhes disse: "Eu os farei meu povo e serei o Deus de vocês" (Êxodo 6.7). Ele chamou os judeus para serem separados e concentrarem sua vida n'Ele. Ele lhes fez inúmeras promessas de vida abundante se eles o colocassem em primeiro lugar em sua vida e seguissem os Seus caminhos.

Em João 17.16-18 Jesus está fazendo uma oração a Deus pedindo que sejamos santificados, separados para um propósito santo. E, como seremos santificados? Pela verdade que é a Palavra de Deus.

Durante o seu período de jejum, reflita sobre as várias maneiras pelas quais Deus o está chamando a ser separado do mundo. Peça ao Espírito Santo para mostrar áreas em sua vida que precisam ser realinhadas para que possam estar em consonância com a Palavra de Deus. Lembre-se de que você é uma pessoa escolhida para o propósito de realizar a obra de Deus. Então, decida-se por seguir esse chamado, submetendo-se ao Senhor e andando em Seus caminhos.

DIA 3

O QUE VOCÊ DESEJA QUE DEUS FAÇA A VOCÊ?

"O que você quer que eu lhe faça?" – Marcos 10.51

Quando leio as Escrituras gosto de visualizar as cenas em minha mente, pois assim consigo apreender mais a verdade da Palavra. Foi o que fiz enquanto estava lendo Marcos 10. A história do cego Bartimeu é contada em apenas sete versículos (46-52), mesmo assim está repleta de verdades poderosas que podemos utilizar hoje.

> *Então chegaram a Jericó. Quando Jesus e seus discípulos, juntamente com uma grande multidão, estavam saindo da cidade, o filho de Timeu, Bartimeu, que era cego, estava sentado à beira do caminho pedindo esmolas. Quando ouviu que era Jesus de Nazaré, começou a gritar: "Jesus, Filho de Davi, tem misericórdia de mim!" Muitos o repreendiam para que ficasse quieto, mas ele gritava ainda mais: "Filho de Davi, tem misericórdia de mim!" Jesus parou e disse: "Chamem-no". E chamaram o cego: "Ânimo! Levante-se! Ele o está chamando". Lançando sua capa para o lado, de um salto pôs-se em pé e dirigiu-se a Jesus. "O que você quer que eu lhe faça?", perguntou-lhe Jesus. O cego respondeu: "Mestre, eu quero ver!" "Vá", disse Jesus, "a sua fé o curou". Imediatamente ele recuperou a visão e seguiu Jesus pelo caminho.* – Marcos 10.46-52

O cego Bartimeu tinha uma grande necessidade. Foi essa dificuldade em sua vida que lhe trouxe pesar e o manteve preso como mendigo. Bartimeu conhecia a reputação de Jesus, então, quando soube que passaria por lá, clamou a Ele. Bartimeu cria que Jesus podia curar, mesmo que nunca o tivesse visto ou falado com Ele; tinha fé em quem Jesus era e naquilo que Jesus podia realizar.

Estamos aqui hoje em situação semelhante. Nós também temos dificuldades em nossa vida. Talvez seja uma doença, problemas financeiros ou conjugais. Nós também podemos clamar a Jesus por ajuda... mas nós também precisamos saber quem Ele é, mesmo que nunca o tenhamos visto com os nossos próprios olhos.

Enquanto Bartimeu clamava, as pessoas ao seu redor tentavam fazê-lo se calar. Isto pode acontecer conosco também. Membros da família, amigos e tradições da igreja podem tentar nos impedir de confiar em Jesus para o suprimento de nossas necessidades. Às vezes, as coisas que tentam nos fazer calar são mais sutis, como o intelecto, a falta de fé ou o medo. Porém, assim como Bartimeu, precisamos ignorar estas "vozes" e clamar ainda mais.

É interessante que logo que Jesus deu atenção a Bartimeu, todos ao seu redor mudaram seu tom! Eles deixaram de ser críticos e passaram a ser observadores e testemunhas.

Quando Bartimeu recebeu a mensagem que Jesus estava chamando por ele, lançou fora a sua capa e dirigiu-se a Jesus. A capa tem significado. Era a capa de mendigo que as autoridades davam às pessoas necessitadas. A capa dava aos necessitados o direito de pedir esmolas e mostrar às pessoas que suas calamidades as faziam merecedoras dessa doação. Entretanto, Bartimeu lançou fora sua capa mesmo antes de receber a visão.

Então, Jesus lhe perguntou: "O que você quer que eu lhe faça?". Eu considero essa pergunta muito interessante. Era óbvio que Bartimeu era cego. Sendo assim, por que Jesus simplesmente não o curou? Em minha opinião, Ele fez essa pergunta para testar a fé de Bartimeu. Ele poderia ter pedido dinheiro ou alimento a Jesus. Esses seriam pedidos típicos de mendigos. Mas, em vez disso, Bartimeu demonstrou sua fé na habilidade de Cristo para curá-lo e pediu o impossível: "Mestre, eu quero ver!".

Jesus respondeu ao pedido dizendo: "Vá, a sua fé o curou". Isto é tão poderoso. Quantas vezes pedimos a Deus que realize um milagre em nossa vida? No entanto, Jesus disse que foi a fé de Bartimeu que o fez ver. Não há nenhuma indicação de que Jesus o tocou ou orou ao Pai por um milagre. Ao contrário, Ele disse que foi a fé de Bartimeu que o curou.

Bartimeu sabia que Jesus curava. Ele ativou sua fé clamando por Jesus, mesmo quando todas as vozes ao seu redor mandavam que se calasse. Ele lançou fora a capa que o marcava como um homem cego e pediu a Jesus exatamente o que queria sabendo que Ele podia realiza seu pedido. E, então, o impossível aconteceu!

Quais são os problemas da sua vida hoje? O que você deseja que Jesus faça por você? E o que você precisa fazer para conhecer Jesus, ativar sua fé e esperar o impossível acontecer?

Jesus está chamando você, assim como ele chamou Bartimeu. Você pode ouvi-lo? Quais vozes estão abafando o Seu chamado? Dê um passo de fé e receba aquilo que o Senhor deseja para você hoje.

DIA 4

CINCO PEDRAS LISAS

Davi prendeu sua espada sobre a túnica e tentou andar, pois não estava acostumado com aquilo. E disse a Saul: "Não consigo andar com isto, pois não estou acostumado". Então tirou tudo aquilo e em seguida pegou seu cajado, escolheu no riacho cinco pedras lisas, colocou-as na bolsa, isto é, no seu alforje de pastor, e, com sua atiradeira na mão, aproximou-se do filisteu. – 1 Samuel 17.39-40

Esta é a mensagem que enviei à comunidade do Jejum de Daniel na Internet na primavera de 2008:

> Como muitos de vocês sabem, comecei outro jejum de Daniel segunda-feira passada. Está um pouco diferente desta vez. Primeiro, estou jejuando por sete semanas em vez de vinte e um dias. Em segundo lugar, estou fazendo apenas três refeições simples. Terceiro, estou aumentando meu foco em Deus e em sua Palavra de tal maneira que realmente espero que esta seja uma das experiências espirituais mais significativas da minha vida.

> Você provavelmente deve saber também que o ano passado foi muito confuso e difícil para mim, principalmente por ter passado por dificuldades financeiras muito sérias. Como investidora no mercado imobiliário servindo a uma população de baixa renda, fui pega em meio à queda dos preços dos imóveis e dos empréstimos hipotecários. Consequentemente, acabei ficando com casas vazias, sem compradores, um mercado decadente e muitas hipotecas para pagar. Eu tinha sido praticamente eliminada!

> Deus foi muito fiel... e me ajudou a passar por tudo isso. Mas agora estou em guerra constante contra as dívidas e pedindo a Deus por um avanço nas finanças.

> Hoje, durante meu devocional, pensei sobre Davi. O jovem e humilde pastor de ovelhas tinha de lutar contra um gigante. Um gigante que parecia ser avassalador e já tinha provado ser uma ameaça. Eu pude me identificar com a posição de Davi. Nossos

gigantes são exatamente iguais, ambos muito imponentes!

Nos versículos citados vimos que Davi tirou toda a armadura que os soldados lhe haviam dado. Em vez de usá-la, ele foi ao riacho e escolheu cinco pedras lisas. Nós conhecemos o final da história: a arma escolhida por Davi e as cinco pedras lisas causaram a morte de Golias e Davi passou a ser o rei de Israel.

Fui sensibilizada a escolher minhas próprias cinco pedras lisas... e estas eu escolhi nas Escrituras. Retirei da minha Bíblia cinco versículos e os anotei em meu diário. Todos eles são relacionados à fé, provisão divina e minha posição em Cristo.

Eles serão as minhas armas durante este período de sete semanas. Vou proclamá-los e memorizá-los. Quando sentir que a preocupação está querendo tomar conta da minha mente, vou recitar um versículo e continuar a lutar com estas cinco pedras lisas da Palavra de Deus.

Efésios 6.12 diz: "Pois a nossa luta não é contra seres humanos, mas contra os poderes e autoridades, contra os dominadores deste mundo de trevas, contra as forças espirituais do mal nas regiões celestiais. É neste reino que minhas cinco pedras lisas são eficazes!

Unir o poder de Deus à mordomia sábia é o que creio me trará de volta à terra firme e a um nível de vida fiel que eu valorizarei para sempre.

Talvez você tenha um gigante em sua vida também. Eu quero incentivá-lo(a) a consultar a Palavra de Deus, viva, e a selecionar suas cinco pedras lisas. Permita que Deus o levante e lhe dê vitória e sucesso!

A atualização desta minha história é que nosso maravilhoso Deus é sempre fiel. Recebi centenas de e-mails encorajadores de amigos meus da Internet e a vasta maioria me disse que iria selecionar suas pedras lisas também. A mim, o Pai mostrou formas de gerar a renda da qual precisava e me guiou a um futuro brilhante. O maior prêmio é o aprimoramento da minha fé e o fato de ter agora mais confiança na fidelidade e no poder de Deus do que nunca. Amém! Nosso Deus é tão bom!

DIA 5

LEVE TODO O PENSAMENTO CATIVO

As armas com as quais lutamos não são humanas, ao contrário, são poderosas em Deus para destruir fortalezas. Destruímos argumentos e toda pretensão que se levanta contra o conhecimento de Deus, e levamos cativo todo pensamento, para torná-lo obediente a Cristo. – 2 Coríntios 10.4-5

Durante todo o Jejum de Daniel eu espero que você se torne mais consciente de quem você é e da composição do seu ser:

Você é espírito.

Você tem uma alma.

Você vive em um corpo.

Na passagem citada somos lembrados que nossas armas e nossa guerra não são humanas ou não acontecem no mundo físico. Ao contrário, elas são espirituais e acontecem no reino espiritual. A Palavra de Deus nos aponta para o Reino de Deus – uma realidade que nos cerca e está em nós! É uma forma completamente nova de pensar, diferente da forma como nossas mentes carnais pensam.

Portanto, à medida que trabalhamos para mudar nossa carne e nossa mente em direção ao viver do Reino precisamos alinhar cada pensamento com a Palavra de Deus. Todos os dias e cada vez mais precisamos nos perguntar: *O que Deus tem a dizer sobre isso?*

Todo pensamento contrário aos caminhos de Deus precisa ser "levado cativo". Então, devemos lançar fora aquele pensamento e substituí-lo pela verdade de Deus. Assim, Sua verdade se torna o nosso ponto de ativação ou nossa arma.

- Quando um pensamento de temor toma conta da nossa mente, pegamos essa mentira, voltamo-nos à Palavra, encontramos a promessa e então declaramos a verdade.
- Quando o inimigo nos diz que não somos bons ou que somos perdedores, pegamos essa mentira, voltamo-nos à Palavra, encontramos a promessa e então declaramos a verdade.

- Quando todas as circunstâncias à nossa volta proclamam derrota e fracasso, pegamos essa mentira, voltamo-nos à Palavra, encontramos a promessa e então declaramos a verdade.

Tornar todo pensamento cativo requer disciplina. Precisamos guardar nosso coração e mente. Precisamos estar alertas a cada conceito que entra em nossos pensamentos e compará-lo com a Palavra de Deus, que sempre ganha esta competição!

Certa vez, ouvi um pastor dizer: "Toda vez que for confrontado com uma circunstância, você deve fazer três perguntas: O que Deus tem a dizer sobre isso? O que o inimigo tem a dizer sobre isso? O que você vai dizer sobre isso?".

Eu me faço essas perguntas o tempo todo. É uma forma simples de levar todo pensamento cativo e escolher o caminho de Cristo sempre!

Joyce Meyer, líder cristã famosa na mídia televisiva e autora de *best-sellers*, escreveu um livro chamado *Campo de batalha da mente*. Este livro vendeu mais de um milhão de cópias e mostra aos leitores como levar o pensamento cativo a Deus e a substituir aqueles pensamentos que não estão alinhados com a Palavra de Deus por aqueles que estão. O título do livro diz claramente: a batalha ocorre na mente e é importante vigiar os pensamentos que permitimos passar por nossa mente. Gosto da forma como esta prosa popular coloca:

> *Observe os seus pensamentos, pois eles se transformarão em palavras.*
> *Observe as suas palavras, pois elas se transformarão em ações.*
> *Observe as suas ações, pois elas se transformarão em hábitos.*
> *Observe os seus hábitos, pois eles se transformarão em caráter.*
> *Observe o seu caráter, pois ele se transformará no seu destino.*

Nossos pensamentos são importantes. Tão importantes que Paulo nos deu orientações claras: "Finalmente, irmãos, tudo o que for verdadeiro, tudo o que for nobre, tudo o que for correto, tudo o que for puro, tudo o que for amável, tudo o que for de boa fama, se houver algo de excelente ou digno de louvor, pensem nessas coisas" (Filipenses 4.8).

Seus pensamentos têm poder. Considere as coisas nas quais está pensando. Teste-as diante da Palavra de Deus e então faça as mudanças necessárias. Você ficará surpreso com as mudanças que ocorrerão em sua vida à medida que seus pensamentos ficarem mais parecidos com os pensamentos de Deus.

DIA 6

O REINO DE DEUS

Em resposta, Jesus declarou: "Digo-lhe a verdade: Ninguém pode ver o Reino de Deus, se não nascer de novo". – João 3.3

O Reino de Deus é um lugar separado. É uma realidade invisível sob a jurisdição de Jesus Cristo, o Rei. Este Reino está aberto a todos, porém somente é acessível àqueles que têm as credenciais. Quais são essas credenciais? Quando alguém crê no Senhor Jesus Cristo e o aceita como seu Senhor, recebe-as de graça e de forma imediata. Para entrar no Reino de Deus você precisa da credencial que diz: "Esta pessoa pertence a Jesus Cristo".

Em João 3.3 Jesus explica que, a menos que a pessoa nasça de novo, não poderá nem mesmo ver o Reino de Deus. Mas onde fica o Reino de Deus? Está nos céus? Temos de esperar até passarmos desta vida para poder vê-lo?

Jesus responde a estas perguntas em Lucas 17.20-21: "Certa vez, tendo sido interrogado pelos fariseus sobre quando viria o Reino de Deus, Jesus respondeu: 'O Reino de Deus não vem de modo visível, nem se dirá: 'Aqui está ele' ou 'Lá está'; porque o Reino de Deus está entre vós'".

Jesus deixa claro que o Reino de Deus não pode ser visto com os olhos naturais. Não se trata de um sistema político ou reino nesta Terra. Ao contrário, o Reino de Deus é uma realidade dentro de nós – um sistema de crenças ou forma de pensar. É diferente da forma como o mundo pensa e só pode ser acessado pela fé em Cristo e pelo desejo de viver a vida de acordo com os Seus caminhos.

Quando moldamos nossa vida em torno de Deus e de sua maneira de fazer as coisas, vivemos de acordo com os princípios e leis do Reino. Todas essas leis estão registradas na Palavra de Deus e é vivendo pela Palavra que temos acesso à vida abundante e ao poder que Deus deseja para nós.

Quando Josué estava preocupado com sua habilidade para assumir a posição que Moisés tinha deixado, Deus deu a ele instruções simples: "Não deixe de falar as palavras deste livro da lei e de meditar nelas de dia e de noite, para que você cumpra fielmente tudo o que nele está escrito. Só então os teus caminhos prosperarão e você será bem-sucedido" (Josué 1.8).

Como pessoas consagradas a Deus, vivendo uma vida conduzida pelo Espírito, você e eu somos membros de um Reino diferente, o Reino de Deus. Temos leis e padrões diferentes pelos quais vivemos. Esses padrões estão disponíveis a nós na Palavra de Deus!

O problema é que a maioria dos membros da igreja ainda não mudou de endereço e continua vivendo pelos padrões do mundo, obedecendo às leis do mundo em vez de viver pelo poder e pelas promessas que Cristo conquistou para nós. Isso, infelizmente, se torna aparente no corpo de Cristo com o divórcio desenfreado, enfermidades, doenças, promiscuidade, pressões financeiras, entre outras coisas. Deus, porém, diz que poder, vitória e liberdade estão disponíveis a nós.

Quando Deus disse a Josué que obedecer à lei o tornaria próspero e bem-sucedido, isto significava que ele iria progredir em todas as áreas da sua vida. Josué alcançaria seus alvos quando colocasse sua confiança em Deus e vivesse em Seus caminhos.

Recebemos uma oferta ainda melhor por causa de Cristo. Temos Cristo e Seu poder dentro de nós. Entretanto, enquanto estas palavras forem apenas palavras numa página, elas não terão efeito. A verdade da Palavra de Deus precisa tornar-se realidade para nós – a realidade que muda a forma como pensamos e cremos. E, então, podemos mudar a forma como nos comportamos e levamos nossa vida.

Nossa cidadania no Reino de Deus está nos aguardando, no entanto é preciso tomar a iniciativa. Não devemos apenas querer viver lá, mas precisamos nos mudar para lá. Não de forma física, mas em nosso coração.

DIA 7

POR FAVOR, SENHOR, RETIRE ESTE MEDO

"Não fui eu que lhe ordenei? Seja forte e corajoso! Não se apavore, nem desanime, pois o Senhor, o seu Deus, estará com você por onde você andar". – Josué 1.9

Alguma vez você já orou pedindo a Deus que "tire o medo que estou sentindo" ou, talvez, "alivie-me desta minha preocupação, Senhor"? Fiz essa oração recentemente, e o Senhor mostrou-me com rapidez que Ele já havia provido uma maneira de libertar-me das preocupações, ansiedades e medo.

Josué estava com medo após a morte de Moisés quando recebeu a liderança sobre o povo israelita. Deus, porém, disse a ele para ser forte e corajoso. Então, Deus o instruiu em como alcançar os traços desse caráter:

Somente seja forte e muito corajoso! Tenha o cuidado de obedecer a toda a lei que o meu servo Moisés lhe ordenou; não se desvie dela, nem para a direita nem para a esquerda, para que você seja bem-sucedido por onde quer que andar. Não deixe de falar as palavras deste Livro da Lei e de meditar nelas de dia e de noite, para que você cumpra fielmente tudo o que nele está escrito. Só então os seus caminhos prosperarão e você será bem-sucedido. – Josué 1.7-8

A resposta imediata aos sentimentos de medo, preocupação ou ansiedade deve ser a Palavra de Deus. Em vez de ficarmos pedindo a Deus que remova o medo de nós, precisamos seguir suas instruções e encher o nosso espírito e alma da Palavra – o antídoto comprovado para o medo.

O pastor Bill Johnson escreveu um livro intitulado *Fortaleça-se no Senhor*, no qual compartilha como ele supera suas dúvidas e avança em fé. Ele explica que derrama a verdade da Palavra de Deus em seu espírito continuamente até que a dúvida dê lugar à fé. Isto pode demorar, mas faz parte da boa luta de fé. É isso que precisamos fazer com a nossa alma. Precisamos pedir ao Espírito Santo para controlar-nos, precisamos nos voltar para a Palavra de

Deus e beber dela. Se o medo surgir, bebemos mais. Continuamos a beber e a nos alimentar da bondade de Deus até que o medo se vá e a fé seja fortalecida.

Deus não é o autor do medo; ao contrário, o inimigo faz uso dele para paralisar a nossa fé e fazer com que a Palavra de Deus não surta efeito. No entanto, conhecemos a verdade e ela nos liberta das amarras do medo. A verdade está disponível, porém precisamos nos apossar dela.

Na próxima vez em que você se pegar orando: "Deus, tire este medo de mim", faça aquilo que o Senhor disse a Josué para fazer. Busque a Palavra. Medite nela. Recite-a. Leia. Ouça a Palavra. Cerque-se da pureza da Palavra de Deus e logo a dúvida e o medo do inimigo serão retirados e somente a verdade permanecerá.

O processo raramente é instantâneo, portanto precisamos perseverar. "Meus irmãos, considerem motivo de grande alegria o fato de passarem por diversas provações, pois vocês sabem que a prova da sua fé produz perseverança. E a perseverança deve ter ação completa, a fim de que vocês sejam maduros e íntegros, sem lhes faltar coisa alguma" (Tiago 1.2-4).

Quando enfrentamos dúvidas, nossa fé está sendo testada, porém podemos vencê-las enfocando pacientemente nas promessas de Deus até que nossa fé se torne mais fortalecida. Então, não nos faltará coisa alguma! Precisamos simplesmente seguir o caminho que o Senhor preparou para nós.

DIA 8

VOCÊ É POLITICAMENTE CORRETO?

A nossa cidadania, porém, está nos céus, de onde esperamos ansiosamente o Salvador, o Senhor Jesus Cristo. – Filipenses 3.20

Atualmente, ouvimos muito falar sobre ser "politicamente correto". Muito disso é bom, mas parte disso é contestável. Entretanto, hoje, estou pensando em outra forma de ser politicamente correto.

Os seguidores de Jesus Cristo, ao longo de todo o Novo Testamento, são chamados a um estilo de vida diferente: um chamado maior, separado do mundo. Em 1 Pedro 2.9 está escrito: "Vocês, porém, são geração eleita, sacerdócio real, nação santa, povo exclusivo de Deus, para anunciar as grandezas daquele que os chamou das trevas para a sua maravilhosa luz".

Você e eu somos membros do Reino de Deus e nossas políticas são aquelas do todo-poderoso Rei Jesus: Rei dos reis, Senhor dos senhores, o Príncipe da Paz. O governo está sobre os seus ombros.

Quando pensamos no Reino de Deus com esta estrutura política, você pode dizer que é politicamente correto? Você respondeu ao chamado que o seu líder tem para você? Você identifica as leis espirituais desse Reino, conhece-as e vive em conformidade a elas?

Uma lição que o Senhor me mostrou em minhas meditações durante o Jejum de Daniel é que enquanto a maioria de nós proclama Cristo, não vive tão integralmente n'Ele como poderia. Muito do que há no mundo desvia o nosso olhar da gloriosa vida que poderíamos ter se nos rendêssemos completamente ao Reino de Deus. Isso não significa que deveríamos viver em conventos ou comunidades fechadas. Porém, ele realmente nos chama para uma vida de fé diferente daquela que tínhamos anteriormente.

Jesus ensina que o Reino de Deus está em nós (Lucas 17.21). Ele também proclama: "Vocês são a luz do mundo. Não se pode esconder uma cidade construída sobre um monte" (Mateus 5.14). Ele, então, continua dizendo que nossa luz não pode ficar escondida, mas sim disponível para que todos possam ver. Em outra parábola Jesus ensina: "O Reino dos céus é como um grão de mostarda que um homem plantou. Embora seja a menor dentre todas as sementes, quando cresce, torna-se a maior das hortaliças e se transforma numa árvore, de modo que as aves do céu vêm fazer os seus ninhos em seus ramos".

É sobre você, sobre mim e sobre a Igreja que Ele está falando. O Reino está dentro de nós. Deveríamos ser tão brilhantes e atraentes a ponto de multidões de descrentes querer se aproximar de nós para ouvir as Boas Novas do nosso Rei e de seu Reino!

A Bíblia diz que o Reino de Deus é um lugar diferente. Preciso me perguntar se realmente me considero um membro da "geração eleita, do sacerdócio real, da nação santa, seu povo especial". Sou cidadão deste Reino invisível, mas real? Sinto-me mais como um cidadão americano ou um cidadão de Washington? Que nação considero ser minha pátria, meu lar?

Se eu fosse politicamente correta em relação ao Reino de Deus e um membro totalmente convicto da "nação santa", confiaria totalmente em meu Rei, acreditaria em todas as suas palavras e seguiria todos os seus comandos. Meu coração estaria repleto de paz e faria do amor meu alvo. Eu creria mais, me preocuparia menos e teria completa confiança no futuro, independentemente da minha condição econômica ou de minhas circunstâncias serem obscuras ou ameaçadoras.

Quero ser politicamente correta no Reino para o qual fui chamada. Enquanto escrevo esta mensagem, me dou conta de que minha carne precisa de mais renovação e meu espírito de mais treinamento. O que sei, com certeza, é que não ouvirei meu Rei discutindo sobre uma plataforma de campanha contra o seu oponente, nem terei de votar sobre algo ser ou não politicamente correto. Na nação santa o Rei está sempre certo, é sempre justo e está sempre cuidando de mim. Esta é a nação que quero para minha vida, para os meus descendentes e descendentes dos meus descendentes.

DIA 9

POR QUE, SENHOR, POR QUÊ?

"Ah, senhor", Gideão respondeu, "se o Senhor está conosco, por que aconteceu tudo isso?" – Juízes 6.13

Você já se pegou perguntando por que está passando por um período tão difícil quando as promessas de Deus deveriam proteger você? Você orou, leu a Bíblia, foi à igreja, deu seu dízimo... e mesmo assim as pressões parecem continuar.

Foi exatamente isso que aconteceu com Gideão. Os midianitas pisotearam os israelitas como se fossem capacho! Eles roubavam seu gado, ovelhas, jumentos e bois. E justamente quando estavam prontos para a colheita da safra, os midianitas invadiam as terras e deixavam seus camelos comerem suas plantações até o restolho. A Bíblia diz que os camelos eram como gafanhotos.

Os israelitas empobrecidos fugiram para as cavernas e fortalezas para se esconder dos invasores. Até mesmo Gideão estava escondido numa cova quando o anjo do Senhor veio a ele.

O anjo disse mais ou menos assim: "Por que você está se comportando desta forma? Você não sabe quem você é? Você é filho do Deus Altíssimo!".

Foi quando Gideão respondeu: "Ah, senhor, se o Senhor está conosco, por que aconteceu tudo isso?".

Ao longo da história, Gideão aprende que, por não ter reconhecido a sua posição, estava permitindo que o inimigo roubasse e destruísse o que era seu por direito! Ele tinha o poder de Deus com ele. Na verdade, Deus disse a Gideão que por que Ele estava com ele, derrotar os midianitas seria como derrotar um homem.

Isso lhe parece familiar? Você já sentiu como se camelos estivessem devorando sua plantação todo mês quando paga suas contas? Você sente como se estivesse rodeado de inimigos quando as pressões do mundo vêm contra você? Você já sentiu o desejo de esconder-se numa cova para escapar daquilo que parece ser escuridão iminente ao seu redor?

Querido leitor(a), muito frequentemente nós também nos esquecemos de quem somos em Cristo, o Rei. Não acessamos o poder que Ele conquistou na cruz e depois conferiu a nós. Em vez disso, nos escondemos e permitimos que o inimigo deste mundo roube, mate e destrua o que é nosso por direito por meio da vitória de Cristo.

Quando Gideão reconheceu seus erros, ele certificou-se de que tudo estava correto diante de Deus e então se preparou para a batalha, confiando no Senhor como seu comandante supremo. Ele fez tudo o que o Senhor lhe mandou fazer, o que o levou a alcançar vitória sobre seus invasores e fez com que os israelitas recebessem tudo o que havia sido roubado deles.

Nós podemos fazer o mesmo! Leia Juízes 6 e 7 e veja se você consegue se ver nas Escrituras. Lembre-se de sua identidade em Cristo e então busque o mesmo Senhor que Gideão buscou. A vitória é nossa, mas precisamos tomar posse dela.

Portanto, vá, identifique seus inimigos, cinja-se com as armas da sua guerra e lute as batalhas do seu Comandante Supremo. Ele só conhece a vitória, e a vitória é sua, basta apossar-se dela.

DIA 10

PENSE EM COISAS BOAS

> *Quem vive segundo a carne tem a mente voltada para o que a carne deseja; mas quem vive de acordo com o Espírito, tem a mente voltada para o que o Espírito deseja.* – Romanos 8.5

Você já teve um dia ruim? Você sabe do que estou falando! Você está dando tudo de si, mas por alguma razão não consegue se livrar daquela preocupação ou ressentimento que insiste em ficar.

A verdade é que esses são momentos quando a carne está reinando e precisamos bombear o nosso espírito, para que ele possa tomar a sua posição de autoridade em nossa vida. Sei que é muito mais fácil na teoria do que na prática, mas quero dar-lhe algumas dicas para ajudar-lhe a passar por esses momentos difíceis.

Em primeiro lugar, permita-me dar um testemunho pessoal. O ano de 2007 foi o mais difícil de toda a minha vida. Eu era proprietária de uma empresa no ramo de imóveis e por causa das mudanças no mercado imobiliário me vi sem renda e devendo milhares de dólares em pagamentos mensais! Não havia solução imediata. Eu já havia feito anteriormente um compromisso com Deus de não fazer empréstimos e de me esforçar para viver livre de dívidas.

No início a preocupação tomou conta de mim. Chorei, implorei e supliquei a Deus que me ajudasse. Nunca havia ficado tão desesperada. Então, aprendi a viver nos caminhos de Deus, de acordo com os princípios do Reino. Eu realmente experimentei a paz que excede todo o entendimento. Conforme os padrões do mundo, eu deveria estar subindo pelas paredes de preocupação. No entanto, toda vez que sentia que a preocupação e o medo queriam tomar conta de mim, colocava meu foco em Deus. Orava, lia a Palavra, louvava e ouvia pregações no rádio ou ouvia minha Bíblia em CDs. Fazia todo o possível para afastar a preocupação da minha mente.

Em vez de me lamentar com meus amigos e família, eu olhava para as promessas da Palavra de Deus e fazia o possível para manter minha mente e coração abertos à sua direção. Mais e mais o Senhor cuidava de mim. Ele continuava a me falar para aguentar firme e confiar n'Ele.

Por muitos anos eu fora escritora de livros cristãos, mas por diversas circunstâncias me afastara disso e passara a trabalhar no mercado imobiliário. Bem, estava claro que o Senhor queria que eu voltasse a escrever, porque as portas no mercado imobiliário estavam se fechando em velocidade recorde. Felizmente, eu aprendera que, em tempos de dificuldade, preciso me refugiar no esconderijo do Altíssimo. Corri para o Senhor e me refugiei n'Ele. Então, Ele começou a me enviar propostas para escrever; começou a me mostrar coisas sobre as quais eu devia escrever.

A jornada era definitivamente uma batalha de fé. É uma caminhada de fé – viver e agir de acordo com a Palavra de Deus. Nem sempre foi uma caminhada fácil, mas tem sido gratificante e as recompensas são superiores a qualquer coisa que já conheci.

Uma coisa eu sei: Deus só tem em mente a vitória para nós. Ele sempre tem uma saída para qualquer problema, assim como Jesus disse: "Eu lhes disse essas coisas para que em mim vocês tenham paz. Neste mundo vocês terão aflições; contudo, tenham ânimo! Eu venci o mundo" (João 16.33).

Então, o que devemos fazer para permanecer n'Ele? Estudamos sua Palavra e meditamos nela para que se torne a nossa verdade. Não apenas uma boa filosofia ou uma parte da religião. A verdade deve saltar daquelas páginas e entrar em nosso coração, onde possa florescer e nos trazer a paz e a realização que o Pai deseja que tenhamos. Quando entregamos nosso pensamento aos pensamentos de Deus, somos verdadeiramente livres!

Jesus está lhe dizendo: "Se vocês permanecerem firmes na minha palavra, verdadeiramente serão meus discípulos. E conhecerão a verdade, e a verdade os libertará" (João 8.31-32).

Permanecer é morar ou habitar. Jesus quer que vivamos n'Ele por meio de Sua Palavra. Ele quer que escolhamos viver uma vida conduzida pelo Espírito e não pela carne. Ele é o Caminho, a Verdade e a Vida!

DIA 11

ÁGUA VIVA

Se alguém tem sede, venha a mim e beba. Quem crer em mim, como diz a Escritura, do seu interior fluirão rios de água viva. – João 7.37-38

A água é um elemento essencial no Jejum de Daniel. É a única bebida que consumimos nesse período. Mesmo quando não estamos jejuando, o corpo humano depende de água potável para viver. Pouco antes de eu começar a escrever este devocional, percebi que andara me esquecendo de molhar um manjericão que eu cultivava. O coitadinho estava tão abandonado que as folhas estavam começando a secar. Pensei que com certeza ele tinha morrido, mas decidi aguá-lo mesmo assim. Dentro de uma hora, o valente estava esperto, verde e cheio de vida. Tudo por causa da água!

Nesta passagem, Jesus nos ensina sobre um tipo diferente de água – a água viva do Espírito Santo. Ele nos manda vir a Ele e beber quando estamos com sede.

Sendo uma mulher experimentada (isso é um código para dizer que definitivamente estou na segunda metade de minha vida) e uma cristã madura, aprendi uma lição importantíssima sobre ir a Jesus para beber da água viva que Ele dá. Na verdade foi o Dr. Phil McGraw, uma famosa personalidade da televisão americana, âncora de um *talk show* e psicólogo, que me ensinou este valioso princípio. Vou explicar.

O Dr. Phil ensina casais que estão passando por dificuldades no casamento que eles não devem afastar-se um do outro ou buscar conforto e soluções fora do matrimônio. Ao contrário, devem se voltar um para o outro e trabalhar juntos o problema que os afeta.

Esse conselho calou fundo em minha alma quando me senti tão sobrecarregada com as pressões da vida que quase podia sentir meus joelhos se curvando. Em vez de buscar no mundo as soluções ou ficar paralisada de medo e dúvida, corri para o meu Sumo Sacerdote. Clamei por Ele e pedi seu conselho, seu conforto e sua paz.

Ah, como o nosso Senhor é fiel. Ele ouve nosso clamor e nos consola. Ele cuidou de mim de maneira tão dinâmica e me encheu de vida por meio de Sua Palavra, de outros cristãos maduros, da oração, da meditação na Palavra e de amigos. Ele me tirou daquele lugar sombrio em que me encontrava e me mostrou soluções nas quais eu nunca teria pensado se estivesse sozinha.

Bebi da água da vida que Jesus nos dá tão generosamente. E então, enquanto ia sendo restaurada, tinha condições também de oferecer aquela água viva a outros, como Ele mesmo disse: "Do seu interior fluirão rios de água viva".

Desde aquela experiência, decidi sempre beber muita água viva da Palavra de Deus, e pouco a pouco tenho sido transformada numa mulher de Deus, forte e capaz. Comparo este processo a um copo alto cheio de água escura e barrenta com um jarro de água de cada lado. Um jarro está cheio de água barrenta do mundo. O outro, de água pura e límpida, a água viva que é a Palavra de Deus.

Se eu esvazio o copo e o encho de novo com a água do mundo, ela vai continuar tão barrenta quanto antes. Mas se eu esvazio o copo e o encho com a água viva da Palavra de Deus, a água no copo se tornará boa para beber e para oferecer aos outros.

À medida que você avança em seu Jejum de Daniel, avalie a fonte de água que você está deixando fluir em seu coração. É a água viva de Jesus ou a água contaminada do mundo? Escolha a vida! Escolha a água viva. Ela é segura, doce e verdadeiramente mata a sua sede. E quando você estiver saciado, a água viva transbordará de sua vida para que possa ajudar a matar a sede de outros. Amém!

DIA 12

PENSE NAS COISAS DO ALTO

Portanto, já que vocês ressuscitaram com Cristo, procurem as coisas que são do alto, onde Cristo está assentado à direita de Deus. Mantenham o pensamento nas coisas do alto, e não nas coisas terrenas.
– Colossenses 3.1-2

Não muito tempo atrás recebi uma pergunta de uma mulher sobre o Jejum de Daniel. Ela queria saber quanto se pode comer na hora do lanche quando se está jejuando. Eu a encorajei a tomar essa decisão do quanto se deve comer *antes* da hora do lanche chegar. Por exemplo, se você decide que doze amêndoas é um bom lanche para a tarde, não ultrapasse esse número.

Isso me fez lembrar Colossenses 3.2, que diz: "Mantenham o pensamento nas coisas do alto", e a tremenda ferramenta que essa disciplina nos garante. Manter o pensamento em algo é tomar uma decisão e, uma vez que essa decisão é tomada, ficar firme – exatamente como quando estamos jejuando. Tomamos uma decisão sobre o que devemos e o que não devemos comer, e durante o jejum seguimos à risca essa decisão.

Há tantas coisas a respeito das quais devemos tomar decisões conscientes que se o fizéssemos evitaríamos muita dor e angústia. Por exemplo, há muitos anos tomei a decisão de não fazer fofoca. Firmei um propósito de nunca falar negativamente a respeito de uma pessoa nem passar adiante informações da vida privada de alguém. Embora eu reconheça que não tenha sido 100% perfeita nessa área, cheguei bem perto. E nas poucas vezes em que 'pisei na bola', imediatamente percebi meu erro e pude me arrepender (mudar), pedir perdão e continuar com uma resolução mais firme ainda.

Algumas semanas atrás eu almocei com um sócio e grande amigo chamado Steve. Ele é o que gosto de chamar de "pré-cristão". Fazia alguns anos que eu não via o Steve, então tínhamos muito assunto para colocar em dia. Ele me perguntou sobre um ocorrido em que alguém havia me ofendido muito. Eu podia ter "detonado" a pessoa, mas escolhi não fazê-lo. Em vez disso, fiz alguns comentários neutros sobre ele e sua situação atual. Então o Steve fez um elogio sem preço para mim: "Sabe, eu a conheço há muito tempo e em todos esses anos nunca ouvi você dizer uma única palavra ruim a respeito de ninguém".

Puxa! Tenho de admitir que as palavras do Steve me abençoaram muito. Ele destacou uma parte do meu comportamento em que meu "eu" estava se conformando com o Cristo vivendo em mim: minha decisão de não fazer fofoca. Eu havia decidido manter o pensamento nas coisas do alto, e isso serviu como um testemunho para o Steve.

Existem outras áreas de nossa vida em que precisamos "manter o pensamento nas coisas do alto" ou nos mandamentos do Senhor. Por exemplo, lemos nas Escrituras que nunca deveríamos entrar na presença do Senhor de mãos vazias. Fui impactada por esse mandamento na semana passada e me dei conta de que, muitas vezes, vou à igreja sem nada para dar. Sou uma dizimista alegre e geralmente dou o meu dízimo no começo do mês. Mas muitas vezes, no restante do mês, não dou mais nada.

Mas o Senhor me mostrou que eu nunca devo ir até Ele de mãos vazias. Tomei a decisão de seguir essa ordem. Agora, sempre saio de casa com algo para entregar ao Senhor. Às vezes é um pote cheio de bolachas caseiras para a hora do cafezinho na igreja. De vez em quando levo alguns presentinhos para o ministério com crianças ou doo alguns livros para o ministério em presídios. E também há as ofertas em dinheiro para os projetos e missões que nossa igreja está desenvolvendo.

Outra área em que tomei uma decisão foi "não dever nada a ninguém a não ser o amor". No outono de 2007 decidi não emprestar mais dinheiro para nada e sair das dívidas o mais rápido possível. Deuteronômio 28.12 diz: "Vocês emprestarão a muitas nações, e de nenhuma tomarão emprestado". Então, decidi viver uma vida sem dívidas. Fiz um acordo comigo mesma de nunca mais emprestar de novo. Essa foi uma decisão de qualidade que eu continuarei a seguir para que eu possa declarar: "Não devam nada a ninguém, a não ser o amor de uns pelos outros, pois aquele que ama seu próximo tem cumprido a lei".

Esses exemplos apenas tocam na superfície de como podemos "manter o pensamento nas coisas do alto". A questão é: se queremos nos conformar com os caminhos de Deus e com a imagem de Cristo, então precisamos tomar esse tipo de decisão consciente e ficar firme nela. Precisamos tomá-la *antes* de surgir a situação em que a decisão precisa ser tomada.

Podemos decidir não gastar demais, não comer demais, não brincar demais. Como seguidores de Cristo podemos decidir não consumir pornografia, não desenvolver relacionamentos impuros com colegas de trabalho, não flertar com coisas que possam nos prejudicar ou prejudicar outros. Podemos decidir ir à igreja todos os domingos, repartir com os pobres e nos encontrar com o Senhor todos os dias para um tempo de oração e meditação na Palavra.

Somos chamados a manter o pensamento nas coisas do alto. O que isso significa para você e sua vida? Será que o Espírito Santo o está cutucando para assumir uma posição em determinada área de sua vida e tomar uma decisão de mudar... e ficar firme nessa decisão?

Gaste alguns minutos agora mesmo e ouça o que o Senhor está lhe dizendo. Pergunte a Ele se existe alguma área de sua vida que você precisa "manter o pensamento nas coisas do alto" e depois apresente o seu compromisso ao Senhor, peça ao Espírito Santo que o oriente e dirija e fique firme. Você será abençoado!

DIA 13

SEI OS PLANOS QUE TENHO PARA VOCÊS

"Porque sou eu que conheço os planos que tenho para vocês", diz o Senhor, "planos de fazê-los prosperar e não de lhes causar dano, planos de dar-lhes esperança e um futuro". – Jeremias 29.11

Este é um dos meus versículos favoritos. É tão encorajador e cheio de promessas. Puxa! O Senhor tem planos fantásticos para mim: de me fazer prosperar e de me dar um maravilhoso futuro. É uma ótima notícia.

Então como descobrir os planos que nosso Pai e Criador tem para cada um de nós? Esperamos aparecer alguma coisa escrita na parede ou um mensageiro bater à nossa porta? Ainda que seja bastante convidativa, não creio que essa seja a resposta. Nós mergulhamos no que Deus tem de melhor para nós quando começamos a sonhar e a planejar estando sensíveis à sua voz.

Aquietar-se diante do Senhor, submeter-se a Ele e buscar o auxílio do Espírito Santo é uma experiência poderosa. Peça ao Espírito Santo que trabalhe em sua vida e revele os planos do Pai para você.

Estabelecer alvos de curto e longo prazo irá impulsionar seu sucesso e conduzi-lo em direção aos sonhos e realizações que o Senhor colocar em seu coração. Para cada boa obra que o Pai chamá-lo a fazer, Ele providenciará as ferramentas para você ser bem-sucedido. Mas você precisa sondar seu coração e redescobrir esperanças e sonhos que talvez estejam esquecidos... e então desenvolver estratégias para concretizá-los.

A maioria das pessoas nunca aprende a mergulhar em seus sonhos ou a estabelecer alvos para sua vida. Em vez disso, elas simplesmente vão vivendo a vida sem rumo certo e vão pensando no que fazer ao longo do caminho. Infelizmente essa abordagem pode conduzir a uma vida de mediocridade e frustração. Mas podemos escolher viver de forma diferente.

Planejar e escrever alvos é um sistema comprovado de sucesso. E pense em como seríamos bem-sucedidos se nossos alvos e planos estivessem sustentados, protegidos e fortalecidos pelo Senhor! Então, por que não planejamos e colocamos no papel nossos alvos? Por que não investimos o tempo, a energia e a meditação necessários para descobrir os planos que o Senhor tem para nós?

Acho que a resposta não é diferente para cristãos e não cristãos. Muitas pessoas não consideram os alvos importantes. E se as pessoas não valorizam o planejamento e estabelecimento de alvos, não vão se dar ao trabalho de fazer isso. Muitas pessoas não sabem como definir alvos ou como criar planejamentos para atingi-los; outros ainda temem a rejeição ou o fracasso.

Em toda a Bíblia Deus mostra por seu exemplo que Ele é alguém que planeja, pensa nos detalhes e é bem-sucedido. Ele planejou a criação do universo para levar seis dias. Ele planejou em detalhes como o Tabernáculo deveria ser construído. Ele conta os cabelos de nossa cabeça e o número de nossos dias.

Ele também gosta de escrever as coisas: os Dez Mandamentos, a sua Palavra e os planos que Ele mandou Habacuque escrever, para dar apenas alguns exemplos. E Jeremias 29.11 diz que Ele tem planos para você! Mas antes desses planos se transformarem em ação, devemos fazer a nossa parte.

Adoro a frase: "Você nunca irá além da visão que tem para você mesmo". Este provérbio contém uma grande verdade. Qual é a visão que você tem para sua vida? O que você sabe sobre os planos do Pai para você? O que você vê no seu futuro? Essas são perguntas que podemos responder à medida que estabelecermos alvos e desenvolvermos planos para nossa vida, entendendo que o Senhor quer que tudo dê certo e sejamos bem-sucedidos.

Então o que será necessário para nós sonharmos sonhos, fazermos planos e colocarmos no papel os alvos? Parece que a única coisa necessária é desejar o futuro que Deus tem em sua mente para nós e depois decidir agir.

Você já deve ter ouvido a frase: "Hoje é o primeiro dia do resto de sua vida". Você tem o resto de sua vida diante de você e pode começar hoje a pensar e a fazer planos para o futuro. O que você quer para sua família? Sua carreira? Sua fé? Sua saúde?

Não vamos permitir que os obstáculos que amarram a maioria das pessoas também nos impeçam de vislumbrar tudo o que Deus quer para nós. Vamos tomar uma decisão de qualidade de aquietarmo-nos diante do Senhor, ouvi-lo, imaginar nossos anseios, fazer planos e escrevê-los.

DIA 14

SOLTANDO AS AMARRAS

Então Calebe fez o povo calar-se perante Moisés e disse: "Subamos e tomemos posse da terra. É certo que venceremos!" – Números 13.30

Você se lembra da história dos doze espias que Deus instruiu Moisés a enviar para a Terra Prometida? Deus tirou os israelitas do Egito e os libertou da escravidão de maneira miraculosa ao abrir o Mar Vermelho. Enquanto se deslocavam, Ele os alimentou com pão do céu. Ele lhes deu codornizes para comer. Ele criou estruturas e sistemas para a sobrevivência de seu povo. Ainda assim, os israelitas reclamaram e murmuraram. Finalmente, depois de viajarem por dois anos, se aproximaram da Terra Prometida.

O Senhor já havia lhes dado a terra, mas eles precisavam conquistá-la antes de tomar posse dela. Por isso, os espias foram a Canaã e lá ficaram por quarenta dias para que pudessem ver o que encontrariam. Dez dos espias voltaram com um relatório negativo: embora a terra fosse fértil, abundante e rica em leite e mel, os obstáculos eram grandes demais. Os homens da terra eram grandes e violentos, e os empoeirados israelitas não conseguiriam vencê-los.

Somente Josué e Calebe viram as coisas de forma diferente. Eles também viram a terra de leite e mel e as forças impressionantes que se lhes oporiam. Mas criam em Deus e confiavam que Ele os ajudaria a tomar a terra que Ele mesmo prometera. Eles levaram Deus a sério porque confiaram em Sua promessa.

Em quem a multidão acreditou? Que imagem eles aceitaram como a visão para o futuro de Israel? Os israelitas com mentalidade de escravos estavam acostumados às dificuldades. Aquela era a sua zona de conforto. Mesmo quando Deus os abençoava com boas coisas, eles ainda murmuravam. Mesmo que estivessem fora do Egito, a maneira de pensar egípcia ainda estava dentro deles.

Por isso, receberam o relatório negativo como a verdade e peregrinaram no deserto pelo resto de sua vida.

Sabemos o fim da história – a verdade: Deus deu à geração seguinte de pensadores e líderes toda a ajuda de que necessitaram para tomar o que Ele já lhes havia dado por meio de sua promessa. De que tipo de arma eles precisaram? De fé – fé em Deus e confiança que Ele faria o que dissera que faria.

Olhamos para os pobres israelitas peregrinos e imaginamos que teríamos sido diferentes. *Certamente se eu tivesse vivido naquela época teria sido como Calebe e Josué e confiado no Senhor,* – pensamos. Mas será que isso é verdade? Será que não estamos presos a crenças que nos causam a mesma paralisia e o mesmo prejuízo sofrido pelos israelitas?

Quantos de nós estamos algemados às crenças da incapacidade, da culpa ou da vergonha que resultam numa mentalidade medíocre que nos deixa andando em círculos, no mesmo lugar em que sempre estivemos? Quantos de nós estamos seguindo os passos de nossos antepassados que nos mantêm presos a tradições travestidas de verdade? Quantos de nós estamos oprimidos pelo medo e pela ansiedade e por isso não corremos o risco de confiar num Deus invisível que decreta promessas grandiosas?

Agora mesmo, não importa em que estágio de sua vida você esteja, você tem a oportunidade de ser como os dez pessimistas e os milhões de homens e mulheres que acreditaram neles. Ou pode ser como as poucas pessoas que deram um passo de fé e enxergaram tudo o que Deus queria lhes dar. A escolha é nossa: podemos ignorar as promessas de Deus ou obter a vitória!

Lembre-se do chamado de Deus para nós em Deuteronômio 30.19: "Hoje invoco os céus e a terra como testemunhas contra vocês, de que coloquei diante de vocês a vida e a morte, a bênção e a maldição. Agora escolham a vida, para que vocês e os seus filhos vivam".

Vamos dar um passo de fé e escolher a vida!

DIA 15

ARRAIGADOS E EDIFICADOS EM CRISTO

Portanto, assim como vocês receberam a Cristo Jesus, o Senhor, continuem a viver nele, enraizados e edificados nele, firmados na fé, como foram ensinados, transbordando de gratidão. – Colossenses 2.6-7

Acho que todos concordamos que vivemos dias turbulentos. Seja na economia, nos índices de criminalidade, nas questões sociais, na política, nos assuntos internacionais, seja nas pressões que enfrentamos dia a dia, pelos padrões do mundo, esses são dias incertos e instáveis.

É por isso que, embora essa palavra do apóstolo Paulo tenha sido escrita há quase dois mil anos, ela ainda se aplica a nós hoje. Para encontrar estabilidade, devemos estar enraizados e firmados em Cristo e Sua Palavra. E quando nos depararmos com as pressões, preocupações ou provações da vida, Ele estará conosco para nos sustentar e fortalecer.

Como nos enraizamos e nos edificamos em Cristo? Colocando-o no primeiro lugar em cada área de nossa vida. Isso inclui o nosso casamento, os nossos filhos, amizades, carreira, trabalho, finanças, lazer, voluntariado, estudos e planos para o nosso futuro.

Jesus nos disse que sempre estará conosco, o que é extremamente reconfortante. O escritor de Hebreus também diz: "O casamento deve ser honrado por todos; o leito conjugal, conservado puro; pois Deus julgará os imorais e os adúlteros. Conservem-se livres do amor ao dinheiro e contentem-se com o que vocês têm, porque Deus mesmo disse: 'Nunca o deixarei, nunca o abandonarei'" (Hebreus 13.4-5).

A presença de Jesus dentro de nós e conosco é promessa. Então a pergunta "Senhor, o que o Senhor acha disso?" pode estar constantemente em nossa boca. Buscar a sabedoria de Deus em Sua Palavra pode ser uma prática normal para nós. E ainda assim, quando não soubermos o que fazer, podemos receber conselhos piedosos do pastor ou de amigos que sejam crentes maduros em Cristo.

Estar enraizado significa aprofundar-se! Significa investir tempo e energia para conhecer melhor Deus e sua Palavra e dedicar tempo para estar com

Ele a fim de termos um relacionamento íntimo com Ele. Quanto mais profundas forem as raízes, mais estáveis seremos. Não seremos arrancados do centro quando a tempestade chegar à nossa vida. Saberemos o que fazer e aonde ir.

Podemos ver esse tipo de vida descrito em Tiago 1.2-8:

> *Meus irmãos, considerem motivo de grande alegria o fato de passarem por diversas provações, pois vocês sabem que a prova da sua fé produz perseverança. E a perseverança deve ter ação completa, a fim de que vocês sejam maduros e íntegros, sem lhes faltar coisa alguma. Se algum de vocês tem falta de sabedoria, peça-a a Deus, que a todos dá livremente, de boa vontade; e lhe será concedida. Peça-a, porém, com fé, sem duvidar, pois aquele que duvida é semelhante à onda do mar, levada e agitada pelo vento. Não pense tal homem que receberá coisa alguma do Senhor; é alguém que tem mente dividida e é instável em tudo o que faz.*

Podemos ser estáveis em tudo o que fazemos, firmes na fé e confiantes em Deus. Pare alguns minutos e faça a você mesmo estas perguntas:

- Como posso estar mais enraizado em Cristo?
- Quais são três coisas que posso fazer para aumentar meu conhecimento d'Ele e de Sua Palavra?
- Que período do meu dia estou disposto a reservar com o único propósito de estudar a Palavra de Deus a fim de me tornar firmemente edificado na Verdade?

Faça planos de crescer em Cristo para que, quando as dificuldades chegarem, você esteja pronto! O nosso Senhor está acenando: "Venha". Ele nos chama, mas nós devemos responder. Você consegue ouvi-lo a lhe chamar agora?

DIA 16

NEM SÓ DE PÃO

O tentador aproximou-se dele e disse: "Se você é o Filho de Deus, mande que estas pedras se transformem em pães". Jesus respondeu: "Está escrito: 'Nem só de pão viverá o homem, mas de toda palavra que procede da boca de Deus'". – Mateus 4.3-4

Puxa! Você já está jejuando há mais de duas semanas. Provavelmente a pior fase das fomes e vontades desesperadoras de comer já passou. Mas pão com fermento ainda está fora de sua dieta, por isso talvez essa passagem da Bíblia tenha ainda mais significado para você agora do que quando podia dar uma mordida num pão francês crocante ou numa deliciosa rosca.

Um dos benefícios do Jejum de Daniel é que nós nos tornamos mais conscientes do que estamos comendo. Espero que essa consciência crie hábitos que farão sua saúde melhorar nos meses e anos por vir.

Podemos também estar mais conscientes de como alimentamos nosso espírito e nossa alma. Eles estão bem nutridos? Será que os estamos alimentando com comida saudável ou com produtos contaminados?

Jesus nos ensina que não vivemos só de pão material, mas também – e até mais importante – do alimento espiritual que é a Palavra de Deus. Assim como o nosso corpo físico necessita ser nutrido a cada dia e todos os dias, também o nosso espírito.

O prato principal desse cardápio é a Bíblia, depois podemos ter o que chamo de "acompanhamentos ou guarnições", que são livros cristãos, sermões, estudos bíblicos e programas cristãos na televisão. Mas precisamos garantir que teremos tempo todos os dias para a santa Palavra de Deus para que Ele nos fale e ministre a nós.

Igualmente, precisamos garantir que estamos alimentando a nossa alma com uma dieta saudável que produz vida e não morte. O nosso Pai nos diz que temos uma escolha entre a vida e a morte e Ele nos manda escolher a vida. Isso inclui o tipo de informação que entra em nossa mente através de pessoas, da mídia, da Internet, da televisão, de livros, de conversas e de outras influências que encontramos.

Você tem recebido coisas em sua vida que possam não estar lhe dando o melhor alimento para a sua alma? Os programas a que você assiste na televisão são saudáveis e puros? Ou são contaminados e permeados de informação nociva? E a Internet? O rádio? Os livros que você lê? As conversas que tem com os amigos?

Assim como temos de cuidar de nosso corpo e fazer boas escolhas a respeito do que comemos, também devemos cuidar dos nossos olhos e ouvidos quanto ao que permitimos entrar em nossa alma. E devemos guardar também a nossa boca quanto às palavras que dizemos.

Quanto mais você alimentar o seu espírito da Palavra de Deus, melhor você cuidará de sua alma e de seu corpo. Garanta que o seu espírito esteja sendo bem alimentado e depois cuidadosamente escolha os alimentos que você oferecerá à sua alma e ao seu corpo. Esse é o caminho para a saúde em todas as áreas de sua vida.

DIA 17

A QUESTÃO NÃO ERA O DINHEIRO!

E lhes digo ainda: "É mais fácil passar um camelo pelo fundo de uma agulha do que um rico entrar no Reino de Deus". – Mateus 19.24

Esse é um versículo que parece confundir muitos cristãos e certamente estimula a discussão de que para ser um bom seguidor de Cristo é preciso ser pobre ou no máximo de classe média.

A menção que Cristo faz ao "fundo de uma agulha" provavelmente se refere a um portão nos muros que cercavam a cidade de Jerusalém chamado "Fundo de Agulha". A abertura era tão baixa que um camelo teria de ser aliviado de toda a sua carga e depois ficar com as patas dobradas para poder passar para o outro lado. A passagem era muito pequena e exigia muito esforço do proprietário para conseguir fazer seu camelo passar.

Basicamente, Jesus está dizendo que é quase impossível um rico entrar no Reino de Deus. Mas não é o dinheiro que impede o rico de entrar; é onde o rico deposita sua segurança e independência. Jesus está dizendo que as pessoas com dinheiro com frequência confiam em suas riquezas para resolver todos os seus problemas. Elas não sentem necessidade de Deus ou da vida que Ele proporciona. Por isso o apóstolo Paulo ensina em 1 Timóteo 6.10: "… pois o amor ao dinheiro é raiz de todos os males". Não é o dinheiro. É o amor, a confiança e a dependência no dinheiro que é maligna e dificulta o acesso das pessoas ao Reino de Deus.

Vemos a mesma coisa hoje. As pessoas estão tão concentradas em ganhar e gastar dinheiro que nem pensam em Deus. Elas medem o valor de cada uma não pelo caráter ou pelo relacionamento com o Pai, mas sim por sua posição social, suas posses e círculo de relacionamentos.

As prioridades do mundo são facilmente observadas ao se folhear uma revista, clicar nas páginas do Yahoo ou mudar os canais da televisão. A ausência de Deus é muito evidente e o amor ao dinheiro é manifestado de maneira explícita.

Infelizmente, esses valores parecem estar presentes e florescentes na Igreja também. Demasiadas vezes nos voltamos para o sistema do mundo em busca de direção para o viver. Consequentemente, o plano de Deus para a nossa vida não é atingido nem concretizado. Tenho de admitir que minha vida cristã foi assim durante muitos anos. Somente quando as escoras invisíveis de minha vida de classe média ruíram voltei-me para Deus como meu Provedor e comecei a aprender o que a vida no Reino é de verdade.

Sou tão grata pelo que aprendi e conheço agora. Para mim foi preciso enfrentar o desespero financeiro para perceber que eu dependia do dinheiro e do sistema do mundo para viver. Graças a Deus agora vivo no Reino de Deus. Finalmente entendi! E a boa notícia é que o meu Pai abriu as janelas do céu e está derramando seus recursos e bênçãos sobre mim.

Sou especialmente escolhida por Deus para receber suas bênçãos? Sim! Todos nós somos escolhidos, mas também precisamos escolher certo na nossa vez. Deus nos dá a escolha de entrarmos no seu Reino ou não. É nossa escolha se iremos nos aprumar em seus caminhos. E o caminho não é difícil. Podemos examinar o nosso coração e apresentá-lo ao Espírito Santo, que nos mostrará onde precisamos mudar. Podemos deixar Cristo ser Senhor de cada área de nossa vida, inclusive de nossas finanças.

Abra o seu coração para o Senhor hoje nesta área de sua vida: suas finanças. Será que o Senhor é o Administrador e a Fonte de seus recursos? Ele é o seu Provedor? Examine-se a si mesmo e peça ao Espírito Santo que o ajude a aproximar-se ainda mais do Senhor entregando-lhe esta área de sua vida a Ele para que você possa participar plenamente do Reino de Deus. Isso é de fato viver bem.

DIA 18

QUEM VOCÊS DIZEM QUE EU SOU?

Chegando Jesus à região de Cesareia de Filipe, perguntou aos seus discípulos: "Quem os homens dizem que o Filho do homem é?". Eles responderam: "Alguns dizem que é João Batista; outros, Elias; e, ainda outros, Jeremias ou um dos profetas". "E vocês?", perguntou ele. "Quem vocês dizem que eu sou?" – Mateus 16.13-15

A passagem citada é bastante conhecida. A resposta de Simão Bar-Jonas para a pergunta lhe conquistou uma mudança de nome da parte de Jesus: Pedro, que quer dizer rocha.

Enquanto eu lia essa passagem hoje, o Espírito Santo me levou a dirigir a mesma pergunta a você e a mim: "Quem vocês dizem que eu sou?".

Essa não é uma pergunta para a nossa mente ou o nosso intelecto nem para as nossas crenças tradicionais. Hoje esta pergunta é dirigida ao nosso coração: "Quem você diz que eu sou?".

Será que Jesus é uma figura distante que faz parte de nossa tradição religiosa? Aquele que celebramos no Natal e na Páscoa? Ele é o quadro na sala da Escola Bíblica Dominical? Ou Ele é o Salvador a respeito de quem lemos na Bíblia e que ansiamos por encontrar um dia?

Hoje Ele nos pergunta: "Quem você diz que eu sou?".

Por muitos anos, Jesus era uma figura distante para mim. Eu sabia muito *sobre* Ele. Eu até ensinava outras pessoas a respeito d'Ele. Escrevi textos inspirativos sobre Ele. E dirigi muitas orações a Ele. Mas só quando fiquei desesperada por Jesus na minha vida foi que realmente comecei a *conhecê-lo*.

Esse conhecimento não veio da noite para o dia. Ao contrário, houve um período de profunda e constante busca que fez meu espírito estar em íntima comunhão com Ele. Jesus não estava se escondendo de mim; eu que não sabia como encontrá-lo da maneira íntima como Ele queria se relacionar comigo. Mesmo hoje, não estou tão "chegada" a Ele como sei que poderia estar, mas todos os dias eu me aproximo mais e mais.

Sei que é verdade o que a Bíblia nos ensina em Tiago 4.8: "Aproximem-se de Deus, e ele se aproximará de vocês!". Até tomarmos a decisão de conhecermos o Senhor separando tempo e nos aquietando com regularidade, o relacionamento que queremos não acontecerá.

É por isso que a pergunta "Quem vocês dizem que eu sou?" é tão pungente. Jesus é uma prioridade em nossa vida ou esperamos até sobrar tempo? Ele é a pessoa com quem podemos ter um relacionamento íntimo e afetivo? Ou é alguém que viveu há muito tempo e que esperaremos para ver no céu?

Nos últimos anos meu relacionamento com Cristo cresceu de um conceito etéreo para um relacionamento profundo e duradouro. Ele é a pessoa que eu procuro para todas as minhas necessidades. Ele é o primeiro com quem falo de manhã e a pessoa com quem converso ao longo do dia inteiro. Muitas vezes Ele fala comigo e consigo ouvir Sua voz e saber exatamente o que Ele está dizendo, uma vez que desenvolvi os "ouvidos para ouvir".

Sou tão grata por ter deixado de conhecer *sobre* Jesus para realmente conhecê-lo. Espero que você aproveite a oportunidade nos próximos dias para responder à pergunta que Jesus lhe faz: "Quem você diz que eu sou?".

DIA 19

APROFUNDANDO-SE NA PALAVRA DE DEUS

> *Confie no Senhor de todo o seu coração e não se apoie em seu próprio entendimento; reconheça o Senhor em todos os seus caminhos, e ele endireitará as suas veredas.* – Provérbios 3.5-6

Num dos meus devocionais pela manhã com Deus, estava pensando sobre confiança e acabei parando numa das minhas passagens favoritas do Antigo Testamento: Provérbios 3.5-6. Olhei para esses versículos, deixei-os passear pela minha mente por um tempo e depois comecei a "escavar" as verdades desta curta, porém poderosa passagem.

Primeiro, procurei no dicionário a palavra "confie". A palavra hebraica é *chasah*, que significa "esperar em; fazer nosso refúgio". A definição me lembrou de Salmos 91.1-2, que diz: "Aquele que habita no abrigo do Altíssimo e descansa à sombra do Todo-Poderoso pode dizer ao Senhor: 'Tu és o meu refúgio e a minha fortaleza, o meu Deus, em quem confio'".

Depois, procurei "coração". A palavra hebraica é *leb*, que significa o intelecto, a personalidade, as emoções, o espírito de uma pessoa, o seu interior, o mais íntimo do seu ser. O nosso "coração" é quem nós somos; é o que é provado e sondado por Deus. O coração e o espírito muitas vezes são usados de maneira intercambiável. É o nosso íntimo que nasce de novo quando aceitamos a Cristo como o Senhor de nossa vida. Jesus também nos disse: "Respondeu Jesus: 'Ame o Senhor, o seu Deus, de todo o seu coração, de toda a sua alma e de todo o seu entendimento'" (Mateus 22.37).

A próxima palavra que eu pesquisei foi "caminhos". A palavra hebraica é *derek*. Significa uma estrada, um curso ou uma maneira de agir.

E finalmente procurei "reconheça", que é *jada* em hebraico. Isso significa contato íntimo; no casamento significa o momento da relação sexual, quando uma nova vida é concebida e depois nasce. Com o Senhor é a intimidade por meio da oração e da meditação que nos revela sua verdade e dá à luz bênçãos e vitórias em nossa vida.

Então, quando juntei todas essas palavras, foi isso que ouvi essa passagem me dizendo: faça do Senhor o seu refúgio e o seu esconderijo para cada parte de sua vida. Isso inclui tudo: o que eu penso, o que sinto, como me comporto, como lido com a vida. Devo deixar de lado minha própria maneira de pensar, que foi treinada pelo mundo e é tão deficiente quando comparada com o Deus Todo-Poderoso. Em tudo que eu fizer, coisas grandes ou pequenas, preciso buscar o Senhor, dirigindo-me a ele em oração e meditando em sua Palavra. Então, Ele *dirigirá* cada passo que eu der. Ele moverá o céu e a Terra para que eu seja bem-sucedida em tudo o que fizer.

Que oportunidade o Senhor nos dá se seguirmos seu caminho em nossa vida. Não o nosso caminho, mas o d'Ele. Isso significa andar no Espírito. Isso é viver pela fé.

Então, o que devemos fazer para experimentar isso que Deus nos oferece? Basicamente devemos dizer não a nós mesmos e buscar a Deus. Simples? Sim! Mas é preciso uma decisão firme e um compromisso sério para fazer isso. Escolher Deus não é uma decisão superficial. Também não acontece da noite para o dia. Se você fosse entrevistar homens e mulheres que têm relacionamentos dinâmicos com Deus, rapidamente descobriria que eles afundam na Palavra de Deus com certa regularidade. Eles desenvolveram hábitos de orar, meditar, estudar a Bíblia e aprender sobre o Senhor. Seu principal alvo é conhecer a Deus e renovar sua mente com a verdade da sua Palavra. E a partir desse conhecimento, desse relacionamento íntimo com o Pai, é que essas pessoas vivem sua vida.

Todos têm a mesma oportunidade de confiar no Senhor de todo o seu coração. Podemos ser renovados. Podemos ser guiados por Deus. Podemos ter uma vida abençoada e poderosa. Mas isso requer um compromisso permanente.

Será que vale a pena? Vamos ver. Quero seguir o meu caminho ou o caminho de Deus? Hummmm... sem discussão! É por isso que faço tudo que preciso para confiar no Senhor de todo o meu coração, não me apoiar no meu próprio entendimento, reconhecê-lo em todos os meus caminhos para que Ele endireite as minhas veredas.

Essa é uma forma poderosa de viver. Eu sou o meu próprio testemunho! Como o cego em João 9.25, que disse: "Eu era cego e agora vejo", minha vida foi transformada por causa da maravilhosa ação de Deus. Conheço o antes e estou vivendo no "depois". Ele não me abençoou porque eu sou uma pessoa boa ou especial ou inteligente. Não, Deus fez grandes coisas em minha vida porque Ele me ama. Ele quer me abençoar. Sou sua filha querida. Para mim, essa é, de longe, a melhor maneira de viver. A paz, a alegria e o amor são tão preciosos que jamais os teria encontrado de outra maneira!

A verdade surpreendente é que qualquer pessoa pode ter as mesmas bênçãos. A oportunidade está aí para qualquer que quiser seguir os caminhos do Senhor.

DIA 20

SE JESUS É O PRIMOGÊNITO, O QUE ISSO DIZ A RESPEITO DE VOCÊ?

Ele é a imagem do Deus invisível, o primogênito de toda a criação.
– Colossenses 1.15

Você já leu uma verdade bíblica e ficou quase atemorizado? Foi o que aconteceu comigo quando estive meditando nessa passagem e na ideia de Jesus como o primogênito. Em Romanos 8.29, Ele é chamado "o primogênito entre muitos irmãos".

Primogênito significa exatamente o que a palavra diz: o primeiro filho ou o filho mais velho de uma família. A palavra grega é *prototokos*, que quer dizer o primeiro a nascer ou o filho mais velho. A posição não está relacionada à estatura, mas sim à ordem cronológica: o primeiro.

Então, se Jesus é o primogênito entre muitos irmãos, o que isso diz a nosso respeito? O que acontece quando juntamos essa verdade com a de Romanos 2.11: "Pois em Deus não há parcialidade". Ou Romanos 8.15, que diz: "Pois vocês não receberam um espírito que os escravize para novamente temer, mas receberam o Espírito que os adota como filhos, por meio do qual clamamos: 'Aba, Pai'".

Fiz a mim mesma a pergunta que causou arrepios em minha alma: se Jesus é o primogênito, o que isso diz a meu respeito?

Encorajo você a se fazer a mesma pergunta. A resposta é surpreendente. Mas não entenderemos o impacto dessa verdade a menos que a assimilemos e a deixemos penetrar em nossa mente e coração até que ela transforme nossos pensamentos e nossa identidade. Você realmente se vê como um irmão mais novo de Jesus? Ele é o Filho de Deus. Você é filho de Deus também. Você é coerdeiro com Cristo. Não porque eu tenha dito isso ou por causa de uma visão denominacional. Você é filho de Deus e coerdeiro com Cristo porque Deus assim o diz!

Não somos crianças abandonadas. Romanos 8.16-17 nos diz quem somos: "O próprio Espírito testemunha ao nosso espírito que somos filhos de

Deus. Se somos filhos, então somos herdeiros; herdeiros de Deus e coerdeiros com Cristo, se de fato participamos dos seus sofrimentos, para que também participemos da sua glória".

Você e eu somos coerdeiros com Cristo!

Outro elemento interessante nessa mistura é algo que poucos cristãos levam em conta. Quando Deus enviou Jesus, Ele era o seu Filho unigênito. Mas quando Jesus ressurgiu dentre os mortos e ascendeu aos céus, Ele era o primogênito. O unigênito se torna o primogênito por causa da cruz. Jesus não é mais o *único* Filho. Jesus tornou possível que você e eu ingressássemos na família. Você entende a verdade e realidade disso tudo? O Filho de Deus se tornou o Filho do Homem, e os filhos dos homens podem se tornar filhos de Deus.

Como homens e mulheres nascidos de novo, somos membros aceitos na família de Deus. Jesus foi o primeiro e possibilitou que todos nós tivéssemos os mesmos direitos, privilégios e benefícios. Espero que você gaste alguns minutos para pensar no que essa verdade representa para você – deixe-a penetrar – e faça a si mesmo a pergunta: "Se Jesus é o primogênito, o que isso diz a meu respeito?". Então, da próxima vez que você se sentir inferior e inútil, lembre-se de quem você é: você é um filho amado, estimado e apreciado, coerdeiro com Jesus, o primogênito de toda a criação!

Desfrute a bênção de sua identidade!

DIA 21

VOCÊ AINDA SE SENTE NO FOGO?

Os quais caíram amarrados dentro da fornalha em chamas. Mas, logo depois o rei Nabucodonosor, alarmado, levantou-se e perguntou aos seus conselheiros: "Não foram três homens amarrados que nós atiramos no fogo?" Eles responderam: "Sim, ó rei". E o rei exclamou: "Olhem! Estou vendo quatro homens, desamarrados e ilesos, andando pelo fogo, e o quarto se parece com um filho dos deuses". – Daniel 3.23-25

O fato assombroso acerca dessa história é que três homens foram lançados na fornalha ardente, mas quatro homens foram vistos andando no meio das chamas. Muito antes de serem lançados, aqueles homens hebreus tinham fé no seu Deus e em suas promessas. "Sejam fortes e corajosos. Não tenham medo nem fiquem apavorados por causa deles, pois o Senhor, o seu Deus, vai com vocês; nunca os deixará, nunca os abandonará" (Deuteronômio 31.6). E ali, bem dentro daquela câmara de morte, estava a presença de Deus vigiando e protegendo seus filhos. Eruditos descrevem o quarto homem na fornalha como uma *cristofania*, que é a aparição pré-encarnada de Jesus, o Messias. A fidelidade de Deus sendo mostrada.

Mas vamos olhar alguns dos outros detalhes. Um deles é que os homens estavam amarrados. Eles não poderiam fazer nada por conta própria. Há momentos na nossa vida em que estamos tão amarrados pelos problemas deste mundo que não conseguimos fazer nada em nossa própria força. Às vezes, as amarras são trazidas por outros e não por causa de nossas ações – como no caso daqueles homens hebreus. Mas quer essas amarras sejam autoinfligidas por escolhas erradas que fizemos, quer sejam causadas pelo pecado de outros contra nós, a resposta é sempre a mesma: confie no Senhor. Foi o que aqueles homens fizeram. Nabucodonosor viu e exclamou: "Estou vendo quatro homens, desamarrados e ilesos!". As amarras haviam sumido! Mesmo antes de saírem da fornalha, eles já estavam livres, e o Senhor estava lá com eles.

O mesmo deveria acontecer conosco. Ainda que você tenha jejuado fielmente durante essas três semanas, talvez você ainda esteja passando por circunstâncias terríveis. Mas mesmo que você não enxergue a vitória com os seus olhos, você está livre.

Se tivermos fé na vitória, ela já é nossa. Jesus disse em Marcos 11.24: "Portanto, eu lhes digo: tudo o que vocês pedirem em oração, creiam que já o receberam, e assim lhes sucederá".

Sadraque, Mesaque e Abede-Nego já tinham recebido o que era deles. Eles ainda não haviam saído do fogo, mas estavam livres para caminhar numa fornalha que estava sete vezes mais quente do que o normal – um calor tão intenso que matou os seus algozes.

Há momentos em que os desafios deste mundo parecem quase insuportáveis para aqueles que não conhecem a Cristo. Mas Deus promete que Ele sempre cuidará de seus filhos: "Não sobreveio a vocês tentação que não fosse comum aos homens. E Deus é fiel; ele não permitirá que vocês sejam tentados além do que podem suportar. Mas, quando forem tentados, ele lhes providenciará um escape, para que o possam suportar" (1 Coríntios 10.13).

No livro de Daniel, os homens que confiavam em deuses pagãos foram mortos, mas os que confiavam no Deus Todo-Poderoso conseguiram escapar, visto que o próprio Senhor providenciou uma saída em meio às circunstâncias tão difíceis. Nabucodonosor ficou atônito com esse Deus tão poderoso; ele simplesmente não conseguia acreditar no que estava vendo:

> *Então Nabucodonosor aproximou-se da entrada da fornalha em chamas e gritou: "Sadraque, Mesaque e Abede-Nego, servos do Deus Altíssimo, saiam! Venham aqui!" E Sadraque, Mesaque e Abede-Nego saíram do fogo. Os sátrapas, os prefeitos, os governadores e os conselheiros do rei se ajuntaram em torno deles e comprovaram que o fogo não tinha ferido o corpo deles. Nem um só fio do cabelo tinha sido chamuscado, os seus mantos não estavam queimados, e não havia cheiro de fogo neles.*

> *Disse então Nabucodonosor: "Louvado seja o Deus de Sadraque, Mesaque e Abede-Nego, que enviou o seu anjo e livrou os seus servos! Eles confiaram nele, desafiaram a ordem do rei, preferindo abrir mão de suas vidas a prestar culto e adorar a outro deus, que não fosse o seu próprio Deus. Por isso eu decreto que todo homem de qualquer povo, nação e língua que disser alguma coisa contra o Deus de Sadraque,*

Mesaque e Abede-Nego seja despedaçado e sua casa seja transformada em montes de entulho, pois nenhum outro deus é capaz de livrar ninguém dessa maneira".

Então o rei promoveu Sadraque, Mesaque e Abede-Nego a melhores posições na província da Babilônia. – Daniel 3.26-30

Nabucodonosor ficou impressionado, mas não se converteu. Ele viu o poder de Deus pelos olhos naturais, e reconheceu Deus como maior do que qualquer outro deus. Esse tipo de aceitação intelectual é crescente no mundo de hoje. Muitas pessoas creem que há um deus. Dentre essas, algumas creem que o Deus da Bíblia é o único Deus verdadeiro, e dentre essas, muitas até creem em Cristo. Mas aceitação intelectual não significa conversão, e isso é o que muitas pessoas não entendem. Minha oração é que este Jejum de Daniel tenha levado você a um relacionamento mais profundo, real e significativo com o Pai e que você nunca mais perca isso de novo. Espero que suas orações tenham sido respondidas e que você tenha recebido visões de como caminhar com Cristo à medida que alimenta sua alma, fortalece seu espírito e renova seu corpo. E oro para que quando você olhar para trás, para esse período de três semanas, você seja encorajado ao ver o quanto seu Pai amoroso trabalhou em sua vida.
Amém!

PERGUNTAS FEITAS COM MAIS FREQUÊNCIA

P. Toda a nossa família vai começar o Jejum de Daniel. Você acha que esse programa de alimentação é saudável para crianças? O meu filho mais velho tem seis anos de idade.

R. De acordo com a lei judaica, as crianças não são responsáveis por suas ações até atingirem a "idade da maioridade", geralmente treze anos para os meninos e doze para as meninas. A partir dessa idade, as crianças começam a arcar com suas próprias responsabilidades em relação às leis rituais, a tradição e a ética judaicas e passam a ter o privilégio de participar de todas as atividades da vida comunitária judaica. Antes disso, os pais assumem a responsabilidade pela adesão dos filhos às leis e tradições judaicas. A saúde e o desenvolvimento da criança devem ser levados em conta quando se fala em filhos pré-adolescentes. O principal que você quer ensinar a seus filhos é que o jejum faz parte de uma disciplina espiritual. Acho que você será mais eficaz se perguntar aos seus filhos que alimentos eles gostariam de restringir para que possam experimentar o impacto do jejum.

P. Por quanto tempo devo jejuar? O Jejum de Daniel sempre tem a duração de vinte e um dias?

R. O Jejum de Daniel geralmente é feito durante vinte e um dias; porém, esse período não é uma exigência. Já fiz esse jejum por dez dias e também já o estendi até cinquenta. Leve em consideração o seu objetivo ao jejuar, depois peça ao Espírito Santo que lhe mostre por quanto tempo você deve jejuar. Enquanto escrevo esta resposta, estou planejando jejuar por pelo menos vinte e um dias, mas vou "checar" com o Espírito Santo quando estiver chegando o dia de começar, se eu não devo jejuar por mais tempo. Situações individuais podem ajudar a definir a duração do jejum.

P. Não vi _____ na lista de alimentos. Posso comer isso no Jejum de Daniel?

R. Uma das maneiras mais fáceis de determinar se um alimento é permitido no Jejum de Daniel é pensar que é uma dieta vegetariana com mais proibições ainda. Portanto, todas as frutas e legumes são permitidos; todos os grãos integrais, sementes e castanhas são permitidos; e todos os óleos de boa qualidade, as ervas e os condimentos são permitidos. Produtos animais são proibidos; todos os açúcares são proibidos; todas as substâncias químicas e produtos industrializados são proibidos; e álcool, cafeína e outros estimulantes são proibidos também.

P. Posso fazer sexo com meu cônjuge durante o Jejum de Daniel?

R. Paulo ensina sobre a abstinência das relações maritais em 1 Coríntios 7.5: "Não se recusem um ao outro, exceto por mútuo consentimento e durante certo tempo, para se dedicarem à oração. Depois, unam-se de novo, para que Satanás não os tente por não terem domínio próprio". Embora não se exija que casais se abstenham de relações maritais durante o jejum, muitos acham a abstinência uma poderosa experiência à medida que se concentram ainda mais no Senhor e também encontram outras maneiras de expressar amor e respeito um pelo outro.

P. Por que não posso tomar chá de ervas? É uma planta sem açúcar ou substâncias químicas.

R. Esta é uma pergunta muito comum. A razão de o chá não ser permitido no Jejum de Daniel é que em Daniel 1.12 lemos que o profeta requisitou apenas "água para beber". Portanto, a única bebida permitida no jejum de Daniel é água. Você pode incrementar ou decorar sua água com limão, fatias de pepino ou até folhas de hortelã. Mas não permita que o líquido deixe de ser água e se transforme em chá e você estará dentro das regras.

P. Entendo que devo beber água filtrada, mas isso significa que devo comprar água mineral durante o jejum?

R. Não, você não precisa beber apenas água mineral, mas recomenda-se o uso de um filtro durante o jejum. Se você não tem um, é fácil comprar e por um preço acessível. Água filtrada é uma boa escolha para a sua saúde, assim, você vai usar bastante sua nova aquisição.

P. Minha Bíblia diz que Daniel comeu apenas legumes e bebeu somente água. Mas você diz que também podemos comer frutas. Você pode me ajudar a entender por que a fruta é permitida?

R. As traduções antigas da Bíblia usam a palavra *grãos* para se referir a alimentos que vêm de sementes e não são de origem animal: "Experimenta os teus servos, eu te rogo, por dez dias; e dê-nos grãos para comer, e água para beber" (Daniel 1.12, Versão King James – tradução livre). Muitas versões traduziram a palavra *grãos* como "legumes". Porém, muitos estudiosos e comentaristas da Bíblia, inclusive Matthew Henry, argumentam que o uso do termo "grãos" significa que alimentos de origem vegetal foram dados aos hebreus.

P. Há algum problema em fazer exercícios e malhar durante o Jejum de Daniel?

R. Não. É ótimo se exercitar enquanto você jejua. Porém, se você for muito ativo é melhor garantir a ingestão de proteína suficiente. Se achar que não está ingerindo o suficiente comendo legumes e verduras, grãos integrais, castanhas, feijão e arroz e produtos de soja, talvez você queira modificar o jejum adicionando quantidades adequadas de peixe e frango.

P. Quais são os melhores versículos da Bíblia para ler durante o Jejum de Daniel?

R. Sugiro que você leia o livro de Daniel e se concentre no caráter dos jovens hebreus que foram levados ao cativeiro e, mesmo em meio a circunstâncias adversas, mantiveram uma profunda fé em Deus.

P. Como lidar com uma situação de viagem ou um compromisso de jantar ou alguma celebração especial?

R. Primeiro, é melhor se você puder agendar tudo com antecedência e evitar essas situações. Você pode embalar lanches como castanhas e bolos de arroz e levar seu próprio molho de saladas. Quando estiver viajando, encontrará muitos restaurantes vegetarianos ou pratos vegetarianos no cardápio de restaurantes comuns porque muita gente hoje em dia faz dietas especiais. Mas é possível que você se depare com situações inevitáveis. Nessa hora, faça o seu melhor e retorne às diretrizes do Jejum de Daniel assim que voltar para casa.

Quando você for à casa de alguém para jantar, pode telefonar com antecedência e avisar o anfitrião que você está numa dieta temporária e peça uma simples salada de legumes. Ou pode precisar apertar o botão de "pausa" em seu jejum, se essa for a atitude mais amorosa para lidar com a situação. Seja moderado ao comer, coma o suficiente para agradar o anfitrião e não para satisfazer seus desejos.

P. Há algum problema em usar vinagre de vinho tinto, uma vez que o vinho não é permitido no Jejum de Daniel?

R. Esse é um dos assuntos relacionados ao Jejum de Daniel em que a linha divisória é bastante tênue. A pequena quantidade de álcool encontrada no vinagre não tem nenhum potencial embriagante. Por isso, neste caso, o vinagre de vinho tinto serve apenas para dar sabor e é permitido no Jejum de Daniel.

P. Se a única bebida permitida é a água, há algum problema em beber vitaminas? E, também, posso adicionar proteína em pó à minha vitamina?

R. Primeiro, as vitaminas não são consideradas bebidas. Elas são "refeições líquidas" como a sopa e, portanto, são permitidas no Jejum de Daniel. As proteínas em pó podem ser adicionadas desde que estejam de acordo com as instruções do Jejum de Daniel e não contenham leite ou derivados, açúcares e substâncias químicas. Procure uma proteína sem açúcar à base de soja.

P. Posso comer maçã e arroz no Jejum de Daniel, visto que Daniel não tinha acesso a esses alimentos naquela época?

R. Sim, você pode comer esses e outros alimentos, desde que sejam de origem vegetal. Não estamos tentando comer apenas os alimentos que Daniel comeu durante o jejum, mas sim ter o jejum dele como referencial. Se a maçã e o arroz fossem alimentos disponíveis na época de Daniel, considerando as restrições que fez, ele os teria incluído em sua dieta.

P. Tenho diabetes e estou em dúvida se o Jejum de Daniel é seguro para mim.

R. Você deverá monitorar o nível de açúcar no sangue durante o Jejum de Daniel e também garantir que consultará seu médico caso a dieta proposta pelo jejum seja muito diferente da que você está acostumado. Porém, recebi inúmeros relatos de homens e mulheres diabéticos dizendo que o Jejum de Daniel fez tão bem à sua saúde que o nível de açúcar no sangue ficou equilibrado e agora eles estão controlando a diabetes através da alimentação saudável. Entretanto, se você precisar alterar o jejum para atender às suas necessidades de saúde, isso é perfeitamente aceitável.

P. Estou tendo crises de abstinência de cafeína que incluem dores de cabeça, fadiga e alterações de humor. Quanto tempo isso vai durar e há algo que eu possa fazer para aliviar os sintomas?

R. O melhor a fazer é diminuir aos poucos a cafeína, antes de começar o jejum. Porém, se isso não aconteceu, beba dois litros de água filtrada por dia e tome 400 mg de vitamina C de manhã e novamente na hora do jantar. Longas caminhadas também parecem amenizar os sintomas da desintoxicação que geralmente passam depois de três a cinco dias. Se os sintomas forem muito intensos e estiverem interferindo de maneira significativa em suas funções gerais, então beba uma pequena quantidade de café e comece a diminuir, a fim de que dentro de uma semana você não esteja mais ingerindo a bebida. Você pode diminuir a cafeína substituindo 50 por cento de seu café por café descafeínado todos os dias até que os sintomas desapareçam. Repito, beba pelo menos dois litros de água filtrada por dia.

P. E se eu tiver outras perguntas sobre o jejum?

R. O melhor a fazer é ir para o site http://www.Daniel-Fast.com e clicar no "Blog". Lá você encontrará milhares de postagens de homens e mulheres do mundo inteiro e é bastante provável que encontre a resposta às suas perguntas. Porém, se ainda precisar de ajuda, clique na opção "Contact" e mande um e-mail com sua pergunta para mim.

AGRADECIMENTOS

Gostaria de agradecer aos membros de minha "equipe de apoio", que investiram em mim e têm sempre estado ao meu lado ao longo destes anos. Sou grata a vocês e por vocês! Embora a lista não seja exaustiva, quero mencionar Erin Bishop, Lynn Chittenden, Mick Fleming, Nole Ann Horsey, Sid Kaplan, Michael Main, Tonia Pugel, Lili Salas, os pastores David e Linda Saltzmann e a Igreja Ellensburg Foursquare, o pastor Abbie Thela (meu querido cunhado), o pastor Paul Waldie, OMI (um testemunho vivo do amor cristão) e meus queridos filhos, netos e família.

Este livro provavelmente estaria no disco rígido do meu computador se não fosse por Ann Spangler, cuja sabedoria, experiência e talento foram inestimáveis. Também quero agradecer à equipe da Tyndale House Publishers, por seu profissionalismo e dedicação, especialmente à minha editora, Lisa Jackson.

O alicerce de tudo que é bom em minha vida é o meu maravilhoso Pai, a quem não tenho palavras para agradecer. Obrigada pelas conversas e pelo tempo que passamos juntos, pela orientação, pelo amor, pela graça e alegria que o Senhor me deu tão generosamente. O Senhor me mostrou consolo, segurança e poder que só existe no Caminho, na Verdade e na Vida. Espero sinceramente servi-lo e servir o seu povo, à medida que usarem este livro para crescer em amor, conhecimento e na graça de seu Filho, por meio da disciplina espiritual da oração e do jejum.

SOBRE A AUTORA

Susan Gregory, "A Blogueira do Jejum de Daniel", lançou o *blog* e o *web-site* do Jejum de Daniel em dezembro de 2007. Desde então, o site tem recebido milhões de visitas. A paixão de Susan é ver as pessoas tendo experiências bem-sucedidas do Jejum de Daniel, à medida que buscam mais a Deus e procuram crescer no amor e no conhecimento de Cristo. Autora de *Out of the Rat Race* [N.T.], Susan escreve para ministérios conhecidos nos EUA, e seu trabalho já a levou para mais de trinta e cinco países. Mãe e avó, ela vive numa pequena fazenda no Estado de Washington. Visite-a na Internet no *site* http://www.Daniel-Fast.com.

[N.T.] Obra ainda não traduzida no Brasil, mas significa algo como "fora da corrida insana".

A leitura desta profunda obra foi uma experiência rica e impactante em sua vida espiritual?

O fundador da Editora Atos, que publicou este exemplar que você tem nas mãos, o Pastor Gary Haynes, também fundou um ministério chamado *Movimento dos Discípulos*. Esse ministério existe com a visão de chamar a igreja de volta aos princípios do Novo Testamento. Cremos que podemos viver em nossos dias o mesmo mover do Espírito Santo que está mencioado no livro de Atos.

Para isso acontecer, precisamos de um retorno à autoridade da Palavra como única autoridade espiritual em nossas vidas. Temos que abraçar de novo o mantra *Sola Escriptura*, onde tradições eclesiásticas e doutrinas dos homens não têm lugar em nosso meio.

Há pessoas em todo lugar com fome de voltarmos a conhecer a autenticidade da Palavra, sermos verdadeiros discípulos de Jesus, legítimos templos do Espírito Santo, e a vivermos o amor ágape, como uma família genuína. E essas pessoas estão sendo impactadas pelo *Movimento dos Discípulos*.

Se esses assuntos tocam seu coração, convidamos você a conhecer o portal que fizemos com um tesouro de recursos espirituais marcantes.

Nesse portal há muitos recursos para ajudá-lo a crescer como um discípulo de Jesus, como a TV Discípulo, com muitos vídeos sobre tópicos importantes para a sua vida.

Além disso, há artigos, blogs, área de notícias, uma central de cursos e de ensino, e a Loja dos Discípulos, onde você poderá adquirir outros livros de grandes autores. Além do mais, você poderá engajar com muitas outras pessoas, que têm fome e sede de verem um grande mover de Deus em nossos dias.

Conheça já o portal do Movimento dos Discípulos!

www.osdiscipulos.org.br